MENTE SEM BARREIRAS

B662m   Boaler, Jo.
           Mente sem barreiras : as chaves para destravar
      seu potencial ilimitado de aprendizagem / Jo Boaler ; tradução:
      Daniel Bueno ; revisão técnica: Eliane Reame, Walter
      Spinelli. – Porto Alegre : Penso, 2020.
           xii, 212 p. ; 23 cm.

      ISBN 978-85-8429-195-3

      1. Aprendizagem. 2. Psicologia educacional. I. Título.

CDU 37.015.3

Catalogação na publicação: Karin Lorien Menoncin – CRB 10/2147

JO BOALER

MENTE SEM BARREIRAS

As chaves para destravar seu potencial ilimitado de aprendizagem

Tradução
Daniel Bueno

Revisão técnica
Eliane Reame
Doutora em Educação: Área de Ensino de Ciências e Matemática pela Universidade de São Paulo
Coordenadora do Programa Mentalidades Matemáticas do Instituto Sidarta

Walter Spinelli
Doutor em Educação: Área de Ensino de Ciências e Matemática pela Universidade de São Paulo
Coordenador do Programa Mentalidades Matemáticas do Instituto Sidarta

Porto Alegre
2020

Obra originalmente publicada sob o título
Limitless: learn, lead, and live without barriers.
ISBN 9780062851741
Copyright © 2019. Published by arrangement with Harper One,
an imprint of Harper Collins Publishers. All Rights Reserved.

Gerente editorial
Letícia Bispo de Lima

Colaboraram nesta edição

Editora
Simone de Fraga

Capa
Paola Manica | Brand&Book

Preparação de original
Heloísa Stefan

Leitura final
Daniela de Freitas Louzada e Netuno

Projeto gráfico e editoração
Ledur Serviços Editoriais Ltda.

Reservados todos os direitos de publicação, em língua portuguesa, à
PENSO EDITORA LTDA., uma empresa do GRUPO A EDUCAÇÃO S.A.
Av. Jerônimo de Ornelas, 670 – Santana
90040-340 – Porto Alegre – RS
Fone: (51) 3027-7000 Fax: (51) 3027-7070

SÃO PAULO
Rua Doutor Cesário Mota Jr., 63 – Vila Buarque
01221-020 – São Paulo – SP
Fone: (11) 3221-9033

SAC 0800 703-3444 – www.grupoa.com.br

É proibida a duplicação ou reprodução deste volume, no todo ou em parte, sob quaisquer formas ou por quaisquer meios (eletrônico, mecânico, gravação, fotocópia, distribuição na Web e outros), sem permissão expressa da Editora.

IMPRESSO NO BRASIL
PRINTED IN BRAZIL

*Dedico estas páginas às pessoas que entrevistei para o livro
e que abriram seus corações e compartilharam suas jornadas –
eu não poderia ter escrito este livro sem vocês.
Também dedico este livro às minhas duas filhas incríveis.
Obrigada por serem quem são, Jaime e Ariane.*

AGRADECIMENTOS

Sou profundamente grata a todas as pessoas que entrevistei para este livro – professores, líderes, pais, escritores e outros. Elas abriram seus corações e compartilharam suas histórias. Ao fazê-lo, elas se expuseram – contaram-me sobre como era a vida antes de conhecerem essas ideias. Muitas pessoas revelaram que tentavam ser "perfeitas" e tinham medo de não saber – disseram-lhes que elas eram pessoas inaptas para a matemática ou para outras atividades similares, e foram desencorajadas de aprender a níveis elevados. Elas também compartilharam sua jornada de mudança e, em muitos casos, as maneiras pelas quais estavam agora inspirando os outros. Nem todas as pessoas que entrevistei foram incluídas no livro, já que o espaço era curto – mas sou muito grata a todas elas:

Adele McKew
Allison Giacomini
Angela Brennan
Angela Thompson
Ben Woodford
Beth Powell
Caleb Austin
Carrie Tomc
Catherine Head
Chelsea McClellan
Cherry Agapito
Crystal Morey
Daniel Rocha
Erica Sharma

Evelyn Chan
Evette Reece
Gail Metcalf
Heather Buske
Holly Compton
Jean Maddox
Jennifer Brich
Jennifer Schaefer
Jenny Morrill
Jesse Melgares
Jim Brown
Jodi Campinelli
Judith Harris
Justin Purvis

Karen Gauthier	Nancy Qushair
Kate Cook	Nina Sudnick
Kate Rizzi	Pete Noble
Kirstie Fitzgerald	Rene Grimes
Laura Wagenman	Robin Dubiel
Lauren Johnson	Sara Boone
Leah Haworth	Sara McGee
Linda Lapere	Shana McKay
Lucia MacKenzie	Shelley Fritz
Marc Petrie	Stephanie Diehl
Margaret Hall	Sunil Reddy
Margriet Faber	Sunil Reddy Mayreddy
Mariève Gagnè	Susan Jachymiak
Mark Cassar	Suzanne Harris
Marta Garcia	Tami Sanders
Meg Hayes	Terese Barham
Meryl Polak	Theresa Lambert
Michelle Scott	Zandi Lawrence

Eu sempre agradeço à minha família por qualquer livro que eu escreva, pois eles têm que suportar a minha ausência. Tenho duas filhas incríveis, Ariane e Jaime, e elas iluminam minha vida todos os dias.

Também agradeço à minha cofundadora e boa amiga Cathy Williams – ela é minha parceira de pensamento, em alguns casos ela desenha imagens para mim e muitas vezes atura meus pensamentos mais loucos – e os encoraja. Viva La Revolution, Cathy!

A equipe dinâmica no Youcubed também é importante; eu não poderia ter escrito este livro sem ela. Eles me ajudaram com entrevistas e com seu apoio contínuo a todo o nosso trabalho. São eles: Montserrat Cordero, Suzanne Corkins, Kristina Dance, Jack Dieckmann, Jessica Method e Estelle Woodbury. Meus alunos de doutorado, Tanya LaMar e Robin Anderson, também deram apoio e ajuda inestimáveis.

Além dos muitos professores que entrevistei para este livro, sou inspirada pelos professores diariamente. Pode haver alguns que transmitem ideias de capacidade fixa às crianças, mas há muitos outros que acreditam em todos os alunos, que passam incontáveis horas preparando aulas envolventes e fazendo muito mais do que seria razoável exigir em seu trabalho. Se delegássemos mais decisões aos professores sobre o que e como os alunos devem aprender, estaríamos em um lugar muito melhor agora. Obrigada a todos os professores com quem tive a honra de conversar e aprender durante os últimos anos.

APRESENTAÇÃO

Em parceria com a Penso Editora, o Instituto Sidarta tem trazido para o Brasil as obras de Jo Boaler, professora e pesquisadora da Universidade de Stanford. Inicialmente, em 2017, traduziu-se o livro *Mentalidades matemáticas: estimulando o potencial dos estudantes por meio da matemática criativa, das mensagens inspiradoras e do ensino inovador*, obra publicada em mais de 15 países e que tem estado na lista de *best-sellers* nos Estados Unidos.

Em 2018 e 2019, essa parceria trouxe mais duas importantes publicações produzidas por Jo Boaler em parceria com Jen Munson e Cathy Williams. Em *Mentalidades matemáticas na sala de aula* e em *Mentalidades matemáticas na sala de aula – volume 2*, as pesquisas realizadas pelas autoras serviram de base para a proposição de atividades que estimulam a construção de conceitos, com base em uma matemática aberta, criativa e visual; elas compartilham, também, estudos das neurociências aplicadas à área. Com propostas desafiadoras e instigantes, esses dois livros apresentam os elementos básicos para garantir um conhecimento profundo a respeito de como estimular alunos no desenvolvimento do pensamento matemático e do raciocínio lógico.

Em lançamento praticamente simultâneo no Brasil e nos Estados Unidos, apresentamos mais uma obra de Jo Boaler, *Mente sem barreiras: as chaves para destravar seu potencial ilimitado de aprendizagem*. Neste livro, a autora apresenta e comenta relatos de alunos, coordenadores e professores de matemática sobre suas experiências com a aprendizagem e o ensino da disciplina, reforçando suas ideias acerca dos conceitos de Mentalidades Matemáticas. Ao longo da obra, o leitor observará a frequência das opiniões dos entrevistados sobre seus fracassos escolares causados por algumas crenças solidificadas que possuíam em relação à matemática. Poderá também analisar os relatos da superação que atingiram com base nas evidências de que seus cérebros são altamente adaptáveis e que, ao aceitarem plenamente esse conhecimento, foi possível mudar a forma como encaravam suas vidas e seus aprendizados.

Educadores de várias partes do mundo, e também no Brasil, estão usando como referência os conceitos de Mentalidades Matemáticas e percebendo alterações significativas no processo de aprendizagem de estudantes de todos os níveis. O fluxo de tais alterações tem gerado uma demanda por mais materiais com essa abordagem. *Mente sem barreiras* é, nesse sentido, mais uma obra essencial para aqueles que acreditam no potencial de superação de cada um.

Com esta nova iniciativa, o Instituto Sidarta reafirma seu compromisso em trazer para educadores, pesquisadores e curiosos as mais recentes produções acadêmicas de uma das professoras mais respeitadas na área na atualidade.

Instituto Sidarta

SUMÁRIO

	Apresentação Instituto Sidarta...............................	xi
	As seis chaves	1
Capítulo 1	Como a neuroplasticidade muda... tudo...................	11
Capítulo 2	Por que deveríamos apreciar os erros, as dificuldades e até o fracasso	37
Capítulo 3	Mudando sua mente, mudando sua realidade............	61
Capítulo 4	O cérebro conectado	79
Capítulo 5	Por que a rapidez já era e a moda agora é a flexibilidade!	105
Capítulo 6	Uma abordagem ilimitada da colaboração	131
	Vivendo uma vida livre de limitações	159
	Recursos para ajudar a mudar mentalidades e abordagens	175
	Apêndice I: Exemplos de dados numéricos e abordagens visuais para problemas de matemática....	177
	Apêndice II: Uma rubrica de amostra	179
	Notas	181
	Créditos e licenças	193
	Índice	195

AS SEIS CHAVES

Era um dia ensolarado, e enquanto me encaminhava para fazer minha apresentação, parei para apreciar os reflexos da luz do sol nas colunas do museu de San Diego. Senti uma agitação nervosa ao subir os degraus do auditório, pronta para apresentar os achados científicos mais recentes sobre como aprendemos para uma sala repleta de profissionais da área da saúde. Costumo palestrar para pais e professores, e não tinha certeza de como uma plateia diferente reagiria às minhas últimas descobertas. Será que minhas ideias surtiriam o efeito esperado?

Eu não precisava ter me preocupado. A resposta do grupo de profissionais de saúde foi igual à dos muitos estudantes e educadores com quem costumo trabalhar. A maioria ficou surpresa, alguns ficaram pasmos e todos perceberam imediatamente as conexões cruciais dessas ideias com seus trabalhos e vidas. Vários até começaram a ver a si mesmos sob uma nova ótica. Sara, uma terapeuta ocupacional, veio correndo depois da apresentação me contar como abandonara a especialização em matemática há muitos anos, quando o trabalho ficou difícil e ela se sentia como se não pertencesse àquele lugar. Ela se recordou de um episódio em que foi tolhida por crenças prejudiciais e incorretas a respeito de sua capacidade. Sara, como a maioria das pessoas, acreditava haver limites para o que ela era capaz de fazer.

Mas e se o oposto for verdadeiro e todos formos capazes de aprender qualquer coisa? E se as possibilidades de mudar nossas habilidades, de nos desenvolvermos em novas direções e de formarmos diferentes identidades enquanto pessoas forem realmente infinitas e continuarem existindo por toda a vida? E se acordarmos todos os dias com um cérebro modificado?

Este livro apresentará evidências de que nossos cérebros – e nossas vidas – são altamente adaptáveis, e que quando as pessoas aceitam plenamente esse conhecimento e mudam a forma como encaram sua vida e seu aprendizado, os resultados são incríveis.

Quase todos os dias encontro pessoas de todas as idades, gêneros, profissões e estilos de vida que acreditam em ideias prejudiciais sobre si mesmas e sua aprendizagem. É comum as pessoas me dizerem que costumavam gostar de matemática, artes, línguas ou outra área do conhecimento, mas quando começaram a se deparar com dificuldades, decidiram que não tinham o cérebro certo, que não levavam jeito para aquilo e desistiam. Quando as pessoas desistem de matemática, também desistem de todas as áreas de estudo ligadas à matemática, como ciências, medicina e tecnologia. Da mesma forma, quando as pessoas pensam que não podem ser escritoras, desistem de todas as disciplinas de ciências humanas, e quando decidem que não são artistas, desistem da pintura, da escultura e de outros domínios das artes plásticas.

Todos os anos, milhões de crianças entram na escola entusiasmadas com o que irão aprender, mas rapidamente se desiludem quando percebem que não são tão "inteligentes" quanto as outras. Os adultos resolvem não seguir os caminhos que esperavam porque decidem que não são bons o suficiente para isso, ou não são tão "espertos" quanto as outras pessoas. Milhares de funcionários participam de reuniões no ambiente de trabalho ansiosos com a possibilidade de serem descobertos e expostos por "não saberem o suficiente". Essas ideias limitantes e prejudiciais vêm do nosso interior, mas são, em geral, desencadeadas por mensagens incorretas enviadas por outras pessoas e por instituições de ensino. Conheci tantas crianças e adultos cujas vidas foram limitadas por ideias incorretas que decidi que era hora de escrever um livro para dissipar esses mitos nocivos que diariamente reprimem as pessoas; era hora de oferecer uma maneira diferente de encarar a vida e a aprendizagem.

Um número muito grande de pessoas é diretamente informado pelos professores ou pelos pais de que não são "hábeis em matemática", "boas em línguas" ou "artistas". Tentando ajudar, os adultos dizem aos jovens que um determinado assunto "simplesmente não é para eles". Para alguns, isso acontece na infância; para outros, acontece mais tarde, quando estão na universidade ou durante uma entrevista para o primeiro emprego. Algumas pessoas recebem mensagens negativas sobre seu potencial diretamente; outras as presumem a partir de ideias incorporadas à cultura – de que algumas pessoas podem ter êxito, e outras, não.

Ao aprendermos a nova ciência neste livro e as seis chaves de aprendizagem que apresentarei, nossos cérebros funcionarão de maneira diferente e mudaremos enquanto pessoas. Os seis segredos mudam não apenas as crenças sobre a nossa realidade, mas também a própria realidade. Isso porque, ao começarmos a perceber nosso potencial, desbloqueamos aspectos internos que haviam sido reprimidos e começamos a viver sem crenças limitantes; somos capazes de fazer frente aos pequenos e grandes desafios que enfrentamos na vida e transformá-los em conquistas. As implicações da nova ciência são importantes para todos. Para professores, líderes e aprendizes, as possibilidades criadas por essas novas informações são imensas.

Como professora de educação em Stanford, passei os últimos anos colaborando com neurocientistas, agregando seus conhecimentos de neurociências ao meu conhecimento de educação e aprendizagem. Eu regularmente compartilho o novo conhecimento contido neste livro e convido as pessoas a pensarem de forma diferente sobre os problemas, o que as faz mudar sua maneira de pensar sobre si mesmas. Passei os últimos anos concentrando-me em matemática, matéria em relação à qual professores, alunos e pais nutrem as ideias mais prejudiciais. A ideia de que a habilidade matemática (e uma série de outras habilidades) é fixa constitui uma das principais razões pelas quais a ansiedade frente à matemática é tão comum nos Estados Unidos e no mundo. Muitas crianças crescem pensando que ou você é capaz de fazer cálculos, ou não. Quando se deparam com dificuldades, elas presumem que não são capazes, e, daí em diante, qualquer dificuldade é apenas mais um lembrete de suas insuficiências. Isso afeta milhões de pessoas. Um estudo constatou que 48% de todos os adultos jovens em um programa de aprendizagem profissional sentiam ansiedade em relação à matemática;[1] outros estudos constataram que aproximadamente 50% dos alunos de cursos introdutórios de matemática na universidade sofrem desse tipo de ansiedade.[2] É difícil saber quantas pessoas circulam pela sociedade com ideias negativas sobre sua habilidade matemática, mas minha estimativa é de que constituam pelo menos metade da população.

Hoje, os pesquisadores sabem que quando pessoas com ansiedade em relação à matemática se deparam com números, é ativada uma área cerebral de medo – a *mesma* área de medo que é estimulada quando as pessoas veem cobras ou aranhas.[3] Quando essa área do cérebro está ligada, a atividade nos centros cerebrais de resolução de problemas diminui. Não é de admirar que tantas pessoas tenham um desempenho abaixo do normal em matemática – assim que ficam ansiosas, seus cérebros ficam comprometidos. A ansiedade frente a qualquer disciplina tem um impacto negativo no funcionamento do cérebro. É fundamental mudarmos as mensagens que são transmitidas aos alunos sobre sua capacidade e livrar a educação e os lares de práticas de ensino que induzam ansiedade.

Nós não nascemos com habilidades fixas, e aqueles que alcançam os níveis mais altos não o fazem por causa de sua genética.[4] O mito de que nossos cérebros são fixos e de que simplesmente não temos aptidão para determinados temas não é apenas cientificamente impreciso; ele é onipresente e afeta de forma negativa a educação, assim como muitos outros acontecimentos do dia a dia. É libertador quando abandonamos a ideia de que nossos cérebros são fixos, paramos de acreditar que nossa genética determina nossas trajetórias de vida e aprendemos que nossos cérebros são incrivelmente adaptáveis. Esse conhecimento – de que toda vez que aprendemos alguma coisa nossos cérebros mudam e se reorganizam – é oriundo daquela que talvez seja a pesquisa mais importante desta década: a pesquisa sobre plasticidade cerebral, também conhecida como neuroplasticidade.[5] As evidências mais convincentes sobre esse tópico serão apresentadas no capítulo a seguir.

Quando digo a adultos – muitas vezes professores e educadores – que devemos rejeitar ideias de capacidade fixa de raciocínio e, em vez disso, ver todos os alunos como capazes, esses adultos sempre falam sobre si mesmos como aprendizes. Quase todos se recordam de suas experiências pessoais e percebem como eles próprios foram limitados e reprimidos. Todos fomos totalmente submersos no mito prejudicial de que alguns são inteligentes – possuem um dom ou uma inteligência especial – e outros, não, e essas ideias moldaram nossas vidas.

Sabemos, agora, que as ideias sobre limites de potencial ou de inteligência estão incorretas. Infelizmente, elas são persistentes e encontram-se disseminadas em muitas culturas ao redor do mundo. A boa notícia é que quando desafiamos essas crenças, os resultados são incríveis. Neste livro, vamos derrubar essas perigosas crenças enraizadas e autolimitantes e revelar as oportunidades que se abrem quando adotamos uma abordagem livre de limitações. A abordagem livre de limitações se inicia com o conhecimento das neurociências e se expande em uma maneira diferente de encarar as ideias e a vida.

A descoberta original da neuroplasticidade já tem décadas, e os estudos inovadores que demonstraram o crescimento e a mudança do cérebro – em crianças e adultos – estão bem estabelecidos.[5] Contudo, a ciência, de modo geral, não chegou às salas de aula, às salas de reuniões ou às nossas casas. Ela tampouco se traduziu nas ideias tão necessárias de aprendizagem que este livro irá apresentar. Felizmente, alguns pioneiros que aprenderam sobre a mudança cerebral incumbiram-se de espalhar a notícia. Anders Ericsson, um psicólogo nascido na Suécia, é uma dessas pessoas. Ele não tomou conhecimento da incrível capacidade do cérebro de crescer e mudar a partir das neurociências que estavam surgindo na época, e sim a partir de um experimento que realizou com um jovem atleta, um corredor chamado Steve.[6]

Ericsson se propôs a estudar os limites da capacidade de memorização de uma sequência aleatória de dígitos. Um estudo publicado em 1929 descobriu que as pessoas poderiam melhorar sua capacidade de memorizar. Os primeiros pesquisadores conseguiram treinar uma pessoa para memorizar 13 dígitos aleatórios e outra pessoa, 15. Ericsson estava curioso para saber como as pessoas melhoravam, então ele recrutou Steve, a quem descreve como um aluno de graduação mediano da Universidade de Carnegie Mellon. No primeiro dia em que Steve trabalhou com os pesquisadores para memorizar dígitos, seu desempenho foi precisamente mediano: ele conseguia se lembrar de sete números consistentemente, às vezes oito. Nos quatro dias seguintes, Steve continuou abaixo dos nove números.

Então, algo extraordinário aconteceu. Steve e os pesquisadores pensavam que ele havia atingido seu limite, mas ele conseguiu ultrapassar o "teto" e memorizar 10 números, dois a mais do que parecia ser possível. Ericsson descreve isso como o início do que vieram a ser os dois anos mais surpreendentes de sua carreira. Steve continuou se aperfeiçoando constantemente até ter memorizado com sucesso e ser capaz de recordar uma sequência de 82 dígitos aleatórios. Não é preciso dizer que esse feito foi notável e não era um truque de mágica. Tratava-se de um universitário "mediano" destravando seu potencial de aprendizagem para realizar uma proeza rara e impressionante.

Alguns anos depois, Ericsson e sua equipe tentaram o mesmo experimento com outra participante, Renee. Ela começou de forma muito semelhante a Steve, aumentando sua memória para além do nível de uma pessoa não treinada, e aprendeu a memorizar quase 20 dígitos. Mas Renee, então, parou de progredir; depois de mais 50 horas de treinamento sem progresso, ela abandonou o estudo. Isso levou Ericsson e sua equipe a uma nova missão: descobrir por que Steve conseguiu memorizar muito mais dígitos do que Renee.

Foi então que Ericsson começou a aprender mais sobre o que chamou de treino deliberado. Ele percebeu que a paixão de Steve por atletismo o tornara altamente competitivo e motivado. Sempre que atingia o que parecia ser um limite, ele desenvolvia novas estratégias para obter êxito. Por exemplo, quando atingiu um obstáculo aos 24 dígitos, Steve desenvolveu uma nova estratégia de agrupar os números em quatro sequências de quatro dígitos, e, a intervalos regulares, ele desenvolvia novas estratégias.

Essa abordagem ilustra uma conclusão essencial: quando se atinge um obstáculo, é vantajoso desenvolver uma nova abordagem e encarar o problema sob uma nova perspectiva. Por mais que pareça lógico, muitas pessoas não conseguem fazer ajustes em seu modo de pensar quando se deparam com esses obstáculos. Em vez disso, elas frequentemente decidem que não podem superá-los. Ericsson estudou o desempenho humano em muitos campos e conclui: "É surpreendentemente raro obter provas claras em qualquer campo de que uma pessoa atingiu algum limite de desempenho insuperável. Em vez disso, descobri que as pessoas simplesmente desistem e param de tentar se aprimorar".[6]

Para os céticos que leem isso – e decidem que a incrível proeza de memória de Steve indica que ele era de alguma forma excepcional ou tinha um dom –, há algo mais a dizer. Ericsson repetiu o experimento com outro atleta, chamado Dario. Dario foi capaz de memorizar ainda mais do que Steve – mais de 100 números. Aqueles que estudam feitos notáveis executados por pessoas aparentemente comuns descobrem que nenhuma delas possui uma vantagem genética; em vez disso, elas se esforçam e treinam muito. As ideias de habilidade genética não são apenas equivocadas; elas são perigosas. E, no entanto, muitos de nossos sistemas escolares são construídos com base em um modelo de capacidade fixa de raciocínio, limitando, assim, o potencial e impedindo que os alunos alcancem realizações incríveis.

As seis chaves de aprendizagem que compartilharei neste livro criam oportunidades para que as pessoas se destaquem no aprendizado de diferentes disciplinas, e também as capacitam a encarar a vida de uma forma diferente. Essas chaves permitem que as pessoas acessem aspectos de si mesmas que até então não estavam disponíveis. Antes da jornada que irei descrever neste livro, eu acreditava que aprender sobre a ciência do cérebro e a abordagem livre de limitações mudaria a forma como os educadores abordam o ensino e a aprendizagem das disciplinas escolares. Por meio das entrevistas que realizei para o livro – com 62 pessoas de seis países diferentes, de diversas idades, profissões e circunstâncias de vida –, descobri que a abordagem livre de limitações significa muito mais do que isso.

Uma mulher que contribuiu imensamente para mudar as ideias das pessoas sobre o que elas são capazes de fazer é uma colega minha em Stanford, Carol Dweck. A pesquisa de Dweck revela que a forma de pensar sobre nossos talentos e habilidades tem um profundo impacto em nosso potencial.[7] Algumas pessoas têm o que ela chamou de "mentalidade de crescimento" – elas acreditam (como deveriam) que podem aprender qualquer coisa. Outras têm uma "mentalidade fixa" prejudicial – elas acreditam que sua inteligência é mais ou menos estável e que, embora possam aprender coisas novas, não são capazes de mudar sua inteligência básica. Essas crenças, como Dweck demonstrou em décadas de pesquisa, mudam o escopo do que podemos aprender – e como vivemos nossas vidas.

Um dos estudos importantes realizado por Dweck e seus colegas ocorreu em aulas de matemática na Universidade de Columbia.[8] Os pesquisadores descobriram que os estereótipos estão bem vivos: mulheres jovens estavam recebendo a mensagem de que não tinham lugar na disciplina. Eles também descobriram que a mensagem só atingia o alvo em mulheres com uma mentalidade fixa. Quando as alunas com uma mentalidade fixa ouviam a mensagem de que a matemática não era para mulheres, elas desistiam. Contudo, aquelas com uma mentalidade de crescimento, protegidas pela crença de que qualquer pessoa pode aprender qualquer coisa, foram capazes de rejeitar as mensagens estereotipadas e prosseguir.

Ao longo deste livro, você aprenderá sobre a importância de confiar em nossas habilidades e alguns modos de desenvolver essa confiança. Você também irá aprender sobre a importância de comunicar crenças positivas para si e para os outros, seja você professor, pai, amigo ou gestor.

Um estudo realizado por um grupo de psicólogos sociais demonstrou de maneira conclusiva o impacto da comunicação positiva por professores.[9] O estudo centrou-se em alunos de inglês do ensino médio, os quais haviam escrito uma redação. Todos os alunos receberam uma avaliação crítica e diagnóstica (do tipo bom) de seus professores, mas metade dos alunos recebeu uma frase a mais no final da avaliação. Admiravelmente, os alunos que receberam a frase extra – sobretudo estudantes negros – alcançaram níveis significativamente mais altos na escola um ano depois, com notas médias mais altas. Então, qual foi a frase que esses alunos leram no final da avaliação que causou um resultado tão decisivo? Era uma mensagem simples: "Estou lhe dando esse retorno porque acredito em você".

Quando converso com professores sobre essa pesquisa, minha intenção é mostrar a importância das palavras e mensagens deles – e não sugerir que coloquem essa frase no final da avaliação de todos os alunos! Em uma oficina, uma professora levantou a mão e disse: "Isso quer dizer que não devo colocar a frase em um carimbo?", e todos riram.

Estudos científicos do cérebro expõem com muita clareza a importância das crenças em nossa própria capacidade e o papel dos professores e dos pais em influenciá-las. Contudo, vivemos em uma sociedade onde a mensagem generalizada que recebemos por meio da mídia diariamente é de inteligência fixa e superdotação.

Uma das maneiras pelas quais as crianças – mesmo as mais novas, de apenas 3 anos – desenvolvem uma mentalidade fixa prejudicial é pelo uso amplamente disseminado de uma palavra aparentemente inofensiva. A palavra é "inteligente". Os pais regularmente elogiam seus filhos dizendo que eles são inteligentes para aumentar sua autoconfiança. Hoje sabemos que quando elogiamos as crianças por sua inteligência, elas inicialmente pensam, "Ah, que bom, eu sou inteligente!", mas depois, quando têm dificuldades, falham ou se atrapalham – como acontece com todo mundo –, pensam: "Ah, eu não sou tão inteligente assim"; elas acabam constantemente se avaliando segundo essa noção fixa. É bom elogiar as crianças, mas sempre as elogie pelo que fizeram, e não enquanto pessoas. A seguir, apresento algumas alternativas para usar em situações nas quais você pode sentir a necessidade de usar a palavra "inteligente":

Elogio fixo	Elogio de crescimento
Você sabe dividir frações? Puxa, como você é inteligente!	Você sabe dividir frações? Que ótimo que você aprendeu a fazer isso.
Você resolveu esse problema difícil assim? Isso é tão inteligente!	Adorei sua solução para o problema; é tão criativa!
Você tem doutorado? Você é um gênio!	Você tem doutorado? Você deve ter estudado muito.

Na graduação de Stanford, dou uma aula chamada "Como aprender matemática" para alguns dos alunos de melhor desempenho do país. Eles também são vulneráveis a crenças prejudiciais. A maioria foi informada, durante muitos anos, de que é inteligente, mas mesmo essa mensagem positiva – "você é inteligente" – prejudica os alunos. A mensagem os deixa vulneráveis porque, se acreditam que são "inteligentes" e depois sentem dificuldade com algum trabalho difícil, esse sentimento de dificuldade é devastador. Essa mensagem faz os alunos pensarem que, afinal, não são inteligentes, levando-os, por isso, a desistirem ou abandonarem os estudos.

Independentemente da sua experiência com o mito do cérebro fixo, as informações nestas páginas irão mudar sua compreensão sobre como aumentar o seu potencial e o de outras pessoas. Assumir uma perspectiva livre de limitações envolve mais do que uma mudança em nosso modo de pensar. Trata-se do nosso ser, de nossa essência, de quem somos. Se você viver um dia com essa nova perspectiva, você perceberá, especialmente se for um dia daqueles em que algo ruim acontece, em que você falha em alguma coisa ou comete um erro grave. Quando você é ilimitado, você não só sente e aprecia tais momentos, como também é capaz de superá-los e até aprender coisas novas e importantes por causa deles.

George Adair vivia em Atlanta depois da Guerra Civil. Inicialmente editor de jornais e especulador de algodão, ele mais tarde se tornou um empreendedor imobiliário bem-sucedido. Seu sucesso foi provavelmente estimulado por um importante *insight* que desde então tem sido amplamente compartilhado: "Tudo que você sempre quis está do outro lado do medo". Vamos pensar juntos agora sobre como se tornar ilimitado e passar para o outro lado das crenças negativas e do medo.

COMO A NEUROPLASTICIDADE MUDA... TUDO

Todas as seis chaves têm o potencial de desbloquear diferentes aspectos das pessoas. Contudo, a primeira talvez seja a mais essencial – e a mais negligenciada. Ela é oriunda das neurociências da plasticidade cerebral. Embora aspectos das evidências possam ser familiares a alguns leitores, muitas práticas em escolas, faculdades e empresas se baseiam em ideias que são o oposto daquelas que compartilharei. O resultado da mentalidade do cérebro fixo é que temos uma nação (e um mundo) repleta de pessoas de baixo desempenho que foram limitadas por ideias que poderiam – e deveriam – ser mudadas.

> **CHAVE DE APRENDIZAGEM #1**
> Toda vez que aprendemos, nosso cérebro forma, fortalece ou conecta rotas neurais. Precisamos substituir a ideia de que a capacidade de aprendizagem é fixa pelo reconhecimento de que estamos todos em uma jornada de crescimento.

Abrigada em uma região da Califórnia que já foi descrita como "um pedaço da Toscana transplantado para a América do Norte", há uma casa de campo que é o lar de um dos principais neurocientistas do mundo – Michael Merzenich.

Merzenich fez uma das maiores descobertas científicas de nosso tempo – por acaso.[1] Na década de 1970, ele e sua equipe vinham usando as mais recentes tecnologias para mapear cérebros de macacos. Eles estavam fazendo o que Merzenich chamou de "mapas mentais", mapas do cérebro em funcionamento. Era uma pesquisa empolgante, de ponta. Os cientistas esperavam que os resultados de seus estudos produzissem pequenas reverberações* na comunidade científica. Contudo, o que Merzenich e sua equipe descobriram não produziu reverberações, mas ondas retumbantes que viriam a mudar profundamente a vida das pessoas.[2]

Depois de produzir com êxito mapas mentais dos cérebros dos macacos, a equipe os deixou de lado para prosseguir com outros aspectos do seu trabalho. Quando voltaram aos mapas mentais, perceberam que as redes cerebrais dos macacos, que eles tinham delineado nos mapas, haviam mudado. Merzenich refletiu: "O que vimos foi absolutamente surpreendente. Eu não conseguia entender".[3] Posteriormente, os cientistas chegaram à única conclusão possível – os cérebros dos macacos estavam mudando, e de forma rápida. Esse foi o início do que veio a ficar conhecido como neuroplasticidade.

Ao publicar suas descobertas, Merzenich sofreu repúdio de outros cientistas. Muitos simplesmente não aceitaram uma ideia que sempre pensaram estar errada. Alguns cientistas acreditavam que os cérebros eram fixos desde o nascimento, e outros que os cérebros se tornavam fixos quando as pessoas atingiam a idade adulta. As evidências de que cérebros adultos estavam mudando todos os dias pareciam inconcebíveis. Hoje, duas décadas depois, mesmo aqueles que se posicionavam com mais veemência contra as evidências da pesquisa sobre neuroplasticidade cederam.

Infelizmente, nossas escolas, faculdades, empresas e cultura têm sido organizadas, há centenas de anos, em torno da ideia de que algumas pessoas são capazes, e outras, não. É por isso que colocar jovens estudantes em grupos diferentes e ensiná-los de maneiras diferentes fazia todo o sentido. Se indivíduos dentro de uma escola ou empresa não estavam atingindo seu potencial, não era por causa dos métodos de ensino ou dos fatores ambientais, mas em razão de seus cérebros limitados. Agora, porém, com décadas de conhecimen-

---

* N. de T. No original *ripples*, que significa reverberações, mas também ondulações. O autor pode ter feito aqui um jogo de palavras em que contrapõe as pequenas reverberações inicialmente esperadas às grandes ondas que tais descobertas causaram no meio científico.

to sobre a plasticidade cerebral, é hora de erradicarmos este mito tão nocivo sobre aprendizagem e potencial.

Estimulados pelas novas evidências da plasticidade cerebral em animais, os pesquisadores começaram a considerar o potencial dos cérebros humanos para mudar. Um dos estudos mais convincentes da época veio de Londres, a cidade onde tive meu primeiro emprego como professora universitária. Londres é uma das cidades mais vibrantes do mundo – e está sempre cheia, com seus milhões de habitantes e visitantes. Em qualquer dia em Londres, você verá "táxis pretos" percorrendo as milhares de avenidas, ruas e becos. Os condutores desses táxis icônicos seguem padrões profissionais muito altos. Os londrinos sabem que se entrarem em um táxi preto, pedirem ao motorista para encontrar uma rua e ele não conseguir, ele deve ser denunciado às autoridades competentes.

Conhecer todas as ruas de Londres é uma façanha e tanto – e os motoristas não poupam esforços para aprendê-las. Para se tornar um condutor de táxis pretos, você precisa estudar por pelo menos quatro anos. O motorista de táxi que conheci mais recentemente me disse que tinha estudado por sete anos. Durante esse período, os condutores devem memorizar todas as 25 mil ruas e todos os 20 mil pontos de referência dentro de um raio de quase 10 quilômetros a partir da estação central Charing Cross – além de todas as conexões entre eles. Essa tarefa não pode ser realizada por meio de memorização cega – os motoristas percorrem as vias, observando as ruas, os pontos de referência e as conexões, para que possam se lembrar delas. No final do período de treinamento, eles fazem uma prova que é apropriadamente chamada de "O Conhecimento". Em média, as pessoas precisam fazer a prova 12 vezes para passar.

A extensão e o foco do treinamento profundo necessário aos condutores de táxis pretos chamaram a atenção dos estudiosos do cérebro, que decidiram comparar os cérebros desses motoristas antes e depois do treinamento. Sua pesquisa descobriu que, após o intenso treinamento espacial, o hipocampo dos taxistas cresceu de modo significativo.[4] Esse estudo foi importante por muitas razões. Em primeiro lugar, porque foi realizado com adultos de diversas idades, e todos apresentaram crescimento e modificações no cérebro. Em segundo lugar, porque a área cerebral que cresceu – o hipocampo – é importante para todas as formas de raciocínio espacial e matemático. Os pesquisadores também descobriram que quando os motoristas de táxis pretos se aposentavam, o hipocampo voltava ao tamanho anterior – não por causa da idade, mas por falta de uso.⁵ Esse grau de plasticidade cerebral e a quantidade de alteração surpreenderam o mundo científico. Os cérebros estavam literalmente gerando novas conexões e rotas enquanto os adultos estudavam e aprendiam, e quando as rotas não eram mais necessárias, elas desapareciam.

Essas descobertas começaram no início da década de 2000. Mais ou menos na mesma época, o universo da medicina estava se deparando com suas próprias revelações no campo da neuroplasticidade. Um menina de 9 anos, Cameron Mott, estava sofrendo de uma condição rara que provocava convulsões potencialmente letais. Os médicos decidiram realizar uma cirurgia revolucionária, removendo todo o hemisfério esquerdo do cérebro da menina. Eles previam que Cameron ficaria paralisada por muitos anos ou talvez pelo resto da vida, já que o cérebro controla os movimentos físicos. Após a cirurgia, eles ficaram impressionados quando ela começou a se movimentar de maneiras inesperadas. A única conclusão a que eles puderam chegar foi que o lado direito do cérebro estava desenvolvendo as novas conexões necessárias para realizar as funções do lado esquerdo do cérebro,⁶ e o crescimento aconteceu em um ritmo mais rápido do que os médicos consideravam possível.

Desde então, a cirurgia de remoção da metade do cérebro foi realizada em outras crianças. Christina Santhouse tinha 8 anos quando foi submetida à operação – executada pelo neurocirurgião Ben Carson, que mais tarde concorreria a presidente. Mais adiante, Christina integrou a lista dos melhores alunos de sua escola no ensino médio, concluiu uma faculdade e ainda obteve um título de mestrado; atualmente, ela é fonoaudióloga.

Existem muitos tipos de evidências, das neurociências e da medicina, de que os cérebros estão em um constante estado de crescimento e mudança. Todos os dias quando acordamos, nossos cérebros estão diferentes do que eram no dia anterior. Nos próximos capítulos, você aprenderá maneiras de maximizar o crescimento e a conectividade do cérebro durante toda a sua vida.

Alguns anos atrás, convidamos 83 alunos do ensino fundamental para participarem de um acampamento de matemática de 18 dias no *campus* de Stanford. Eles eram alunos típicos em termos de crenças e níveis de desempenho. No primeiro dia, todos os 83 alunos disseram aos entrevistadores que "não eram bons em matemática". Quando indagados, todos apontaram o único aluno em sua turma que acreditavam ser "bom em matemática". Em geral, como seria previsível, tratava-se do aluno que respondia às perguntas com mais rapidez.

Durante o acampamento, passamos o nosso tempo com as crianças trabalhando para mudar suas crenças prejudiciais. Todos os alunos haviam feito um teste de matemática em seu distrito antes de vir para a nossa classe*. Aplicamos neles o mesmo teste 18 dias depois, no final do acampamento. Cada aluno tinha melhorado, em média, 50%, o equivalente a 2,8 anos de escola**. Esses resultados, além de incríveis, foram mais uma prova do potencial de aprendizagem do cérebro quando ele recebe as mensagens e os métodos de ensino corretos.

Durante nosso trabalho para dissipar as crenças negativas dos estudantes, mostramo-lhes imagens do cérebro de Cameron, com apenas um hemisfério, e contamos sobre a cirurgia à qual ela foi submetida para retirada da metade do cérebro. Também descrevemos sua recuperação e como o crescimento do outro hemisfério surpreendeu os médicos. O relato sobre Cameron inspirou nossos alunos do ensino fundamental. Enquanto trabalhavam nas duas semanas seguintes, muitas vezes pude ouvi-los dizerem uns aos outros: "Se aquela garota com apenas a metade do cérebro consegue, eu também consigo!".

São muitas as pessoas que nutrem a ideia prejudicial de que seu cérebro não é adequado para matemática, ciências, artes, línguas ou qualquer outra área em especial. Quando pensam que um assunto é difícil, decidem que não nasceram com o cérebro certo e não levam jeito para aquilo, em vez de fortalecerem áreas cerebrais que possibilitem seu estudo. Contudo, ninguém nasce com o cérebro que precisa para um determinado assunto. Todo mundo precisa desenvolver as rotas neurais de que necessita.

Os pesquisadores agora sabem que quando aprendemos alguma coisa, desenvolvemos o cérebro de três maneiras. A primeira é a formação de uma nova rota. Inicialmente, ela é frágil e tênue, mas quanto mais profundamente você aprende, mais forte ela fica. A segunda é o fortalecimento de uma rota que já está presente, e a terceira é a formação de uma conexão entre duas rotas antes desconectadas.

---

*   Os testes aplicados aos alunos fazem parte do espectro de avaliações elaboradas pelo MARS (Mathematics Assessment Resource Service). Para mais informações, acesse o site (https://www.map.mathshell.org/index.php).

** A referência aos 2,8 anos de escola não está associada diretamente a um avanço temporal, como se um aluno de 5º ano pudesse avançar ao final do 7º ano após participar do evento. Esse índice avalia, nesse caso, a evolução do grupo de estudantes em relação à mobilização de determinado conjunto de habilidades matemáticas em certo período de tempo, verificada por meio da diferença entre as médias obtidas em testes realizados antes e depois do evento.

Essas três formas de crescimento cerebral ocorrem quando aprendemos, e os processos pelos quais as rotas se formam e se fortalecem nos permitem ter êxito em nossos esforços matemáticos, científicos, artísticos, musicais e de outros tipos. Nós não nascemos com essas rotas; elas se desenvolvem quando aprendemos – e quanto mais nos esforçamos, melhor o aprendizado e o crescimento cerebral, como mostrarão os capítulos a seguir. Na verdade, nossa estrutura cerebral se altera com cada atividade diferente que realizamos, aprimorando os circuitos para que sejam mais adequados às tarefas em mãos.[7]

A MENSAGEM DO CÉREBRO FIXO

Vamos imaginar quão transformador esse conhecimento pode ser para milhões de crianças e adultos que decidiram que não são capazes de aprender alguma coisa – e para os professores e gestores que veem as pessoas se esforçarem ou falharem, e decidirem que jamais terão êxito. Muitas pessoas acreditam ou foram informadas por professores de que eram incapazes de aprender em uma determinada área. Os professores não transmitem essa ideia por serem cruéis; eles consideram que é seu papel fornecer orientação sobre o que os alunos devem ou não perseguir ou estudar.

Outros transmitem essa mensagem para consolar. "Não se preocupe se a matemática não é seu negócio" é, tragicamente, um refrão comum ouvido por garotas. Outros alunos recebem essa mensagem via medidas de ensino deficientes e desatualizadas, como a separação de crianças pequenas em grupos por habilidade ou ênfase à rapidez na aprendizagem. Seja por meio do sistema educacional ou em conversas diretas com educadores, muitos de nós foram condicionados a acreditar que não têm capacidade de aprender. Depois que as pessoas colocam essa terrível ideia em suas cabeças, sua aprendizagem e seus processos cognitivos mudam.

Jennifer Brich é diretora do laboratório de matemática da Universidade Estadual San Marcos, na Califórnia. Além de dirigir o laboratório, ela também ministra aulas de matemática. Jennifer trabalha arduamente para desfazer as crenças prejudiciais de seus alunos sobre matemática e seus cérebros, uma das poucas docentes de matemática de nível universitário que fazem isso. Jennifer costumava pensar que "nascemos com certos talentos e que estamos restritos a eles". Mas então ela conheceu a pesquisa sobre crescimento e mudança cerebral. Hoje Jennifer ensina a pesquisa sobre o crescimento cerebral não apenas para seus próprios alunos, mas também para alunos de pós-graduação que ensinam outros alunos. Ensinar a nova ciência pode ser difícil, e Jennifer me diz que sofre muito repúdio de pessoas que preferem acreditar que alguns indivíduos nascem com potencial para matemática e outros, não.

Alguns meses atrás, ela estava sentada em seu escritório lendo *e-mails* quando ouviu o som de soluços vindo do escritório ao lado. Jennifer descreve que prestou atenção ao som e depois ouviu o professor dizer: "Tudo bem. Você é mulher. As mulheres possuem cérebros diferentes dos homens, então talvez você não consiga isso de imediato, e não tem problema se não conseguir".

Jennifer ficou horrorizada e corajosamente deu o passo de bater na porta do escritório do outro professor. Ela colocou a cabeça para dentro e perguntou se poderia falar com ele. Jennifer falou sobre as mensagens incorretas que ele estava passando, o que o levou a ficar chateado e denunciá-la ao chefe do departamento. Felizmente, o departamento era chefiado por uma mulher que também sabia que as mensagens dele eram incorretas e apoiou Jennifer.

Jennifer está confrontando os mitos sobre matemática e aprendizagem, sendo a pessoa certa para isso. Há pouco tempo ela me contou sobre sua difícil experiência de ser desencorajada por um professor quando ainda estava na graduação:

> Eu estava na pós-graduação, terminando o primeiro ano. Já havia começado a fazer pesquisas para a minha tese. Estava indo muito bem, me esforçando bastante e tirando boas notas. Eu estava cursando essa disciplina, de topologia, que era realmente um desafio para mim, mas estava estudando muito, e me saí muito bem em uma prova. Eu fiquei muito orgulhosa de mim. Tínhamos recebido as provas, e eu havia tirado 9,8, ou algo assim, muito perto da nota máxima. Eu estava muito feliz. Então virei a folha da prova e havia um recado do meu professor, pedindo para ir vê-lo depois da aula. Eu pensei, "Tudo bem, talvez ele também esteja entusiasmado". Eu estava muito feliz e orgulhosa de mim mesma.

Quando sentei em seu gabinete, começamos uma conversa sobre por que eu não levava jeito para a matemática. Ele queria saber se eu tinha "colado" ou decorado, para ter ido tão bem na prova. Ele praticamente me disse que não achava que eu era uma matemática e que esse não deveria ser meu futuro, e me estimulou a considerar outras opções.

Eu lhe disse que estava iniciando minha tese naquele verão e qual era minha média de notas. Ele acessou minhas notas e viu que eu havia cursado tanto a graduação quanto o mestrado lá. Então ele puxou o meu histórico e começou a olhar algumas das minhas notas. E ficou me fazendo perguntas que significavam que eu não tinha merecido aquelas notas. Isso que ele fez me arrasou, porque ele era um homem que eu respeitava, alguém que eu considerava muito inteligente, que era muito conhecido no departamento de matemática, muito respeitado. Muitos alunos o adoravam. Depois disso, fui para o meu carro e chorei, fiquei muito chateada. Chorei tudo o que podia.

Minha mãe é professora, então telefonei para ela. Quando relatei a conversa, ela obviamente ficou na defensiva e com raiva. Ela só me disse para pensar sobre o assunto, pensar nas pessoas que se saem bem em matemática e por que elas se saem bem. E ela me fez pensar sobre todas essas coisas diferentes. Acho que foi assim que plantei a primeira semente que realmente me ajudou a começar a entender o que é uma mentalidade de crescimento. Depois disso, felizmente, a ferocidade e a irritabilidade que existem em mim se manifestaram, e eu usei isso como motivação para me sair ainda melhor naquele curso e em minha carreira. E fiz questão de mostrar meu melhor sorriso para aquele professor quando atravessei o palco na formatura.

O encontro de Jennifer nos fala de uma pessoa, um professor responsável pela vida dos alunos, que acredita que apenas algumas pessoas têm lugar na matemática. Infelizmente, esse professor não é o único com este pensamento incorreto. O mundo ocidental, em especial, está repleto da crença cultural profundamente arraigada, permeada em todas as áreas e profissões, de que somente algumas pessoas são capazes de grandes realizações. Muitos de nós já ouviram essa história e foram condicionados a acreditar nisso. Quando as pessoas acreditam que apenas algumas podem atingir níveis elevados, isso afeta todas as áreas de suas vidas e impede que elas escolham caminhos gratificantes. A crença de que apenas alguns podem ser grandes empreendedores é insidiosa e prejudicial e nos impede de atingirmos nosso potencial.

Quando professores e outros transmitem às pessoas a ideia de que elas não têm capacidade cerebral para aprender alguma coisa, é porque não conhecem ou se recusam a aceitar as novas evidências científicas. Na maioria das vezes, esses professores são de STEM (ciências, tecnologia, engenharia e matemática), questão que voltarei a abordar. A meu ver, essas pessoas estão presas ao "regime do cérebro fixo". Não é de surpreender que tantas pessoas estejam trancadas dentro desse lugar negativo. As neurociências que mostram o crescimento do cérebro só se estabeleceu há cerca de 20 anos; até então, todo mundo acreditava que as pessoas nasciam com determinados cérebros e que esses cérebros nunca mudavam. Muitos dos professores dentro do regime de cérebro fixo desconhecem as evidências científicas. Os sistemas universitários de recompensa enfatizam que os professores são mais valorizados por publicarem em revistas científicas, e não por escreverem livros (como este) para o público ou compartilharem amplamente as evidências. Isso significa que as informações mais importantes ficam "trancafiadas" em revistas, cujo acesso é pago, e não chegam às pessoas que delas necessitam – nesse caso, educadores, gestores e pais.

MUDANDO PERCEPÇÕES E CÉREBROS

Foi a falta de oportunidades para que conhecimentos importantes cheguem às pessoas que deles necessitam que me levou, juntamente com Cathy Williams, a criar o Youcubed. O Youcubed é um centro educativo e um *site* (youcubed.org) de Stanford dedicado a levar as evidências da pesquisa sobre aprendizagem às pessoas que delas necessitam – especialmente pais e professores. Estamos hoje em uma nova era, e muitos neurocientistas e médicos estão escrevendo livros e dando palestras para levar novas informações às pessoas. Norman Doidge é uma das pessoas que fizeram muito para mudar percepções e compartilhar a nova e importante ciência do cérebro.

Doidge é médico e autor de um livro incrível, intitulado *The Brain That Changes Itself: Stories of Personal Triumph from the Frontiers of Brain Science*. O livro é exatamente o que o título descreve, pois está repleto de exemplos inspiradores de pessoas com deficiências de aprendizagem ou condições médicas graves (como AVCs) que, embora dadas como casos perdidos por educadores e médicos, passaram por treinamento cerebral e se recuperaram plenamente. No livro, Doidge trabalha para destruir uma série de mitos, como a ideia de que áreas separadas do cérebro são compartimentalizadas e não se comunicam ou trabalham juntas e, mais importante, a ideia de que os cérebros não mudam. Doidge descreve a "idade das trevas" em que as pessoas acreditavam que os cérebros eram inalteráveis, diz que não se surpreende com o fato de as pessoas demorarem tanto para entender a plasticidade do cérebro, e sugere que será necessária uma "revolução" intelectual para que isso aconteça.[8] Eu concordo, pois nos últimos anos, em meus ensinamentos sobre a nova ciência do cérebro, encontrei muitas pessoas que parecem pouco dispostas a mudar seu entendimento do cérebro e do potencial humano.

A grande maioria das escolas ainda está no regime do cérebro fixo. As práticas escolares foram estabelecidas ao longo de muitos anos e são muito difíceis de mudar. Uma das mais populares é a do agrupamento por níveis de habilidade (*tracking*), um sistema no qual os alunos são colocados em grupos com base em sua suposta habilidade para então serem ensinados juntos. Um estudo na Grã-Bretanha mostrou que 88% dos alunos separados dessa forma aos 4 anos de idade permaneceram no mesmo nível (*track*) pelo resto de suas vidas escolares.[9] Esse resultado horrível não me surpreende. Depois que dizemos aos jovens alunos que eles estão em um grupo de nível inferior, seu desempenho se torna uma profecia autorrealizadora.

O mesmo acontece quando os professores são informados sobre os níveis em que os alunos estão estudando; eles tratam os alunos de maneira diferente, quer tenham essa intenção ou não. Resultados semelhantes foram encontrados em um estudo com cerca de 12 mil alunos do jardim de infância à terceira série em mais de 2.100 escolas nos Estados Unidos.[10] Nenhum dos alunos que começou no grupo de leitura inferior já alcançou seus pares no grupo superior. Essas políticas de colocar os alunos em grupos com base em seu suposto nível de habilidade poderiam ser defensáveis se resultassem em maior aproveitamento para alunos de baixo, médio ou alto desempenho, mas isso não acontece.

Estudos de políticas escolares de agrupamento por níveis de habilidade em leitura mostram que as escolas que usam grupos de leitura baseados em habilidade quase sempre têm, em média, uma pontuação menor do que as escolas que não fazem isso.[10] Esses resultados se repetem em matemática. Comparei alunos que estudavam matemática em escolas de ensino fundamental e médio na Inglaterra e nos Estados Unidos, e tanto nos níveis escolares quanto nos países, as escolas que ensinavam aos alunos em grupos de desempenho misto superavam as que usavam grupos separados por habilidade.[11]

O San Francisco Unified é um distrito escolar urbano grande e diversificado, cujo conselho escolar votou, por unanimidade, a favor da remoção de classes avançadas até a décima primeira série. Isso gerou muita controvérsia e oposição dos pais, mas em dois anos, durante os quais todos os alunos tiveram as mesmas aulas de matemática até a décima série, as taxas de reprovação em álgebra caíram de 40 para 8% dos alunos no distrito, e o número de alunos que faziam aulas avançadas após a décima série aumentou em um terço.[12]

É difícil imaginar que as práticas de ensino dos professores do distrito tenham mudado drasticamente em dois anos, mas o que de fato mudou foram as oportunidades que os alunos receberam para aprender e as ideias em que os alunos acreditavam a respeito de si mesmos. Conteúdos de alto nível foram ensinados a todos, e não apenas a alguns alunos – e os alunos responderam com alto desempenho. Estudos internacionais de desempenho em diferentes países em todo o mundo mostram que os países que menos usam o agrupamento por níveis de habilidade e o usam mais tardiamente são os mais bem-sucedidos. Os Estados Unidos e o Reino Unido, dois países nos quais vivi e trabalhei, possuem dois dos sistemas com maior utilização de agrupamento por habilidade no mundo.

Ninguém sabe o que as crianças são capazes de aprender, e as práticas escolares que colocam limites para a aprendizagem dos alunos precisam ser radicalmente repensadas. Uma pessoa cuja história ilustra de maneira mais clara para mim a necessidade de mudar as nossas expectativas em relação às crianças pequenas é Nicholas Letchford. Nicholas cresceu na Austrália, e em seu primeiro ano de escola seus pais foram informados de que ele tinha "deficiência de aprendizagem" e um "QI muito baixo". Em um dos primeiros encontros de sua mãe com os professores, eles relataram que ele era a pior criança que haviam visto em 20 anos de ensino. Nicholas mostrava dificuldade para se concentrar, relacionar, ler ou escrever. Mas durante os anos que se seguiram, a mãe de Nicholas, Lois, se recusou a acreditar que seu filho era incapaz de aprender e trabalhou com ele, ensinando-lhe a se concentrar, relacionar, ler e escrever. O ano de 2018 foi importante para Lois Letchford. Foi o ano em que ela publicou um livro descrevendo seu trabalho com Nicholas, chamado *Reversed*,[13] e também foi o ano em que Nicholas se formou na Universidade de Oxford, com doutorado em matemática aplicada.

A pesquisa e a ciência superaram a era do cérebro fixo, mas os modelos de escolarização baseados na fixidez do cérebro e as crenças de aprendizagem limitada persistem. Enquanto escolas, universidades e pais continuarem passando mensagens de cérebro fixo, estudantes de todas as idades continuarão desistindo de aprender em áreas que poderiam ter-lhes proporcionado grande alegria e realização.

A nova ciência do cérebro que mostra que temos potencial ilimitado é transformadora para muitos – e isso inclui indivíduos diagnosticados com deficiências de aprendizagem. Tais indivíduos nascem com – ou desenvolvem – diferenças físicas, por lesão ou acidente, que dificultam a aprendizagem. Durante muito tempo, as escolas têm tradicionalmente colocado tais estudantes em classes de nível inferior e trabalhado em torno de suas fraquezas.

Barbara Arrowsmith-Young adota uma abordagem totalmente diferente. Tive a sorte de conhecê-la em uma visita recente a Toronto, durante a qual fiz um passeio a uma das incríveis escolas Arrowsmith que ela criou. É impossível passar algum tempo com Barbara e não perceber que ela é uma força a ser reconhecida; ela é apaixonada não apenas por compartilhar seu conhecimento do cérebro e de como nós o desenvolvemos, mas por usar seu conhecimento para mudar as rotas neurais de pessoas diagnosticadas com necessidades educacionais especiais por meio de treinamento cerebral direcionado.

A própria Barbara foi diagnosticada com deficiências de aprendizagem graves. Durante sua infância em Toronto nas décadas de 1950 e 1960, ela e sua família sabiam que ela era brilhante em algumas áreas, mas lhes disseram que era "retardada" em outras. Ela apresentava dificuldade para pronunciar palavras e era incapaz de seguir raciocínio espacial. Não conseguia acompanhar declarações de causa e efeito e também invertia letras. Ela conseguia entender as palavras "pai" e "filha", mas não a expressão "a filha do pai".[14] Felizmente para Bárbara, ela possuía uma memória incrível e foi capaz de utilizá-la para passar pela escola e esconder o que sabia que estava errado.

Na idade adulta, suas deficiências estimularam-na a estudar o desenvolvimento infantil, o que por fim a levou a conhecer o trabalho de Alexander Luria, um neuropsicólogo russo que havia escrito sobre vítimas de AVC que tiveram problemas com gramática, lógica e leitura de horas. Luria trabalhou com muitas pessoas com lesões cerebrais, produziu uma análise aprofundada do funcionamento de várias regiões cerebrais e desenvolveu uma extensa bateria de testes neuropsicológicos. Ao ler o trabalho de Luria, Barbara percebeu que ela própria tinha lesões cerebrais, ficou bastante deprimida e começou a pensar em suicídio. Mas então se deparou com o primeiro trabalho sobre neuroplasticidade e entendeu que atividades específicas poderiam gerar crescimento. Ela deu início a meses de trabalho minucioso em áreas nas quais sabia que possuía mais dificuldade. Ela fez centenas de cartões exibindo horas em relógios e treinou tanto a leitura que já era capaz de fazê-la com mais rapidez do que pessoas "comuns". Ela começou a ver melhorias em sua compreensão simbólica e, pela primeira vez, a compreender gramática, matemática e lógica.

Hoje Barbara administra escolas e programas que oferecem treinamento cerebral a alunos diagnosticados com diferenças de aprendizagem. Conversando com Barbara durante minha visita, achei difícil imaginar que essa mulher tivesse tido deficiências tão graves no passado, já que ela impressiona por sua capacidade de se comunicar e pensar. Barbara desenvolveu mais de 40 horas de testes que diagnosticam os pontos fortes e fracos dos cérebros dos alunos e uma série de exercícios cognitivos direcionados que lhes permitem desenvolver suas rotas cerebrais. Os estudantes entram em suas escolas Arrowsmith com deficiências graves e saem livres delas.

Quando visitei uma das escolas Arrowsmith pela primeira vez, vi estudantes sentados diante de telas de computador intensamente concentrados em suas tarefas cognitivas. Perguntei a Barbara se os alunos ficavam felizes fazendo isso e ela respondeu que eles ficam motivados porque podiam sentir os efeitos do programa muito rapidamente. Vários dos alunos com quem conversei falaram nos mesmos termos – depois que começaram com as tarefas cognitivas, sentiram uma "névoa se dissipar" e tornaram-se capazes de dar sentido ao mundo. Quando visitei a escola Arrowsmith pela segunda vez, sentei e conversei com alguns adultos que estavam passando pelo programa.

Shannon era uma jovem advogada que ficara preocupada com críticas sobre o tempo que levava para produzir seu trabalho, uma vez que advogados em geral são pagos por hora. Ela foi encaminhada à Arrowsmith e decidiu se matricular para um curso de verão. Quando a conheci, algumas semanas depois do programa, ela me disse que sua vida já havia se transformado. Além de pensar com muito mais eficiência, Shannon podia fazer conexões que antes não era capaz. Ela inclusive estava compreendendo fatos que haviam acontecido em seu passado e que na época não tinha conseguido entender. Shannon, como os outros, falou sobre um "nevoeiro se dissipar" em sua mente; ela disse que costumava ser uma passageira nas conversas, mas agora "tudo está claro" e ela é capaz de participar plenamente.

Barbara não oferece treinamento cerebral apenas para estudantes que vão a Toronto e se matriculam na escola; ela agora desenvolveu um programa de treinamento para educadores que podem levá-lo às suas escolas. Alguns alunos permanecem no programa por poucos meses, outros por alguns anos, e hoje um programa a distância está sendo desenvolvido para que os alunos possam trabalhar em diferentes locais. Barbara está sendo uma pioneira mundial em sua abordagem de treinamento cerebral. Como muitos pioneiros, ela teve que suportar críticas de pessoas que não aceitam a ideia de neuroplasticidade ou de que os cérebros podem ser exercitados e desenvolvidos, mas ela continua lutando pelos direitos dos estudantes que foram levados a acreditar que são "deficientes".

A maioria dos alunos que contatam Arrowsmith foram expostos à ideia de que há algo terrivelmente errado com eles, e muitos foram rejeitados pelo sistema escolar. Eles saem de Arrowsmith transformados. Um dos resultados de minhas visitas à escola foi o de ter me determinado a ajudar a divulgar o que é possível com o treinamento cerebral e compartilhar os métodos de Arrowsmith com o exército de professores e pais que seguem o Youcubed (que chamam a si mesmos de *Youcubians*). Como mencionado, a abordagem da educação especial nas escolas tem sido identificar os pontos fracos dos alunos e ensinar a contorná-los, essencialmente dirigindo o ensino a seus pontos fortes. A abordagem de Arrowsmith é o inverso. Os professores trabalham para identificar os pontos fracos do cérebro e depois ensinam para eles – construindo as rotas e conexões cerebrais de que os alunos necessitam. O que espero é que todos os alunos com diferenças de aprendizagem sejam expostos ao treinamento cerebral e libertados dos rótulos e limites com os quais foram forçados a viver, substituindo-os pela esperança gerada por um cérebro transformado.

Muitos indivíduos incríveis que foram descartados e instruídos a não perseguir campos de estudo específicos vieram a se destacar neles. Dylan Lynn foi diagnosticada como portadora de discalculia, uma condição cerebral que dificulta a aprendizagem de matemática. Mas Dylan se recusou a aceitar que era incapaz de aprender matemática; persistiu e conseguiu um diploma em estatística. Ela fez isso recusando-se a ouvir todos os que lhe aconselharam a abandonar seus cursos de matemática, em vez disso desenvolvendo sua própria maneira de encarar a matéria. Dylan agora trabalha em colaboração com Katherine Lewis, uma professora da Universidade de Washington, contando sua história para inspirar outros alunos aos quais foi dito que não seriam capazes de alcançar o objetivo desejado.[15]

É hora de reconhecer que não podemos rotular as crianças e ter poucas expectativas em relação a elas. Isso é verdade independentemente de qualquer diferença de aprendizagem diagnosticada. Como estamos aprendendo nestas páginas, a qualidade mais notável dos nossos cérebros é a sua adaptabilidade e potencial de mudança e crescimento.

Além das crianças com deficiências de aprendizagem genuínas, muitos outros alunos são informados ou induzidos a acreditar que possuem uma dificuldade de aprendizagem que, na verdade, não têm – especialmente quando se trata de matemática. Durante décadas, professores em todos os lugares identificavam crianças que não memorizam fatos matemáticos tão bem quanto seus colegas e as rotulavam como portadores de uma deficiência ou incapacidade.

Um estudo, conduzido pela neurocientista Teresa Iuculano e seus colegas da Faculdade de Medicina de Stanford, mostra claramente o potencial do cérebro para crescer e mudar, bem como o perigo de diagnosticar os alunos equivocadamente.[16] Os pesquisadores incluíram crianças de dois grupos – um grupo havia sido diagnosticado como portador de deficiências de aprendizagem matemática e o outro consistia de crianças com desempenho normal. Os pesquisadores usaram ressonância magnética para examinar o cérebro das crianças enquanto elas estavam trabalhando em matemática. Eles encontraram diferenças cerebrais reais. É aí que fica interessante: a diferença foi que os alunos identificados como portadores de deficiências tinham mais regiões cerebrais ativadas quando estavam trabalhando em um problema de matemática.

Esse resultado é contraintuitivo, pois muitas pessoas pensam que alunos com necessidades especiais têm menos – e não mais – coisas acontecendo em seus cérebros. No entanto, não queremos que todo o cérebro se ative quando trabalhamos em matemática; queremos que algumas áreas focalizadas sejam ligadas. Os pesquisadores foram além e ministraram aulas individuais aos dois grupos de alunos: os que tinham desempenho normal e os identificados como portadores de uma incapacidade de aprendizagem matemática. No final das oito semanas de instrução, os dois grupos de alunos apresentaram não apenas o mesmo desempenho como também exatamente as mesmas áreas cerebrais ativadas.

Esse é um dos muitos estudos importantes que demonstram que, em um curto período de tempo – as intervenções de pesquisa muitas vezes têm oito semanas de duração –, os cérebros podem se transformar e se reestruturar completamente. Os alunos com "deficiências de aprendizagem" neste estudo desenvolveram seus cérebros em uma medida que lhes permitiu funcionar da mesma forma que os alunos de "desempenho normal". Vamos torcer para que eles tenham perdido seus rótulos de "deficientes em matemática" ao voltarem para a escola. Imagine como tudo poderia mudar para aquelas crianças pequenas na escola e na vida.

ALUNOS DE ALTO DESEMPENHO

A importância de sabermos sobre o crescimento do cérebro não se limita a estudantes diagnosticados com necessidades especiais. Ela se estende por todo o espectro de realizações. Estudantes chegam em Stanford com uma história de êxito escolar; muitas vezes eles só receberam notas máximas na escola. Mas quando sentem dificuldade em sua primeira aula de matemática (ou de qualquer outra matéria), muitos decidem que não são capazes de aprender a matéria e desistem.

Como mencionado, nos últimos anos tenho trabalhado com os alunos para dissipar essas ideias ministrando uma aula chamada "Como aprender matemática". A aula integra as neurociências da aprendizagem positiva com uma nova maneira de ver e experimentar a matemática. Minha experiência de ministrar essa aula tem sido reveladora. Conheci muitos alunos de graduação que são extremamente vulneráveis e muito facilmente passam a acreditar que não há lugar para eles nas áreas de STEM. Infelizmente, quase sempre se trata de mulheres e pessoas negras. Não é difícil entender por que esses grupos são mais vulneráveis do que brancos do sexo masculino. Os estereótipos que permeiam nossa sociedade com base no gênero e na cor da pele são profundos e passam a ideia de que mulheres e pessoas negras não são adequadas para as áreas de STEM.

Um estudo publicado na importante revista *Science* mostrou isso de maneira contundente.[17] Sarah-Jane Leslie, Andrei Cimpian e colegas entrevistaram professores universitários em diferentes disciplinas para verificar o grau de prevalência da ideia de "dom" – o conceito de que você precisa de uma habilidade especial para ser bem-sucedido em um determinado campo. Os resultados obtidos foram surpreendentes. Eles descobriram que quanto mais prevalente era a ideia de dom em qualquer campo acadêmico, menor o número de mulheres e pessoas negras naquele campo. Isso aconteceu em todas as 30 disciplinas investigadas. Os gráficos a seguir mostram as relações que os pesquisadores descobriram; o gráfico superior (A) mostra as matérias de ciências e tecnologia, e o gráfico inferior (B), as matérias de artes e ciências humanas.

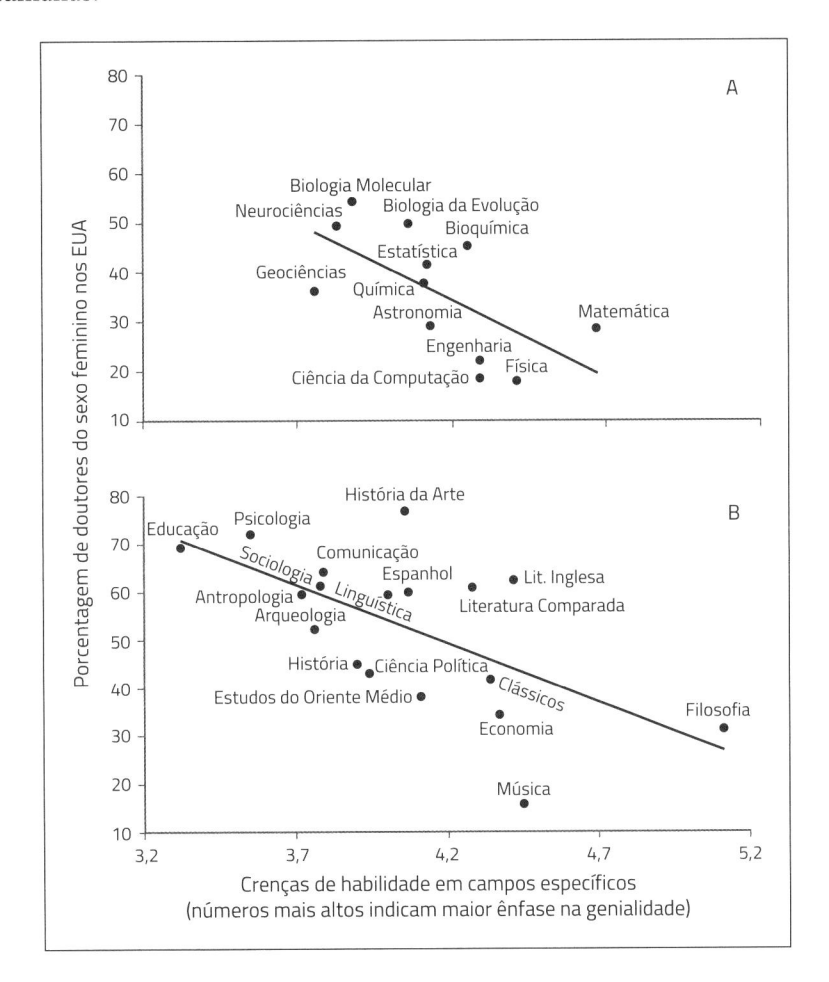

A pergunta que sempre faço quando vejo dados como esses é: se a ideia de superdotação é prejudicial aos adultos nessa medida, o que ela faz com as crianças pequenas?

A ideia de superdotação não é apenas imprecisa e prejudicial; ela é preconceituosa em termos de gênero e raça. Existem muitos tipos diferentes de evidências de que aqueles que acreditam em cérebros fixos e superdotação também acreditam que meninos, homens e determinados grupos raciais são superdotados, e meninas, mulheres e outros grupos raciais não são.

Um dos tipos de evidências que mostram isso claramente foi coletado por Seth Stephens-Davidowitz, que concentrou sua atenção em pesquisas no Google.[18] Seu estudo revelou algo muito interessante e perturbador. Ele descobriu que a palavra mais comumente pesquisada no Google após "Meu filho de 2 anos é..." é a palavra "superdotado". Ele também descobriu que pais pesquisam as palavras "Meu filho é superdotado?" duas vezes e meia mais do que as palavras "Minha filha é superdotada?". Isso ocorre a despeito do fato de crianças de gêneros diferentes terem o mesmo potencial.

Infelizmente, o problema não se limita aos pais. Daniel Storage e seus colegas conduziram análises de avaliações anônimas no *site* RateMyProfessors.com, e descobriram que professores homens tinham duas vezes mais chances de serem chamados de "brilhantes" e três vezes mais chances de serem chamados de "gênios" pelos alunos do que professoras.[19] Esses e outros estudos mostram que ideias de superdotação e genialidade estão misturadas com pressupostos racistas e sexistas.

Estou convencida de que a maioria das pessoas que têm preconceitos raciais ou de gênero não pensam neles conscientemente ou talvez nem percebam que os têm. Também afirmo que se refutássemos a ideia de que algumas pessoas são talentosas "por natureza" e, em vez disso, reconhecêssemos que todos estão em uma jornada de crescimento e podem realizar coisas admiráveis, alguns dos preconceitos mais insidiosos contra mulheres e pessoas negras desapareceriam. Isso é necessário nas áreas de STEM mais do que em qualquer outra parte; não é por acaso que as disciplinas de STEM evidenciam a mentalidade fixa mais forte e as mais rematadas desigualdades na participação.

Parte da razão pela qual tantos estudantes são dissuadidos de pensar que são capazes de aprender matemática é a atitude dos professores que lhes ensinam. Já conheci alguns matemáticos incríveis que dedicam grande parte de suas vidas para dissipar as ideias elitistas que permeiam a matemática. A matemática universitária Piper Harron, uma de minhas heroínas, é uma dessas pessoas. Em seu *site*, chamado The Liberated Mathematician, ela escreve: "Minha visão da matemática é que ela é uma bagunça absoluta que ativamente expulsa o tipo de pessoas que poderiam torná-la melhor. Não tenho paciência para pretensos gênios. Eu quero capacitar as pessoas".[20]

É maravilhoso ter vozes como a de Piper para ajudar a dissipar os mitos sobre quem é capaz de realizar em matemática.

Infelizmente, ainda há muitos acadêmicos e professores que continuam transmitindo ideias elitistas falsas e declarando, de forma voluntária e aberta, que apenas algumas pessoas podem aprender suas matérias. Ainda na semana passada eu soube de dois exemplos que são típicos. Uma professora de faculdade comunitária começou sua aula dizendo aos alunos que apenas três deles iriam passar, e um professor de matemática do ensino médio em meu distrito escolar local anunciou aos ansiosos alunos de 15 anos que foram colocados em sua classe de matemática de alto nível: "Vocês podem achar que são grande coisa, mas ninguém nesta classe tira mais do que C". Estas são as palavras dos elitistas que se deleitam com o baixo número de alunos que são bem-sucedidos em suas turmas, pois acham que isso mostra que eles estão ensinando conteúdo realmente difícil. É esse tipo de pensamento e discurso com os alunos que impede que tantas pessoas incríveis sigam caminhos que lhes seriam gratificantes. Tais ideias prejudicam as pessoas e também as disciplinas, uma vez que se nega o acesso de diversos pensadores que teriam contribuído com ideias e avanços benéficos nessas áreas.

Um desses pensadores foi a incrível matemática Maryam Mirzakhani. A história de vida e obra de Maryam apareceu nos jornais do mundo inteiro quando ela se tornou a primeira mulher no mundo a ganhar a cobiçada Medalha Fields, equivalente ao Prêmio Nobel para matemáticos. Maryam cresceu no Irã e, como muitos outros, não foi inspirada pelas aulas de matemática. Na sétima série, sua professora de matemática disse-lhe que ela não era boa em matemática. Felizmente para o mundo, Maryam tinha outros professores que acreditavam nela.

As coisas mudaram para Maryam aos 15 anos, quando ela se inscreveu para uma aula de resolução de problemas na Universidade de Sharif em Teerã. Ela adorava resolução de problemas matemáticos e prosseguiu com estudos em matemática avançada. Durante seus estudos de doutorado, ela provou várias teorias até então sem comprovação na matemática. Sua abordagem foi diferente da de muitos matemáticos, e seu trabalho quase inteiramente visual. O campo seria mais estreito – menos rico, visual e conectado – sem a contribuição de Maryam, que poderia facilmente ter sido perdida se ela tivesse dado ouvidos à professora que lhe disse que ela era ruim em matemática.

Quando Maryam veio para Stanford, não faltaram ocasiões para nos encontrarmos e conversarmos sobre aprendizagem de matemática, e tive o prazer de presidir a banca examinadora do doutorado de uma de suas alunas. Aos 40 anos, Maryam morreu tragicamente. O mundo perdeu uma mulher incrível, mas suas ideias seguirão vivas e continuarão ampliando a matemática.

A Sociedade Americana de Matemática recentemente dedicou a edição de novembro de sua revista a Maryam, e uma das pessoas que refletiram sobre a incrível contribuição de Maryam para a matemática foi Jenya Sapir, a aluna de doutorado cuja defesa de tese eu presidi, atualmente também matemática. Eis as reflexões sobre Maryam:

> Maryam pintava belas paisagens detalhadas em suas palestras. Se ela estivesse dando uma palestra sobre os conceitos A, B e C, ela não explicava apenas que A implica B, que implica C. Em vez disso, ela pintava uma paisagem matemática onde A, B e C viviam juntos e interagiam entre si de várias maneiras complicadas. Mais do que isso, ela fazia parecer que as regras do universo estavam trabalhando em harmonia para fazer A, B e C acontecerem. Eu frequentemente ficava espantada imaginando como devia ser o mundo interior dela. Em minha imaginação, ele continha conceitos difíceis de diferentes campos da matemática, todos convivendo e influenciando uns aos outros. Ao observá-los interagir, Maryam aprendia verdades essenciais de seu universo matemático.[21]

O mundo está repleto de casos de pessoas que pensam de maneira diferente – muitas vezes de maneira mais criativa – e são dissuadidas de seguir carreiras nos esportes, na música, em estudos acadêmicos e em muitos outros campos. Aqueles que persistem apesar das mensagens negativas que recebem muitas vezes acabam realizando proezas incríveis.

Mas quantos há que não seguem adiante, que acreditam em julgamentos negativos e se afastam de campos e sonhos? Uma das pessoas que pensavam de outra forma e sofreram ampla rejeição é a autora da série *Harry Potter*, J. K. Rowling, hoje a autora de maior sucesso da história. Logo após a morte de sua mãe, ela estava passando por uma fase muito ruim de sua vida; tinha se divorciado há pouco tempo, era mãe solteira e vivia na pobreza, mas concentrou-se em algo de que gostava muito – escrever. Rowling (que também se chama Jo) mandou o manuscrito de *Harry Potter* para 12 editores diferentes, e todas o rejeitaram.

Ela começou a perder a confiança em seu livro quando o editor da Bloomsbury Publishing sentou-se para lê-lo; ela também o deu à sua filha de 8 anos de idade. A jovem leitora adorou o livro e incentivou a mãe a publicá-lo. Os livros de Rowling já venderam mais de 500 milhões de exemplares, e ela é um exemplo para quem enfrenta rejeição mas continua acreditando em suas ideias. Hoje ela trabalha ativamente contra a pobreza e para promover o bem-estar das crianças. Gosto de muitas de suas palavras, mas esta talvez seja a minha citação predileta:

> É impossível viver sem falhar em alguma coisa, a menos que você viva com tanta cautela que acabe nem vivendo – e nesse caso, você falha por omissão.

OS PROBLEMAS DA SUPERDOTAÇÃO

Os professores e pais que afirmam que apenas algumas pessoas são capazes de aprender determinadas matérias estão todos refletindo a desinformação da era do cérebro fixo. Talvez não seja surpreendente que tantas pessoas ainda se apeguem à ideia de cérebros fixos, pois a maioria delas viveu durante a época em que isso era tudo que se sabia. Os mitos do cérebro fixo foram devastadores para estudantes de todas as idades que foram excluídos das escolas, salas de aula e lares, milhões de crianças que foram levadas a acreditar que não eram capazes. Mas essa história também tem outro lado. As ideias do cérebro fixo tiveram consequências igualmente negativas para os alunos que foram alçados como "superdotados". Isso pode parecer absurdo – como ser rotulado de superdotado poderia prejudicar alguém? Já mencionei a pesquisa que demonstra que a ideia de superdotação – de que você precisa herdar algum gene para se sair bem – é prejudicial para mulheres e estudantes negros, mas como ela prejudica os indivíduos que recebem esse rótulo?

Alguns meses atrás, fui contatada por um cineasta que estava fazendo um filme sobre superdotação com um ângulo de justiça social. Aquilo me pareceu interessante, então assisti ao *trailer* que ele me enviou. Fiquei decepcionada ao descobrir que seu argumento era que mais estudantes negros deveriam ser identificados como superdotados. Entendo os motivos para tal filme, pois há sérias disparidades raciais em programas para superdotados. Mas havia uma questão maior em jogo, a saber, a da prática continuada da rotulação baseada na ideia de cérebro fixo.

Foi naquele momento que decidi fazer meu próprio filme, com a ajuda da minha equipe do Youcubed e de uma incrível cineasta, Sophie Constantinou, da Citizen Film. Pedi aos alunos de Stanford que eu conhecia que refletissem sobre suas experiências de serem rotulados de superdotados.[22] Os 12 alunos de Stanford que falam no filme apresentam uma mensagem consistente – eles receberam vantagens, mas com alguns custos. Os alunos falam sobre sentir que tinham uma coisa permanente dentro de si, e quando enfrentavam dificuldades, achavam que ela "havia se esgotado". Eles dizem que aprenderam a não fazer perguntas; eles só podiam responder às perguntas de outras pessoas. Eles dizem que tentavam esconder qualquer dificuldade, para que não descobrissem que eles não eram "superdotados". No final, uma estudante chamada Julia diz de maneira notável: "Se eu tivesse crescido em um mundo onde ninguém fosse rotulado de superdotado, teria feito muito mais perguntas".

O movimento em prol dos superdotados tem o ideal digno de garantir que os alunos de alto desempenho recebam um ambiente rico e desafiador, o que concordo ser necessário. Porém, tem-se perpetuado a ideia de que alguns alunos merecem isso porque têm um "dom" fixo – como um presente que receberam. Embora os programas apontem que alguns alunos precisam de material especialmente desafiador porque atingiram um ponto elevado, eles omitem o fato de que outros também podem chegar a esse ponto caso se esforcem bastante. A mensagem é que algumas pessoas nascem com algo que os outros não podem alcançar. Isso, a meu ver, é prejudicial, tanto para aqueles que entendem que não têm um dom, como para aqueles que entendem que têm uma capacidade fixa.

Uma das razões pelas quais pode ser prejudicial receber o rótulo de superdotado é que você não espera sentir dificuldade, e, quando sente, é absolutamente arrasador. Lembrei-me disso ao conversar com meus alunos de educação em Stanford no verão passado. Eu estava explicando a pesquisa sobre crescimento cerebral e o dano provocado pelos rótulos fixos quando Susannah levantou a mão e disse com tristeza: "Você está descrevendo a minha vida".

Susannah prosseguiu recordando sua infância, quando ela era uma das melhores alunas de matemática. Ela havia frequentado um programa para superdotados e com frequência lhe diziam que ela possuía um "cérebro matemático" e um talento especial. Mais tarde, ela se matriculou na faculdade de matemática da UCLA, mas no segundo ano do curso ela fez uma disciplina difícil que lhe trouxe dificuldades. Naquela época, ela decidiu que, afinal, não tinha um cérebro matemático e abandonou o curso. O que Susannah não sabia é que enfrentar dificuldades é o melhor processo para o crescimento do cérebro (veremos mais sobre isso depois) e que ela poderia desenvolver as rotas neurais necessárias para aprender mais matemática. Se soubesse disso, Susannah provavelmente teria persistido e se formado em matemática. Esse é o dano causado pela noção de capacidade fixa.

A história que Susannah me contou transmitiu sua experiência de ser rotulada de superdotada, portadora de um "cérebro matemático", e como essa rotulagem a levou a abandonar a matéria de que tanto gostava. Isso poderia se repetir com qualquer matéria – línguas, ciências, história, teatro, geografia – qualquer coisa. Quando você é valorizado por ter um cérebro que você não desenvolveu, apenas recebeu ao nascer, você se torna avesso a qualquer tipo de dificuldade e começa a acreditar que as áreas onde encontra dificuldade não são para você. Em razão do meu campo de especialidade, conheci muitas pessoas que abandonaram as disciplinas de STEM porque achavam que não tinham o cérebro certo, mas o problema não se limita a matérias de STEM. Ele acontece sempre que as pessoas são levadas a acreditar que seu intelecto é algo fixo.

Embora eu condene os rótulos dados aos estudantes – de superdotação ou o contrário – não sustento que todos nascem iguais. Ao nascer, todos têm um cérebro único e existem diferenças entre os cérebros das pessoas. Mas as diferenças com as quais as pessoas nascem são eclipsadas pelas muitas formas por meio das quais as pessoas *podem* mudar seus cérebros. A proporção de pessoas nascidas com cérebros tão excepcionais a ponto de esses cérebros influenciarem o que elas vêm a fazer é minúscula – menos de 0,001% da população. Algumas têm diferenças cerebrais que muitas vezes são debilitantes em alguns aspectos, como as do espectro do autismo, mas produtivas em outros. Embora não nasçamos com cérebros idênticos, não existe isso de "cérebro matemático", "cérebro artístico", ou "cérebro musical". Todos temos que desenvolver as rotas cerebrais necessárias para o êxito, e todos temos o potencial de aprender e atingir os níveis mais altos.

O autor de *best-sellers* Daniel Coyle, que passou muito tempo em "viveiros de talentos", concorda. Ele entrevistou os professores das pessoas mais "talentosas" – aquelas que Coyle descreve como tendo trabalhado de maneiras particularmente eficazes. Seus professores dizem que eles veem alguém que consideram um gênio a uma taxa de uma pessoa por década.[23] Decidir que 6% dos alunos em cada distrito escolar têm uma diferença cerebral que significa que eles devam ser desviados e receber tratamento especial é ridículo.

Anders Ericsson estudou QI e empenho durante décadas e conclui que as pessoas consideradas gênios – como Einstein, Mozart e Newton – "se fazem, não nascem feitas", e seu sucesso é fruto de extraordinário esforço.[24] É importante que comuniquemos a todos os alunos que eles estão em uma jornada de crescimento, e não há nada fixo neles, quer o chamemos de "dom" ou deficiência.

Já não estamos mais na era do cérebro fixo; estamos na era do crescimento cerebral. As jornadas de crescimento cerebral devem ser comemoradas, e precisamos substituir as ideias e programas ultrapassados que falsamente consideram certas pessoas mais capazes que outras, sobretudo quando esses rótulos ultrapassados tornam-se fonte de desigualdades de gênero e raça. Todo mundo está em uma jornada de crescimento. Não há necessidade de sobrecarregar crianças ou adultos com noções dicotômicas prejudiciais que dividem as pessoas em quem é capaz e quem não é.

A ideia de que as mulheres têm que se esforçar muito para serem bem-sucedidas, ao passo que os homens são naturalmente brilhantes foi uma noção com a qual eu mesma me deparei no ensino médio – não por meio de meu professor de matemática, mas de meu professor de física. Lembro-me claramente. Foi na época em que todos os alunos faziam uma prova prática, conhecida como "simulado", como preparação para o exame que todos os alunos fazem aos 16 anos na Inglaterra. Oito alunos – quatro meninas e quatro meninos – receberam pontuações limítrofes, e eu era um deles. Nesse momento, meu professor de física decidiu que todos os meninos haviam alcançado suas pontuações sem se esforçar, mas todas as meninas tinham alcançado suas pontuações com muita dificuldade – e por isso elas jamais poderiam se sair melhor. Consequentemente, ele inscreveu todos os meninos no exame superior, e as meninas, no exame inferior.

Como eu praticamente não fiz nada no ensino médio (sentia-me entediada grande parte do tempo por apenas ter que memorizar fatos) e passei com mínimo esforço, eu sabia que ele estava errado sobre as garotas terem tido mais dificuldade. Contei à minha mãe sobre a decisão do professor com base no gênero. Minha mãe, sendo a feminista que era, reclamou para a escola, e então eles relutantemente me inscreveram no exame superior, me dizendo que era um risco estúpido da minha parte, pois as únicas notas possíveis no exame superior eram A, B, C ou reprovado. Eu disse que correria o risco.

Mais tarde naquele verão, recebi meu resultado – nota A. Tive a sorte de ter uma mãe que conseguiu reverter a decisão sexista do professor, e contrariar o pensamento dele me deu uma razão para me preparar especialmente bem para o exame. O impacto infeliz para mim, no entanto, foi que eu decidi que não prosseguiria na física. Eu não queria mais saber daquele homem (que era o chefe do departamento) ou daquela matéria.

Felizmente, não recebi esse tipo de dissuasão sexista em matemática, e alguns dos meus melhores professores de matemática e dos mais altos níveis foram mulheres. Eu escolhi fazer matemática avançada – peguei todas as ciências em níveis avançados, exceto física. Esse é um exemplo do impacto particularmente insidioso que homens como o meu professor de física têm quando limitam as trajetórias com base no gênero (ou raça ou outras características).

Um grupo de jovens mulheres recentemente compartilhou comigo sua experiência de abordar seu professor de matemática com uma pergunta após uma de suas primeiras aulas em uma universidade renomada. Quando fizeram sua pergunta, o professor disse que ela era muito básica e que elas deveriam fazer um curso na faculdade comunitária local. Naquele momento, as mulheres, que eram todas afro-americanas, decidiram abandonar as matérias de STEM para sempre. Elas já tinham recebido esse tipo de mensagem o suficiente e, como muitas outras alunas antes delas, se afastaram.

A matemática, é claro, não é a única matéria que alimenta ideias prejudiciais sobre quem é capaz. Artes, línguas, música, esportes – todas essas são áreas em que os alunos estão inicialmente interessados até começarem a enfrentar dificuldades e decidir que não possuem o tipo certo de cérebro (ou corpo). Todas as vezes que alunos se deparam com essas ideias prejudiciais, uma parte do seu potencial futuro é excluída. E não só na escola. Ideias de potencial fixo também têm impacto no seu trabalho.

Já conversei com muitos profissionais que me dizem que antes de aprenderem sobre a ciência do cérebro, eles ficavam nervosos demais para expressar ideias em reuniões, na eventualidade de estarem erradas, e que viviam com medo de serem julgados. Isto é não é surpreendente, pois crescemos em um mundo do cérebro fixo que julga a todos com base em sua "inteligência". Muitas pessoas crescem se sentindo julgadas por tudo, muitas vezes não se sentindo boas o suficiente e preocupadas com a possibilidade de serem descobertas. Quando as pessoas abandonam as ideias de cérebro fixo, elas se desbloqueiam, especialmente quando associam esse conhecimento a outras descobertas de neurociências que iremos explorar em breve.

Não são apenas os funcionários que sofrem os efeitos da concepção de cérebro fixo; muitas vezes os gestores também. Gerentes de empresas são igualmente propensos a descartar um empregado por ele não ter um bom cérebro ou não ser inteligente o suficiente. Se, em vez disso, os gerentes vissem o potencial ilimitado das pessoas com quem trabalham, falariam com elas de outra forma e abririam oportunidades em vez de fechá-las. Em vez de decidir que alguns funcionários são de valor limitado, os gerentes poderiam decidir dar-lhes oportunidades diferentes para aprender – alguns podem precisar de alguma leitura ou estudo ou construção (falarei mais sobre isso em capítulos posteriores). Isso mudaria a maneira como muitas empresas operam e capacitaria muitos empregadores a criar ideias e produtos importantes.

O primeiro passo para viver uma vida ilimitada e desbloqueada é saber que os cérebros estão constantemente se reorganizando, crescendo e mudando. Lembrar que a cada dia de nossas vidas, acordamos com um cérebro modificado. A cada momento, nossos cérebros têm oportunidades de fazer conexões, fortalecer rotas existentes e formar rotas novas. Quando nos deparamos com uma situação desafiadora, em vez de nos afastarmos por medo de não sermos bons o suficiente, devemos mergulhar, sabendo que a situação oferece oportunidades de crescimento cerebral. Quando começarmos a reconhecer as enormes implicações da adaptabilidade de nossos cérebros, vamos começar a abrir nossas mentes e viver de forma diferente. As principais informações que permitirão que nossas novas trajetórias e abordagens sejam aprimoradas serão compartilhadas nos próximos capítulos.

POR QUE DEVERÍAMOS APRECIAR OS ERROS, AS DIFICULDADES E ATÉ O FRACASSO

Nossas vidas estão repletas de erros. Nós os cometemos o tempo inteiro e eles simplesmente fazem parte da vida cotidiana. Embora os erros às vezes não façam diferença ou acabem produzindo resultados fortuitos, a maioria das pessoas responde instintivamente a eles açoitando-se mentalmente e se sentindo muito mal. Não é de surpreender que grandes setores da população respondam negativamente aos erros. A maioria de nós foi criada com a ideia de que erros são ruins, sobretudo se frequentamos escolas orientadas a testes, onde frequentemente éramos rebaixados por cometer erros, ou nossos pais puniam erros com duras palavras e ações. Isso é lamentável, e eis por quê.

> **CHAVE DE APRENDIZAGEM # 2**
> Os momentos em que estamos enfrentando dificuldades e cometendo erros são os melhores momentos para o crescimento cerebral.

Quando estamos dispostos a enfrentar obstáculos e cometer erros no processo de aprendizagem, melhoramos as conexões neurais que agilizam e melhoram a experiência de aprendizagem. A pesquisa sobre o impacto positivo dos erros e do esforço está surgindo a partir dos estudos tanto neurocientíficos[1] como comportamentais sobre pessoas de alto desempenho.[2] Alguns desses trabalhos são contraintuitivos, pois acreditamos por muito tempo na necessidade absoluta de que tudo esteja "correto". Libertar as pessoas da ideia de que elas devem sempre estar certas e não cometer erros revela-se transformador.

A CIÊNCIA DOS ERROS

Conscientizei-me do impacto positivo dos erros quando estava organizando um *workshop* para professores e Carol Dweck, a pioneira da pesquisa sobre mentalidade, uniu-se a nós. Os professores presentes na oficina naquele dia se reuniram em um grande grupo e ouviram Carol com atenção. Ela declarou que toda vez que cometemos erros, sinapses disparam no cérebro, indicando crescimento cerebral. Todos os professores na sala ficaram chocados, pois eles vinham trabalhando sob a premissa de que erros devem ser evitados. Carol estava se baseando em trabalhos que analisaram a resposta do cérebro quando cometemos erros, investigando particularmente as diferentes maneiras pelas quais os cérebros respondem quando as pessoas têm uma mentalidade de crescimento ou fixa.[3]

Jason Moser e seus colegas expandiram o trabalho de Carol investigando a resposta do cérebro quando cometemos erros. Moser e sua equipe descobriram uma coisa impressionante. Eles tinham pedido aos participantes que fizessem testes enquanto seus cérebros eram monitorados com tecnologia de imagem por ressonância magnética (RM). Analisando as varreduras de RM quando as pessoas respondiam às perguntas de forma correta e incorreta, os pesquisadores constataram que quando elas cometiam erros, seus cérebros ficavam mais ativos, produzindo fortalecimento e crescimento, do que quando elas acertavam a resposta.[1] Os neurocientistas agora concordam que os erros contribuem positivamente para o fortalecimento das rotas neurais.

Esta chave de aprendizagem é particularmente significativa porque a maioria dos professores elabora aulas para que todos sejam bem-sucedidos. Currículos e livros didáticos são elaborados com perguntas triviais que não oferecem dificuldade, para que os alunos obtenham uma alta porcentagem de respostas corretas. A crença comum é que acertar a maior parte das respostas irá motivar os alunos para maior êxito. Contudo, é aí que está o problema. Acertar as respostas não é um bom exercício cerebral.

Para que os alunos experimentem crescimento, eles precisam trabalhar em questões que os desafiem, questões que estejam no limite de sua compreensão. E eles precisam trabalhar nelas em um ambiente que encoraje erros e os conscientize sobre os benefícios dos erros. Este ponto é crucial. Não só o trabalho deve ser desafiador para promover erros; o ambiente também precisa ser encorajador, para que os alunos não se sintam desanimados pelos desafios ou dificuldades. Ambos os componentes precisam operar juntos para criar uma experiência de aprendizagem ideal.

O escritor Daniel Coyle estudou "viveiros de talentos", lugares que produzem uma proporção maior do que o normal de pessoas de alto desempenho, e concluiu que a realização não provém de qualquer habilidade natural, mas sim de um tipo especial de atividade e prática. Ele estudou exemplos de pessoas que se destacam no aprendizado de música, esportes e disciplinas acadêmicas. Sua pesquisa revela que todas as pessoas que atingiram níveis muito altos engajaram-se em um tipo particular de prática que fez com que as rotas cerebrais se revestissem de mielina.

Nossos cérebros funcionam através de uma rede interconectada de fibras nervosas (incluindo neurônios), e a mielina é uma forma de isolamento que envolve as fibras e aumenta a força, a velocidade e a precisão do sinal. Quando revemos uma ideia ou chutamos uma bola de futebol, a mielina reveste as rotas neurais envolvidas, otimizando aqueles circuitos e tornando os movimentos e pensamentos mais fluidos e eficientes no futuro. A mielina é vital para o processo de aprendizagem. A maior parte da aprendizagem leva tempo, e a mielina ajuda o processo reforçando os sinais e fortalecendo lentamente as rotas. Coyle cita alguns exemplos de matemáticos, jogadores de golfe, jogadores de futebol e pianistas mais bem-sucedidos praticando seus ofícios e descreve o papel da mielina de formar camadas de isolamento em torno de seus circuitos neurais. Ele caracteriza os especialistas do mundo como possuidores de "rotas maravilhosas" envolvidas em camadas sobrepostas de mielina, o que as torna muito eficazes.

Então, como todos nós desenvolvemos essas "rotas maravilhosas"? Isso ocorre quando as pessoas estão trabalhando no limite de sua compreensão, cometendo um erro atrás do outro em circunstâncias difíceis, corrigindo erros, seguindo em frente e cometendo mais erros – constantemente pressionando-se com exercícios difíceis.

Coyle inicia seu livro com uma interessante história de aprendizagem. Ele descreve o caso de uma garota de 13 anos que ele chama de Clarissa, que está aprendendo a tocar clarinete. Clarissa, ele diz, não tem "dons" musicais, não tem um "bom ouvido", e tem apenas um senso mediano de ritmo e motivação medíocre – porém, ela se tornou famosa nos círculos musicais porque conseguiu acelerar seu aprendizado em dez vezes, de acordo com os cálculos de psicólogos da música. Essa incrível façanha de aprendizagem foi capturada em vídeo e estudada por especialistas em música. Coyle descreve que assistiu ao vídeo de Clarissa treinando e sugere que ele receba o título de "A menina que fez em seis minutos o equivalente a um mês de treino". Ele descreve a sessão de treino da seguinte maneira:

> Clarissa toma fôlego e toca duas notas. Então ela para. Ela afasta o clarinete de seus lábios e olha para a pauta. Seus olhos se estreitam. Ela toca sete notas, a frase de abertura da música. Ela erra a última nota e para imediatamente, afastando gentilmente o clarinete dos lábios... Ela recomeça e toca o *riff* desde o início, dessa vez avançando algumas notas mais, errando a última nota, retrocedendo, inserindo a correção. A abertura está começando a se encaixar – as notas têm verve e sentimento. Quando conclui essa frase, ela para novamente por seis longos segundos, parecendo repeti-la mentalmente, tocando com os dedos no clarinete enquanto pensa. Ela se inclina para frente, inspira e recomeça.
>
> Parece muito ruim. Não é música; é um punhado de notas intermitentes, espasmódicas, em câmera lenta, repleto de interrupções e falhas. O senso comum nos levaria a acreditar que Clarissa está falhando. Mas, neste caso, o senso comum estaria completamente enganado.[4]

Um especialista em música que assistiu ao vídeo comentou sobre o treino de Clarissa, dizendo que era "incrível" e, "se alguém pudesse engarrafar isso, valeria milhões". Coyle ressalta: "Não é um treino comum. É outra coisa: um processo altamente direcionado e focado no erro. Algo está crescendo, sendo construído. A música começa a aparecer e, com ela, uma nova qualidade dentro de Clarissa".[5]

Em cada um dos casos de aprendizado que Coyle analisa, ele diz que o aprendiz "utilizou um mecanismo neurológico no qual certos padrões de prática direcionada constroem habilidade. Sem perceber, eles entraram em uma zona de aprendizagem acelerada que, embora não possa ser engarrafada, pode ser acessada por aqueles que sabem como. Em suma, eles descobriram o código do talento.[6]

Uma das características significativas da aprendizagem altamente eficaz descrita é a presença de falhas e o papel do esforço e do erro na transformação de iniciantes em especialistas. Isso condiz com a pesquisa cerebral que mostra maior atividade cerebral quando as pessoas se esforçam e cometem erros e menor atividade quando acertam.[1] Infelizmente, a maioria dos alunos acha que deve sempre acertar, e muitos acham que se cometem erros ou têm dificuldades, não são bons aprendizes – quando essa é justamente a melhor coisa que podem fazer.

Treinamento é importante para o desenvolvimento de qualquer conhecimento ou habilidade. Anders Ericsson ajudou o mundo a entender a natureza do desempenho de especialistas e descobriu que a maioria dos especialistas de classe internacional – pianistas, enxadristas, romancistas e atletas – treinaram por cerca de 10 mil horas ao longo de 20 anos. Ele também descobriu que seu sucesso não estava relacionado a testes de inteligência, mas à quantidade de "treino deliberado" que faziam.[7] É importante ressaltar que, embora as pessoas sejam bem-sucedidas porque estão se esforçando, para se tornarem especialistas é preciso que se esforcem da maneira certa. Diversos pesquisadores descrevem o treino efetivo da mesma forma – pessoas desafiando o limite de sua compreensão, cometendo erros, corrigindo-os e cometendo outros.

UMA VISÃO DIFERENTE DO ESFORÇO

De quatro em quatro anos, um teste internacional de matemática e ciências denominado TIMSS (*Trends in International Mathematics and Science Study*) é realizado em 57 países. Na última rodada de testes, Cingapura foi o país com melhor desempenho em matemática. As informações de tais testes não são muito úteis se não soubermos qual abordagem os países utilizam para produzir seus resultados. Assim, um grupo de pesquisadores estudou a natureza do ensino de matemática visitando as salas de aula e registrando uma amostra representativa do ensino em sete países. Esse estudo do ensino revelou uma série de resultados dignos de nota.[8] Uma das constatações foi que o currículo de matemática dos Estados Unidos "tem um quilômetro de largura e um centímetro de profundidade" em comparação com o currículo dos países mais bem-sucedidos.

O Japão sempre pontuou bem em matemática – sempre terminou em uma das cinco melhores posições no TIMSS – e foi um dos países visitados no estudo. Os pesquisadores descobriram que os estudantes japoneses passavam 44% de seu tempo "inventando, pensando e debatendo-se com conceitos subjacentes", ao passo que os estudantes dos Estados Unidos se envolviam nesse tipo de comportamento menos de 1% do tempo.

Jim Stigler, um dos autores do estudo, escreve que os professores japoneses *querem* que os alunos se esforcem – e relembra os momentos em que davam a resposta errada de propósito para que os alunos voltassem e trabalhassem com os conceitos fundamentais. Nas milhares de observações que fiz em salas de aula ao longo de muitos anos nos Estados Unidos e no Reino Unido, nunca vi esse tipo de prática; mais comumente vi professores que parecem querer poupar os alunos do esforço. Muitas vezes observei alunos pedindo ajuda e professores estruturando o trabalho para eles, subdividindo questões e convertendo-as em pequenas etapas fáceis. Agindo assim, eles esvaziam o trabalho do desafio e das oportunidades de esforço. Os alunos concluem a tarefa e se sentem bem, mas muitas vezes aprendem pouco.

Vi uma abordagem de ensino muito semelhante, focada no esforço, em uma visita às salas de aula na China, outro país com alto desempenho em matemática. Eu tinha sido convidada a visitar a China para dar uma palestra em uma conferência e consegui, como gosto de fazer, me esgueirar e visitar algumas salas de aula. Em algumas salas de aula de matemática do ensino médio, as aulas duravam cerca de uma hora, mas em nenhum momento vi alunos trabalhando em mais de três questões durante esse tempo. Isso contrasta fortemente com uma sala de aula típica de ensino médio nos Estados Unidos, onde os alunos resolvem cerca de 30 questões em uma hora – cerca de 10 vezes mais. As questões trabalhadas nas salas de aula chinesas eram mais profundas e mais complicadas do que as das salas de aula dos Estados Unidos. Os professores faziam perguntas provocativas, deliberadamente fazendo declarações incorretas para desafiar os alunos a contra-argumentar.

Uma das aulas que assisti foi sobre um assunto que muitas vezes não é inspirador nas salas de aula dos Estados Unidos – ângulos complementares e suplementares. O professor na China pediu que os alunos definissem um ângulo complementar, e os alunos apresentaram suas próprias ideias para uma definição. Muitas vezes, o professor empurrava a definição dos alunos para um lugar que a tornava incorreta e, de brincadeira, perguntava: "Está certo, então?". Os alunos reclamavam e tentavam deixar a definição mais correta. O professor zombava dos alunos, divertidamente ampliando e às vezes distorcendo suas ideias para levá-los a um raciocínio mais profundo.

Os alunos sondavam, ampliavam, esclareciam e justificavam por bastante tempo, atingindo profundidades impressionantes.

Compare isso com uma aula típica dos Estados Unidos sobre o mesmo assunto. Os professores muitas vezes apresentam definições de ângulos complementares e suplementares aos alunos, que então treinam com 30 questões curtas. A característica definidora da aula na China era o esforço – o professor deliberadamente colocava os alunos em situações em que eles ficavam presos e tinham que pensar muito. A aula era inteiramente condizente com a descrição dos pesquisadores sobre a prática direcionada e focada no erro. Como diz Coyle, a melhor maneira de construir um circuito altamente eficaz é "dispará-lo, atentar para os erros e depois dispará-lo novamente". Isso é o que os professores da China estavam capacitando seus alunos a fazer.

Elizabeth e Robert Bjork são cientistas da UCLA que estudaram a aprendizagem durante décadas. Eles assinalam que grande parte da aprendizagem que acontece é muito improdutiva, já que os fatos de aprendizagem mais importantes muitas vezes vão contra a intuição e divergem das práticas-padrão nas escolas. Eles destacam a importância das "dificuldades desejáveis", sugerindo mais uma vez que o cérebro precisa ser instigado a fazer coisas que são difíceis. Eles destacam particularmente o ato de recuperar informações do cérebro, pois toda vez que recuperamos alguma coisa ela muda no cérebro e é mais acessível quando necessária posteriormente.[9]

Muitas pessoas estudam para provas relendo conteúdos, mas os Bjork salientam que isso não é muito útil para o cérebro. Uma maneira bem mais útil de revisar a matéria é testar a si mesmo, para que você continue tendo que se lembrar do conteúdo – e assim cometa erros e os corrija ao longo do caminho. Os cientistas da aprendizagem apontam que tais testes não devem ser eventos de performance, pois estes causam estresse e reduzem a experiência de aprendizagem. A autotestagem não avaliativa ou a testagem por pares é mais benéfica.[10]

ENSINANDO O VALOR DOS ERROS

À medida que as neurociências se estabelecem enquanto campo, parece haver cada vez mais evidências do valor dos erros e das dificuldades. Os bons professores sabem disso intuitivamente e enfatizam aos alunos que os erros são de fato boas oportunidades de aprendizagem. Infelizmente, descobri que essa mensagem não é forte o suficiente para impedir que os alunos se sintam mal quando cometem erros – muitas vezes devido à cultura do desempenho em que muitos bons professores trabalham. Mesmo quando a mensagem é apresentada de maneira mais contundente – que os erros são bons não apenas para a aprendizagem, mas também para o crescimento e conectividade cerebral – é difícil para os professores transmiti-las em um sistema no qual eles são feitos para aplicar provas que penalizam os alunos toda vez que eles cometem um erro.

Isso ressalta o desafio de mudar a educação – um sistema complexo que possui muitas partes diferentes, as quais afetam umas às outras. Os professores podem transmitir as mensagens certas aos alunos, mas depois veem suas mensagens serem encobertas por uma prática imposta pelo distrito escolar. É por isso que encorajo qualquer professor que aprende sobre mensagens eficazes e ideias didáticas a compartilhá-las não apenas com seus alunos, mas também com gestores e pais.

Quando os professores incentivam os alunos a cometer erros e se esforçar, isso é incrivelmente libertador. A professora neozelandesa do segundo ano Suzanne Harris começou a lecionar em uma era de ensino procedimental e testes cronometrados. Ao ler um dos meus livros, Suzanne entendeu que o que ela considerava certo encontrava respaldo na pesquisa e, assim, perguntou ao diretor se ela poderia ensinar "no estilo Jo Boaler". Ele concordou. Suzanne então empreendeu muitas mudanças, uma das quais foi explicar os evidentes benefícios de erros e dificuldades a seus alunos. Em minha entrevista com Suzanne, ela descreveu como essa e outras mensagens tinham mudado as coisas para um menino em sua classe.

Dex, uma criança diagnosticada com uma diferença de aprendizagem, precisava tomar medicação para ajudá-lo a passar um dia na escola. Certa vez durante uma aula, Suzanne havia passado aos alunos uma das tarefas do nosso *site* Youcubed chamada 4 Quatros. Essa é uma tarefa maravilhosa que apresenta o seguinte desafio:

Tente produzir cada número entre 1 e 20 usando 4 quatros e qualquer operação.

Os alunos gostaram da tarefa e a estenderam para números além de 20. Enquanto trabalhava nessa tarefa, Dex somou 64 e 16. Mais tarde, quando precisou somar 16 e 64, ele percebeu que a resposta seria a mesma. Nesse momento, Dex tinha descoberto a propriedade comutativa – uma característica importante das relações numéricas. Adição e multiplicação são comutativas: a ordem em que você trabalha não importa – por exemplo, você pode somar 18 + 5 ou 5 + 18 e obter a mesma resposta. É importante saber isso, pois outras operações, como divisão e subtração, não são comutativas e a ordem importa.

Suzanne reconheceu que Dex havia se deparado com a comutatividade e a chamou de Estratégia de Saber a Reversibilidade para alunos do segundo ano. Com o tempo, os outros alunos também aprenderam sobre a estratégia. Eles encontraram um pôster do programa de TV *The X Factor* e colocaram a estratégia de Dex sobre ele, renomeando-o de *Dex Factor* (Fator Dex). Posteriormente naquele ano, quando pediu-se que os alunos compartilhassem o que aprenderam, uma das meninas disse que havia aprendido o Fator Dex. Outra falou sobre como o princípio do Fator Dex lhe ajudou a aprender a tabuada de multiplicação. Suzanne reflete que os outros alunos pararam de ver Dex como um "pateta" e passaram a vê-lo como um "gênio".

Um dia, o diretor entrou na sala de aula e desafiou os alunos, que haviam aprendido sobre o valor dos erros. Ele lhes disse: "Então eu posso dizer que 5 mais 3 é 10 e aí meu cérebro cresceu? Posso cometer um erro de propósito. É assim que funciona?"

Suzanne diz que os alunos ficaram horrorizados e disseram: "O quê? Por que você cometeria um erro de propósito? Quem faria isso? Quem faz isso?"

Ele disse: "Bem, vocês acabaram de me dizer que se eu cometer um erro, meu cérebro vai crescer".

Eles responderam, "Sim, mas você não cometeu um erro se fez isso de propósito. Você sabia que não era nada, então isso não é um erro. Isso seria só uma tolice!".

Sinto-me especialmente satisfeita quando fico sabendo sobre alunos que defendem algum novo conhecimento que adquiriram, mesmo quando desafiados por adultos. Há pouco tempo, recebi um *e-mail* de uma professora, Tami Sanders, sobre uma aluna empoderada pelos novos conhecimentos que havia aprendido. Tami ensina a alunos do terceiro ano em uma escola internacional em Hong Kong. Eis um trecho do *e-mail* que ela me enviou:

> Bem, a criança mais quieta da minha turma veio falar comigo hoje. Ela falou tão baixinho que tive que me inclinar para ouvi-la. Ela sussurrou no meu ouvido, "Srta. Sanders, li este livro da sua estante, e acho que você realmente precisa

lê-lo. Ele é muito bom". Olhei para baixo para ver o que ela estava segurando nas mãos, esperando ver um livro simples de não ficção. Para minha surpresa, ela estava me entregando seu livro, *Mentalidades Matemáticas*. Fiquei tão emocionada que tive que compartilhar isso com você.

Gisele, a aluna, então me escreveu recomendando que eu escrevesse novos livros com as mesmas ideias para crianças de 5 anos de idade e mais jovens, crianças de 6 a 8 anos, de 9 a 12 anos, de 13 a 15 anos e de 16 anos ou mais! Eu não fiz isso – ainda –, mas gostei muito de suas ideias e de sua paixão por disseminá-las. Gisele também me mandou este desenho, retratando o momento em que falou com a professora sobre o meu livro!

Quando fizemos nosso acampamento de verão para alunos do ensino médio alguns anos atrás, dissemos a eles que apreciávamos os erros, que eles faziam o cérebro crescer e eram uma parte muito importante da aprendizagem. Isso fez os alunos se sentirem mais livres em seu aprendizado e mudou sua abordagem em muitos aspectos. Os alunos ficaram mais dispostos a compartilhar ideias, mesmo quando não sabiam se estavam certos; eles também tornaram-se persistentes quando encontravam problemas difíceis. A simples ideia de que erros são bons para nossos cérebros mostrou-se transformadora. Receber a mensagem de erros positivos foi um aspecto significativo da mudança no rumo de sua aprendizagem e em seu crescimento como aprendizes.

Um dos alunos do acampamento da turma que Cathy Williams e eu ensinávamos em parceria se chamava Ellie. Ellie era uma das alunas mais baixas da turma e sempre usava um boné de beisebol inclinado. Quando se reunia no quadro com outros colegas de seu grupo para esboçar ideias, ela costumava pular na ponta dos pés para conseguir ver o trabalho dos outros alunos. Mas o tamanho físico de Ellie não correspondia ao seu desejo de aprender. Se eu tivesse que escolher palavras que caracterizassem Ellie durante nossas sessões de ensino, elas seriam "determinada", "obstinada", e "vou entender isso, custe o que custar".

Ellie foi uma das alunas com menor desempenho em nosso pré-teste. Ela estava no 73º lugar entre 83 alunos. Ela disse aos entrevistadores antes de vir acampar que a aula de matemática costumava ser chata e que ela não queria vir ao acampamento. Ela preferia ficar em casa jogando Minecraft. E, no entanto, Ellie estava presente durante todos os momentos do acampamento, sempre defendendo seu lado, exigindo uma compreensão completa. Às vezes ela ficava extremamente frustrada quando não entendia logo um problema, mas se concentrava e fazia uma pergunta atrás da outra. Ela também cometia muitos erros, com frequência superando-os até chegar a resposta correta. Alguém que observasse a turma no acampamento provavelmente teria dito que ela era uma aluna de baixo desempenho que estava se esforçando para entender.

O que torna a experiência de Ellie tão fascinante? Ellie foi a estudante que mais evoluiu entre todos no acampamento, passando de uma das pontuações mais baixas no pré-teste, no início do acampamento, para uma das mais altas, 18 dias depois. Ela saiu na 73ª posição, mas terminou em 13º lugar, galgando 60 lugares e melhorando sua pontuação em 450%! Ellie estava trabalhando na "zona de aprendizagem acelerada"[7] de Coyle, funcionando no limite de sua compreensão, cometendo erros e corrigindo-os e desenvolvendo sua compreensão em um ritmo acelerado.

Como encorajamos essa aprendizagem produtiva para mais pessoas? O que havia de diferente em Ellie? O que a fez se destacar dos outros alunos não foi sua grande compreensão – ela não era uma aluna que sempre acertava as respostas –, mas sua obstinada determinação, mesmo diante do fracasso. Quando converso com professores, eles costumam dizer que esse tipo de persistência está faltando em seus alunos. Uma das queixas mais comuns que ouço dos professores é que os alunos não querem se esforçar; eles querem que lhes digam o que fazer. Para os professores, parece que os alunos não podem ser incomodados com dificuldades, o que provavelmente é o que parece. Mas a verdade é que, quando os alunos não querem se esforçar, é porque têm uma mentalidade fixa; em algum momento de suas vidas, eles receberam a ideia de que não podem ser bem-sucedidos e que o esforço é uma indicação de que eles não estão indo bem.

Muitos dos 83 alunos do acampamento eram avessos ao risco e não queriam persistir, como esses que os professores estavam descrevendo. Mas em nosso ambiente de acampamento, onde valorizamos ativamente erros e esforços, eles se dispuseram a perseverar, mesmo quando achavam o trabalho difícil. Nos momentos em que eles se voltavam para nós, parecendo perdidos ou desanimados, e diziam coisas como: "Isso é muito difícil", nós dizíamos: "Estes são os maiores momentos de crescimento cerebral – esse sentimento de ser muito difícil é o sentimento do seu cérebro crescendo. Continue. É muito importante e valioso". E eles voltavam ao trabalho. No final do acampamento, vimos estudantes dispostos a se esforçar e continuar quando as perguntas eram difíceis. Quando fazíamos perguntas à classe inteira, as mãos disparavam ao redor da sala.

Quando conto aos professores sobre Ellie, eles ficam ansiosos para saber como podem fazer mais alunos adotarem aquela abordagem. Eles querem que seus alunos adotem o esforço e a dificuldade e sigam em frente. Jennifer Schaefer é uma professora que aprendeu a incentivar os alunos a se esforçarem em sua sala de aula.

Jennifer ministra aulas para o sexto ano em Ontário, no Canadá. Ela foi uma das professoras que me contatou, porque aprender sobre a nova ciência do cérebro fez seu ensino sofrer uma mudança profunda. Como muitas outras mulheres que entrevistei, Jennifer descreve sua própria educação como de obediência – ela era recompensada por ser "simpática" e "caprichosa" e não correr riscos. Ela disse que nunca respondia a perguntas na aula, a menos que tivesse certeza de que estava certa.

Tendo trabalhado anteriormente com jovens, Jennifer entendia a importância de aumentar a autoestima e a confiança das crianças como parte de seu ensino. Aprender sobre a ciência do cérebro adicionou o que chamou de "uma camada extra" à sua compreensão – uma camada que mudou seu jeito de ensinar. Jennifer sabe que quando seus alunos chegam, eles já decidiram se são "espertos" ou não. Assim que aprendeu sobre o crescimento do cérebro e mentalidade, Jennifer passou os dois primeiros meses do ano letivo instilando as ideias importantes. Ela refletiu:

> Foi mais do que apenas construir sua confiança. Foi dar-lhes informações, dar-lhes fatos verdadeiros sobre seus cérebros. Essa é a camada diferente que vejo nisso. Foi algo muito concreto que envolvia sua aprendizagem.
> Sim, sempre tentei aumentar a autoestima das crianças, mas isso é diferente. Porque isso está ligado à sua aprendizagem, não se trata apenas de eles se sentirem bem com seus amigos; trata-se de sua aprendizagem.

Jennifer é incomum no modo como entendeu a pesquisa sobre mentalidade e cérebro e a usou em seu ensino e educação. Muitos professores passam aos alunos a importante informação sobre mentalidade – mas não permitem que a nova ciência do cérebro permeie e informe plenamente seu ensino, como Jennifer faz. Aprendi nos últimos anos que as interações dos professores e dos pais com os alunos enquanto estes trabalham, em especial nesses momentos muito importantes de esforço, são fundamentais para o desenvolvimento de uma mentalidade de crescimento. Quando Jennifer começou a incentivar o esforço com os alunos, ela usou a metáfora dos degraus. Ela agora coloca a imagem dos degraus em adesivos por toda a sua sala de aula.

Os Degraus do Esforço

A QUAL DEGRAU VOCÊ CHEGOU HOJE?

Jennifer diz aos seus alunos que estes são os degraus do esforço, e que eles não precisam ser a "pessoa convencida" no degrau superior, mas também não devem ser a "pessoa triste" no degrau inferior. Eles apenas precisam galgar os degraus do esforço, pois é realmente importante estar nesse lugar. Como Jennifer descreveu para mim:

> Ninguém quer ser aquele cara no degrau de baixo. Ele parece meio ressentido e com raiva. E o cara no topo é chato porque ele terminou e está super feliz. Eu sempre digo, "Você não tem que ser aquele cara. Aquele cara é chato. Fique no meio, certo?"

Os alunos de Jennifer gostaram da analogia dos degraus, mas gostaram ainda mais de outra, de James Nottingham, um educador do Reino Unido. Ele apareceu com a ideia do "buraco de aprendizagem" – o buraco do esforço, um lugar muito importante de se estar.

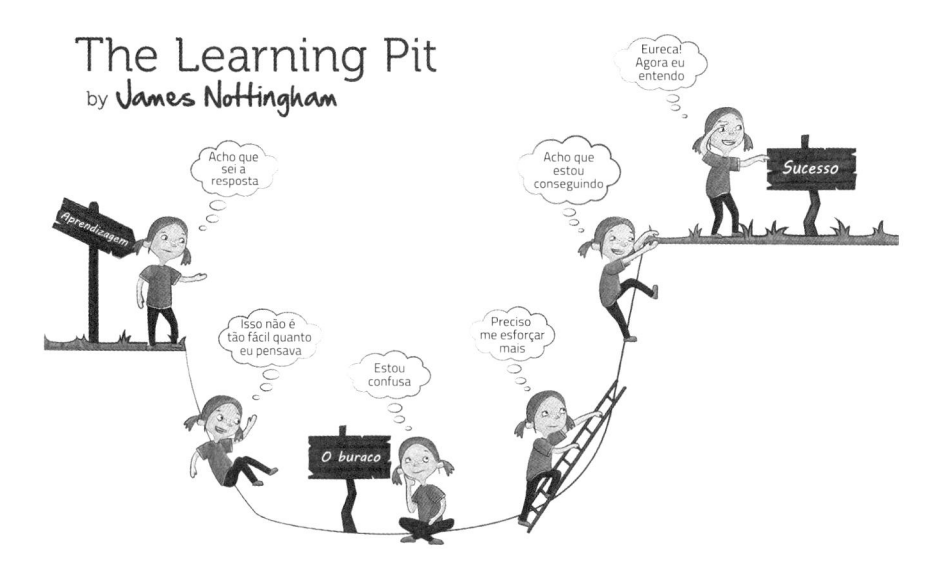

Jennifer pediu que seus alunos fizessem seu próprio desenho do "buraco de aprendizagem" durante uma aula. Eis o que eles fizeram juntos.

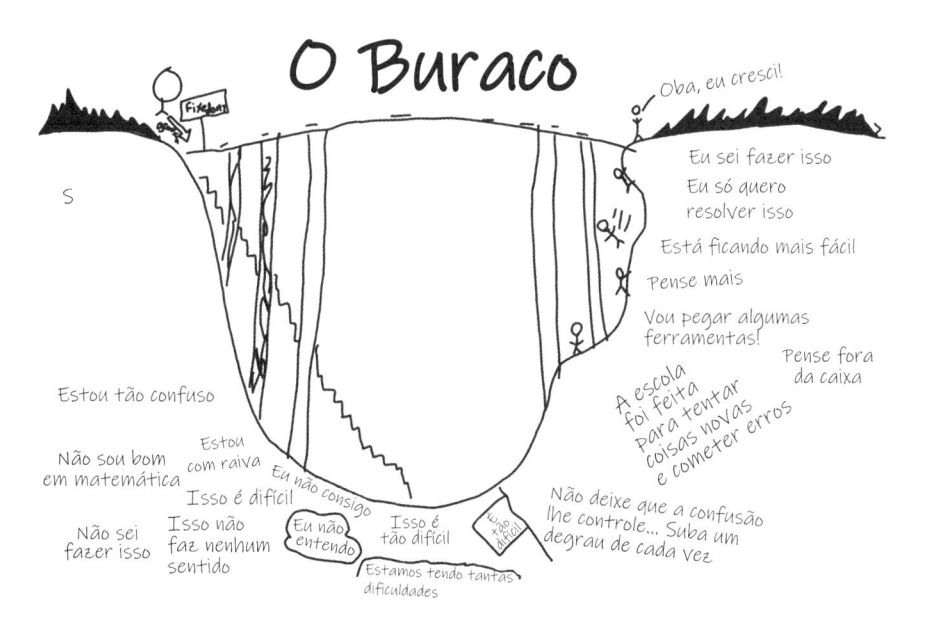

Os alunos escrevem sobre seus sentimentos quando se esforçam – "Estou tão confuso", "Não sou bom em matemática", "Isso não faz nenhum sentido" – sentimentos que todos experimentamos. Eles também escrevem sobre seus sentimentos à medida que progridem no buraco do esforço – "Não deixe que a confusão lhe controle", "Suba um degrau de cada vez", e outros pensamentos positivos. Jennifer comemora por eles estarem no buraco, dizendo que ela poderia dar-lhes a mão para saltarem por cima do buraco, e assim evitá-lo, mas isso não ajudaria sua aprendizagem e crescimento cerebral.

Ela diz que os alunos às vezes ficam frustrados e lhe dizem: "Sra. Schaefer, estou realmente no buraco!".

E ela responde: "Excelente! De quais ferramentas de sala de aula você precisa?".

Essa resposta possui duas características importantes. Primeiro, Jennifer comemora o fato de que o aluno está no buraco, dizendo: "Excelente!". Em segundo lugar, ela não estrutura a tarefa para eles, dividindo-a em partes gerenciáveis; ela apenas pergunta quais recursos os ajudariam. Esta professora entende que o esforço é algo muito importante e que devemos comemorar que os alunos estão se esforçando, e não poupá-los.

Leah Haworth, outra professora que entrevistei, destacou uma forma diferente e igualmente importante de considerar o esforço. Ela relatou sua história e descreveu seu método de ensino, que teve um grande impacto em uma jovem aluna que começou o ano letivo em lágrimas.

Quando a própria Leah era aluna na escola primária, ela teve algumas experiências muito negativas. Ela começou sua educação na Inglaterra e foi, infelizmente, um dos muitos estudantes colocados em um "grupo de habilidade inferior", além de receber a mensagem de ser alguém com quem não se deveria perder tempo. Como seria de esperar, Leah desenvolveu uma baixa autoestima, mas teve a sorte de se mudar para a Nova Zelândia aos 13 anos e aprender com professores que se dedicaram a ajudá-la. Quando tornou-se professora, Leah já estava bem ciente da importância de incentivar os alunos, principalmente aqueles que tinham desistido de si mesmos. Um deles era Kelly. Quando viu Kelly chorar, Leah sabia que era porque ela havia desenvolvido a ideia de que não era uma boa aluna. Ela também sabia que Kelly ficaria especialmente ansiosa quando tivesse dificuldade com as tarefas. Assim, Leah decidiu ajudar Kelly quando o trabalho ficava difícil e foi gradualmente retirando a ajuda. Leah contou para Kelly e todos os outros alunos que quando estava na escola, ela também não se sentia bem a respeito de si e chorava quando achava que não era capaz de fazer alguma coisa. À medida que o ano letivo passava, Leah foi atribuindo a Kelly tarefas cada vez mais difíceis e oferecendo cada vez menos ajuda, e Kelly mudou. Ela ficou mais confiante, parou de chorar e começou a sorrir. Como Leah refletiu:

> Foi incrível ver o quanto essa menina havia avançado em pouco mais de um ano, não apenas em suas habilidades matemáticas, mas em sua completa mudança de mentalidade e em como ela aplicava esse modo de pensar a outros aspectos da aprendizagem. De absolutamente nenhuma confiança em si própria para poder tentar qualquer tipo de problema difícil de matemática (chorando e sem vontade de se envolver na discussão), ela passou a achar que tinha uma chance em qualquer coisa e até mesmo falava abertamente sobre seus equívocos com a classe. A turma inteira embarcou naquela jornada, mas a jornada dela foi simplesmente incrível de ver, e foi um daqueles momentos que me fez parar e pensar: é por isso que me tornei professora.

Leah mudou seu modo de ensinar para incentivar seus alunos a ter uma mentalidade de crescimento e adotar o esforço, e isso fez uma grande diferença para muitos deles. Antes de Leah fazer essas mudanças, 65% de seus alunos atingiam as metas de conteúdo. Depois do primeiro ano com a nova abordagem, 84% deles atingiram a meta. Esse tipo de mudança é típico dos professores com quem trabalhamos e, embora nosso objetivo seja de que 100% dos alunos atinjam as metas, alcançar 84% no primeiro ano é impressionante. Leah conseguiu isso usando mensagens positivas para todos os seus alunos, inclusive aqueles que não tinham autoconfiança, e encorajando momentos importantes de esforço.

Quando inicialmente apresentei a nova pesquisa positiva sobre erros e esforço aos alunos e ao público, eu a descrevi como "Erros fazem seu cérebro crescer". Esta mensagem é simples e poderosa, e sei que ela ajudou muitos estudantes do mundo inteiro. Algumas pessoas me criticaram por essa mensagem porque interpretaram que "crescer", em sentido literal (e estreito) significa que os cérebros se tornam cada vez maiores. O que sabemos é que, quando erros são cometidos, a conectividade aumenta e os cérebros aumentam de capacidade e força. Eu mantenho minhas primeiras palavras porque a mensagem precisa funcionar para alunos muito jovens – da educação infantil e mais jovens – e o crescimento pode assumir toda sorte de tipos diferentes.

Parece-me que maior conectividade e futura capacidade são formas muito importantes de crescimento.

MUDANDO SUA PERSPECTIVA SOBRE O FRACASSO

Aprender sobre os claros benefícios dos erros oferece uma perspectiva diferente do fracasso. Esse é um aspecto importante de desbloquear-se e viver uma vida sem limites. Eu mesma passei por uma transição: de me sentir travada – com medo de fracassar e duvidando de mim –, passei a me sentir destravada. É um processo que precisa ser trabalhado continuamente.

Em minha vida acadêmica, a experiência de fracasso é muito comum. Para manter o centro educativo Youcubed em Stanford funcionando, ajudar com os salários dos funcionários e fornecer materiais gratuitos para professores e pais, temos que solicitar muitos subsídios – os quais são, em sua maioria, rejeitados. Também tenho que enviar nossos artigos para revistas, onde a rejeição faz parte do processo. Se não forem rejeitados, estarão sujeitos a comentários de analistas. Já aconteceu de analistas rejeitarem meu trabalho sumariamente, alegando que "não é pesquisa, apenas uma história". É quase impossível continuar como acadêmica sem ver o "fracasso" como uma oportunidade para melhorar. Um sábio professor chamado Paul Black, meu orientador de doutorado, uma vez me disse: "Sempre que você enviar um artigo para um periódico, tenha em mente o próximo periódico para o qual você o enviará quando o artigo for rejeitado". Já usei esse conselho várias vezes.

Adotar uma abordagem livre de limitações – especialmente ao aceitar desafios e dificuldades – também ajuda quando nos deparamos com pessoas difíceis. No mundo de hoje, com as mídias sociais, parece impossível fazer uma declaração sobre qualquer coisa sem encontrar repúdio, algumas vezes agressivo. Eu já sofri repúdio extremo e agressivo muitas vezes, e agora sei que é importante manter-se forte nesses momentos e procurar algo positivo. Em vez de recusar um desafio ou se açoitar, pense, "Vou aproveitar essa situação e usá-la para melhorar".

Karen Gauthier aprendeu a adotar essa abordagem depois de conhecer a nova ciência do crescimento cerebral. Karen é uma professora e mãe que cresceu com um "mutismo seletivo", como ela descreve, pois "era mais fácil não dizer nada do que estar errada". Quando Karen era criança, seus pais a deixavam desistir de coisas difíceis. Ela desistiu do *softball*, do piano e de outras atividades que achava difíceis. Como professores ou pais, podemos pensar que é melhor deixar as crianças desistirem, para poupá-las do esforço. Isso pode parecer favorável, mas também pode ter um efeito contrário.

Eu me lembro de estar em uma sala de aula muito eficaz de ensino médio em Railside, observando uma estudante trabalhar em matemática no quadro branco. Ela estava explicando seu trabalho para a turma, quando fez uma pausa. Ela então vacilou completamente, dizendo que não sabia o que fazer. A turma toda estava assistindo e a sala caiu em silêncio. Isso pode parecer uma situação horrível para um observador, mas a professora disse à menina que não se sentasse, que continuasse. A garota ficou na frente, resolveu sua confusão e continuou no problema.

Mais tarde, a garota refletiu sobre aquele momento e disse algo que me surpreendeu. Ela disse: "A professora não desistiu de mim". Outros alunos da turma concordaram com ela, interpretando a pressão da professora para que eles fizessem coisas difíceis como um sinal de que ela acreditava neles. Essa foi uma das primeiras vezes em que fiz a ligação entre colocar os alunos ou os próprios filhos em lugares difíceis e eles interpretarem isso como um voto de confiança inspirador.

Karen tinha escolhido tornar-se professora porque queria proporcionar aos alunos uma experiência melhor do que a que havia conhecido. Uma professora surpreendente, Karen recebeu o prêmio Orange County de professora do ano. Logo depois disso, foi convidada para ser consultora de matemática do condado de Orange, e foi nessa época que Karen experimentou o que descreveu como fracasso completo. Karen mal havia começado a trabalhar como consultora e tinha pedido aos professores que experimentassem novos métodos – mas eles não haviam sido receptivos às suas ideias. Karen lembrou de já estar com cerca de 10 semanas no emprego e perceber que estava fracassando em seu novo papel. E foi aí que ela voltou à infância, pensando: "Ah, meu Deus, eu não sou boa o suficiente. A quem estou enganando? Não consigo fazer isso".

Karen descreveu ter passado alguns dias difíceis, época durante a qual uma amiga lhe ajudou a desenvolver resiliência e autoconfiança. Foi durante esse período de dúvidas quanto a si mesma que Karen leu com interesse a pesquisa sobre erros e crescimento cerebral. Isso a transformou. Nas palavras de Karen:

> E então, de repente, eu tinha uma mentalidade totalmente diferente. Foi como, "Só um pouquinho. Isso é uma oportunidade. Não é algo que vai... que eu vou me afastar e dizer, 'É isso. Acabou'".

Essa é exatamente a reação que caracteriza não ter limites em momentos de desafio – pensar que o desafio não é algo que vai tirar o que você tem de melhor, que é uma oportunidade.

Parte da jornada de Karen envolveu perceber que o fracasso acontece com todos – muito embora algumas pessoas passem a vida agindo como se não – e que outras pessoas também se sentiam como ela. Agora Karen pode olhar em retrospectiva para aqueles tempos e encarar o fracasso e o esforço de outra forma. Ela falou sobre a metáfora do vale e da montanha, que lhe permitiu ver-se sob uma nova luz:

> Quando você está no vale, você está nas trincheiras profundas e escuras da mudança – honre aquele tempo, supere os obstáculos e um dia você vai estar na montanha olhando para trás e sentindo-se grato.

Como parte de sua transição, Karen também falou sobre transformar sua própria fala negativa em fala positiva e procurar ter bons pensamentos.

Karen me contou que, antes de fazer sua transição e se desbloquear, a educação que ela dava a seus filhos espelhava a de sua infância. Ela deixava que seus filhos desistissem de atividades que eram difíceis. Isso agora mudou, e Karen recordou uma experiência que "fechou o círculo" para ela:

> Um dos melhores exemplos foi com meu filho. Foi há dois anos, quando eu o estava levando para seu último jogo de beisebol da Little League. Ele nunca tinha feito um *home run**, e enquanto estávamos indo de carro até lá, ele disse: "Bom, é a minha última partida. Acho que nunca vou conseguir um *home run*".
>
> E eu lhe disse algo como, "Bom, no que você acredita? Você acredita que é capaz?".
>
> Ele disse algo como, "Não sei".
>
> E eu disse: "Ao chegar naquela base, diga, eu sou, eu vou... e preencha o espaço em branco, seja o que for. Eu sou forte o suficiente. Eu sou bom o bastante. Eu vou fazer um *home run*".
>
> E ele conseguiu, Jo. Ele conseguiu! Porque quando ele estava indo para a base, eu gritei, "Eu sou". Ele olhou para mim como quem diz: "Ah, mãe, fique quieta!", e daí ele se levantou e marcou aquele *home run*, e eu gritei de alegria!

---

* N. de T. No beisebol, *home run* é o ponto obtido por meio de uma tacada que permite que o batedor faça um círculo completo das bases.

O processo de Karen de se desbloquear foi importante para ela como consultora de matemática e como mãe. Recentemente, Karen adotou sua mentalidade de crescimento e se apresentou para um cargo ainda mais alto, e foi contratada; ela agora é a especialista curricular de um dos maiores distritos da Califórnia. Karen disse que jamais teria se candidatado para o cargo antes de aprender sobre a importância de encarar os desafios. O processo de Karen de se desbloquear levou alguns anos, tendo começado quando conheceu a ciência do cérebro que destaca a importância das dificuldades e dos erros. Estamos todos em uma jornada em nosso processo de nos tornarmos ilimitados e sermos capazes de encarar plenamente os desafios. Karen atingiu o ponto de encarar o fracasso como uma oportunidade.

É no manejo do fracasso que a qualidade de ser ilimitado realmente brilha. Quem tem uma mentalidade de crescimento pode encarar grandes desafios e muitas vezes ser bem-sucedido, mas o que uma mentalidade de crescimento diz quando falhamos? Quem fracassa e prossegue sem perder o ânimo, quem é derrubado e se levanta, quem sofre repúdio e o vê como um sinal positivo de que está fazendo alguma coisa importante são as pessoas que são verdadeiramente ilimitadas. É fácil sentir-se aberto e livre quando as coisas vão bem; é quando as coisas vão mal e desafios ou agressões se interpõem em nosso caminho que é mais importante ser ilimitado.

Uma pessoa que me deu um exemplo disso foi Kate Rizzi. Quando criança, Kate era extremamente curiosa. Mas sua família não valorizava a curiosidade; eles valorizavam o cumprimento de instruções e a obediência. Sentir que sua curiosidade era inadequada fez Kate questionar quem ela era e, como resultado, ela não se valorizava. Tal desaprovação fez com que Kate sentisse que era melhor ela se encolher, tornar-se uma pessoa diferente de quem ela era. É um sentimento arrasador, também presente em muitas pessoas LGBT+. Esse "encolhimento" resultou na falta de autoconfiança de Kate. Ela descreveu o sentimento, presente em grande parte de sua infância, de "tentar provar que você era inteligente, sem se sentir inteligente" e de passar pela escola e pela faculdade preocupada porque seria "descoberta".

O ponto de virada de Kate foi um curso de Educação da Landmark, no qual aprendeu sobre o cérebro e sobre diferentes maneiras de encarar a vida. Kate aprendeu sobre a área límbica do cérebro – uma área que se desenvolveu em tempos pré-históricos para proteger as primeiras pessoas de perigos, como tigres-dentes-de-sabre. Não precisamos mais nos preocupar em virar uma esquina e sermos ferozmente atacados por um animal selvagem, mas a parte límbica do nosso cérebro ainda entra em ação com mensagens como "Não faça isso. Não se coloque em perigo. Não corra esse risco". Kate aprendeu em seu curso que podemos e devemos resistir a esses pensamentos. Ela se lembrou de como o curso lhe ajudou a ter mais consciência de seus próprios sentimentos e sua capacidade de mudar suas experiências. Kate disse que, antes de fazer o curso, sempre se sentia em "alerta máximo" para que não a descobrissem, um sentimento que muitas pessoas me revelaram. Depois que fez o curso, Kate iniciou um processo de se tornar ilimitada, que ela resumiu como "viver a vida como um experimento".

Logo após retornar do curso, Kate viu um anúncio de emprego que antes jamais teria considerado. O emprego era de assistente de direção na escola de comunicação da universidade local. Com sua nova postura diante da vida, ela decidiu se candidatar para a vaga, e a conseguiu. Kate descreve a experiência de conseguir esse emprego como os primeiros "dados" de seu novo "experimento de vida" – você pode tentar coisas arriscadas e elas podem funcionar. Com o passar do tempo, Kate parou de sentir medo da vida e começou a seguir sua paixão, guiada por seus interesses e não pelo medo.

Recentemente, contudo, Kate se deparou com um grande obstáculo. Em sua carreira profissional, ela progredira para um cargo como especialista em aprendizagem, mas estava lá há apenas quatro meses quando foi inesperada e inexplicavelmente demitida. A escola onde trabalhava, ao que parece, não estava pronta para as ideias modernas e importantes que ela estava promovendo.

Muitas pessoas desmoronariam nessa situação, mas Kate havia se desbloqueado ao longo de muitos anos e foi capaz de reenquadrar sua situação, vendo-a não como um fracasso, mas como uma oportunidade. Depois do choque inicial, Kate decidiu considerar sua demissão como uma nova chance de renovação e criatividade. Em vez de procurar outro emprego, Kate passou a trabalhar por conta própria e agora atua como facilitadora educacional conectando escolas e famílias. Kate se reúne com professores em nome de estudantes e diz que ama o que está fazendo agora. Conversando com Kate, era difícil não ficar impressionada com a transformação que ela sofreu – daquela criança e jovem adulta que vivia "com medo de ser descoberta" para a mulher forte que é agora, que não permite que nada a detenha.

Hoje sabemos que nosso cérebro cresce e muda o tempo todo. Também acabamos de aprender que cometer erros e enfrentar dificuldades acarreta uma melhor aprendizagem e crescimento. Juntas, essas duas chaves nos libertam dos mitos de cérebro fixo que permeiam grande parte do mundo em que vivemos. Quando as pessoas entendem que podem aprender qualquer coisa e que a dificuldade é sinal de algo positivo, elas aprendem de uma forma diferente, mais positiva, e também interagem de maneira diferente. Em vez de pensar que precisam saber tudo, as pessoas tornam-se abertas para serem vulneráveis e compartilharem a incerteza. Isso as ajuda a contribuir com ideias em reuniões em vez de se preocupar que serão descobertas "por não saberem tudo". Essa mudança é libertadora. A nova ciência da mudança cerebral e os benefícios dos desafios podem ser transformadores quer sejamos estudantes, educadores, pais ou gestores. O processo de tornar-se ilimitado está disponível para todos. E o capítulo a seguir apresenta uma surpreendente e inestimável obra da ciência sobre esse processo.

3
MUDANDO SUA MENTE, MUDANDO SUA REALIDADE

Todas as chaves de aprendizagem são importantes, mas algumas são realmente surpreendentes. A chave de aprendizagem neste capítulo talvez seja a mais surpreendente de todas. Colocado de modo simples, quando acreditamos em coisas diferentes a nosso respeito, nossos cérebros – e nossos corpos – funcionam de maneira diferente. Antes de falar sobre como os alunos se transformam quando têm crenças diferentes sobre si mesmos, gostaria de compartilhar as impressionantes evidências das mudanças que ocorrem em nossos corpos – mudanças em músculos e órgãos internos – quando mudamos nossas percepções a nosso próprio respeito.

> **CHAVE DE APRENDIZAGEM # 3**
> Quando mudamos nossas crenças, nossos corpos e
> nossos cérebros também mudam fisicamente.

CRENÇAS E SAÚDE

Para estudar o impacto das crenças sobre nossa saúde, os pesquisadores de Stanford, Alia Crum e Octavia Zahrt, coletaram dados de 61.141 pessoas durante um longo intervalo de tempo: 21 anos. Os pesquisadores descobriram que as pessoas que pensavam que estavam fazendo mais exercícios eram realmente mais saudáveis do que aquelas que pensavam que estavam fazendo menos exercícios, mesmo quando a quantidade de exercícios que faziam era igual. A diferença entre os que pensavam negativamente e os que pensavam positivamente foi incrível: os que pensavam negativamente tinham uma probabilidade 71% maior de morrer no período de acompanhamento quando comparados com os que pensavam positivamente sobre seus exercícios.[1]

Em outro estudo longitudinal, os pesquisadores entrevistaram adultos em torno dos 50 anos de idade para saber como eles se sentiam em relação ao envelhecimento. Os adultos foram então colocados em grupos diferentes, dependendo de suas crenças serem positivas ou negativas. Os adultos com pensamento positivo viviam em média sete anos e meio mais do que os que tinham crenças negativas, e essas vantagens se mantiveram após ajustes para a saúde inicial e outras variáveis.[2] Em outro estudo, dos 440 participantes de 18 a 49 anos de idade, aqueles com ideias negativas sobre o envelhecimento no início do estudo eram significativamente mais propensos a sofrer um evento cardiovascular durante os 38 anos seguintes.[3] Em um estudo com adultos jovens, de 18 a 39 anos, os que tinham crenças negativas eram duas vezes mais propensos a sofrer um evento cardíaco após os 60 anos.[3]

Em outro estudo, Alia Crum e Ellen Langer realizaram um experimento interessante com uma equipe de limpeza de hotel, a qual dividiram em dois grupos. Um grupo foi informado de que seu serviço de limpeza satisfazia as recomendações do Ministério da Saúde para um estilo de vida ativo. O outro grupo não recebeu essa informação. O comportamento das pessoas nos dois grupos não mudou, mas quatro semanas depois, o grupo que acreditava que seu trabalho era mais saudável, quando comparado ao grupo-controle, apresentou redução de peso, pressão arterial, gordura corporal, relação cintura-quadril e índice de massa corporal! Esse resultado revela que o que pensamos sobre nossa prática de exercícios pode fazer nosso peso diminuir e nossa saúde melhorar.[4] Os pesquisadores descobriram que, antes do início do estudo, os trabalhadores não achavam que estavam se exercitando bem, de modo que ficar sabendo que seu trabalho era um bom exercício teve um grande impacto sobre eles. Essa crença mudou sua mentalidade sobre exercitar-se e, provavelmente, sobre sua vida. A melhoria na mentalidade mudou o funcionamento de seus corpos, assim como sabemos que uma mudança de mentalidade afeta o funcionamento do cérebro.

Novos estudos também mostram que com o foco mental podemos desenvolver nossa força muscular e nos tornarmos mais exímios ao aprender a tocar instrumentos musicais – até sem treino ou exercício. Pesquisadores treinaram pessoas para desenvolver a força muscular sem usar seus músculos. Em vez disso, elas só pensavam em usá-los.[5] Os participantes do estudo fizeram treinamento mental ou treinamento físico. No treinamento mental, os participantes foram convidados a imaginar seus dedos empurrando alguma coisa com força. No treinamento físico, os participantes foram convidados a realmente empurrar algo com os dedos para desenvolver a força muscular. O treinamento durou 12 semanas, com cinco treinos de 15 minutos por semana. O grupo que imaginou empurrar aumentou sua força física em 35%. O grupo físico aumentou sua força em 53%.

Os pesquisadores explicam esse resultado, de que a força aumentou sem os músculos de fato se moverem, dizendo que o treinamento mental melhorou o sinal de saída cortical, que leva os músculos a um nível mais alto de ativação e aumenta a força. O estudo conclui: "A mente tem poder extraordinário sobre o corpo e seus músculos". Quando contei a meus colegas sobre esse estudo, eles brincaram, dizendo que estavam contentes por não precisarem mais ir à academia; tudo que tinham que fazer era pensar em ir! Mas, em parte, eles estão certos. Quando nossa mente imagina o desenvolvimento dos músculos de maneira focada, os músculos realmente se fortalecem pelo desenvolvimento de sinalização aprimorada no cérebro.

Outro resultado impressionante veio de um estudo com pianistas.[6] Pianistas profissionais foram recrutados para aprender e executar uma peça musical, mas a metade deles treinou imaginando tocar a música e a outra metade treinou realmente tocando. O grupo que imaginou tocar a peça não só melhorou seu desempenho, de modo a quase ser indistinguível de quem realmente tocou, como também melhorou em todos os mesmos aspectos do que aqueles que tocaram de verdade, na velocidade, no *timing* e nos padrões de antecipação dos movimentos. Estudiosos apontam que a prática imaginária é benéfica para pianistas porque pode poupá-los do uso excessivo das mãos, o qual pode acarretar tensão física.[7]

CRENÇAS E CONFLITO

Não é exagero dizer que minha colega Carol Dweck mudou a vida de milhões de pessoas por meio do seu trabalho acerca de mentalidades. Todos temos diferentes mentalidades sobre a nossa própria habilidade. Algumas pessoas acreditam que podem aprender qualquer coisa; outras acreditam que sua inteligência é fixa e que há limites para o que podem aprender. Carol e suas equipes realizaram muitos estudos mostrando que as ideias que temos a nosso próprio respeito importam. Antes de compartilhar algumas das formas pelas quais a mudança de ideias pode modificar nosso desempenho, vou destacar alguns novos trabalhos incríveis que a equipe de mentalidade vem realizando sobre a capacidade das pessoas de saírem de conflitos e ficarem mais tranquilas.

Conheci David Yeager quando ele era estudante de doutorado, em Stanford; hoje ele é psicólogo na Universidade de Texas, em Austin. Ele e Carol Dweck realizaram importantes pesquisas sobre mentalidades e conflitos. Eles descobriram que pessoas com mentalidades fixas (indivíduos que acreditam que suas habilidades e qualidades são estáticas e não podem ser modificadas) têm maior motivação para retaliação agressiva durante conflitos. Contudo, quando recebem informações que as levam a mudar sua mentalidade, essas tendências agressivas desaparecem.[8]

Os pesquisadores assinalam que as pessoas com uma mentalidade fixa são mais propensas a serem agressivas, pois acreditam que as pessoas – incluindo elas mesmas – não podem mudar e que qualquer falha que experimentaram é uma indicação de sua própria fraqueza. Isso as leva a abrigar mais sentimentos negativos sobre si. As pessoas que têm uma mentalidade fixa sentem mais vergonha, veem seus adversários como pessoas más e expressam ódio contra eles.

Os pesquisadores descobriram que as pessoas com uma mentalidade de crescimento respondem ao conflito com menos ódio, menos vergonha e menos desejo de serem agressivas. Sua melhor resposta ao conflito acontece porque elas veem os outros como capazes de mudança. É importante assinalar que os sentimentos agressivos experimentados por pessoas com uma mentalidade fixa não eram fixos, e quando elas foram ajudadas a desenvolver uma mentalidade de crescimento, tornaram-se mais indulgentes e desejosas de ajudar as pessoas a agir de melhores maneiras no futuro.

Em outros estudos, pesquisadores descobriram que pessoas com mentalidades de crescimento têm menos preconceitos raciais.[9] Quando as pessoas aprendem que os outros não são fixos em suas ideias e poderiam tornar-se menos preconceituosos, elas mudam sua forma de interagir com outros grupos raciais.

Esses novos estudos dizem algo importante sobre como crenças fixas afetam muitos aspectos de nossas vidas. A pesquisa também revela que quando as pessoas modificam sua mentalidade e acreditam na mudança pessoal, elas se abrem de diversas maneiras, incluindo sentir menos agressividade para com os outros. E não é só isso: a ciência nos mostra que mudar nossas crenças melhora nossa saúde e bem-estar. Dados esses resultados impressionantes, talvez não seja surpreendente que quando mudamos as crenças a respeito de nosso próprio aprendizado e potencial, nosso desempenho melhora significativamente.

CRENÇAS E APRENDIZAGEM

Um estudo de referência de Lisa Blackwell, Kali Trzesniewski e Carol Dweck mostrou claramente o impacto de crenças diferentes na aprendizagem dos alunos. O estudo envolveu estudantes de matemática do sétimo e oitavo anos.[10] Os alunos foram divididos em dois grupos que diferiam apenas no modo como pensavam sobre si – suas mentalidades. Os dois grupos de alunos frequentaram a mesma escola e tiveram os mesmos professores. O gráfico a seguir mostra que os alunos que tinham crenças positivas estavam em uma trajetória ascendente em seu desempenho, mas aqueles com uma mentalidade fixa permaneceram constantes e tiveram um desempenho inferior. Muitos estudos já replicaram esse resultado, revelando a importância das mentalidades das pessoas – em qualquer idade.

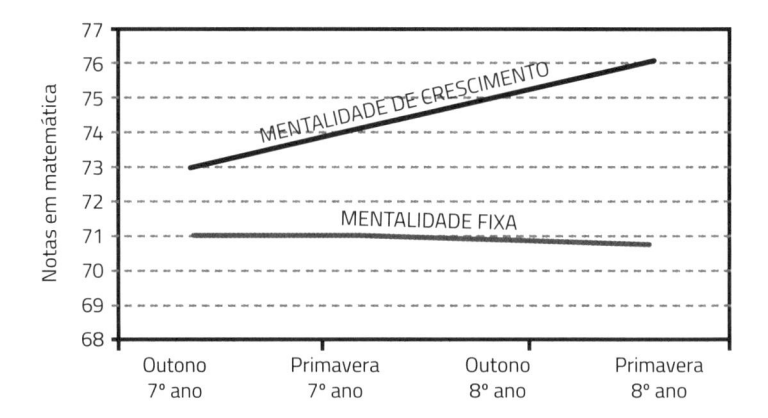

```
                                              MENTALIDADE DE CRESCIMENTO
   77
   76
   75
   74   MENTALIDADE DE CRESCIMENTO
   73
   72
   71            MENTALIDADE FIXA
   70
   69
   68
      Outono      Primavera     Outono     Primavera
      7° ano      7° ano        8° ano     8° ano
```

(Notas em matemática)

No capítulo anterior, relatei um estudo conduzido por Jason Moser e seus colegas mostrando que os erros são produtivos para a atividade cerebral e o crescimento.[11] Esse estudo também destacou que as pessoas com uma mentalidade de crescimento experimentaram atividade cerebral significativamente maior quando cometeram erros do que pessoas com uma mentalidade fixa. A equipe criou mapas de voltagem, mapas que mostram atividade ou calor, nos cérebros em estudo. Os mapas de voltagem mostraram que os cérebros de pessoas com uma mentalidade de crescimento eram laranja brilhante – quase como se estivessem em chamas com o crescimento em comparação com os de pessoas com uma mentalidade fixa.

Este resultado de pesquisa revela algo extremamente importante: mostra em termos concretos que aquilo que você acredita a respeito de si mesmo muda a forma como o seu cérebro funciona. Por muitos anos, as pessoas acreditaram que as emoções são separadas da cognição ou conhecimento, mas esse não é o caso. Na verdade, as duas coisas estão entrelaçadas. Ao cometer erros, aqueles que acreditavam em seu próprio potencial experimentaram mais atividade cerebral benéfica do que aqueles que não acreditavam em seu potencial.

Essa descoberta tem um imenso valor para todos nós. Se você estiver em uma situação desafiadora acreditando em si mesmo, mas depois se embaralhar, seu cérebro reagirá mais positivamente do que se você entrar em uma situação pensando, "Acho que não posso fazer isso". Se temos um trabalho difícil ou uma situação problemática em casa, esse resultado deve nos levar a entrar nessas situações acreditando em nós mesmos. Se entrarmos em situações difíceis com crenças positivas, nossos cérebros irão se tornar mais resilientes e adaptativos quando cometermos erros do que se estivermos duvidando de nós mesmos. Essa mudança de crença altera as estruturas físicas do cérebro e cria caminhos para o raciocínio de nível superior e a resolução criativa de problemas. Assim como aqueles que acreditavam estar praticando exercícios saudáveis tornaram-se mais saudáveis, aqueles que acreditam estar aprendendo de forma mais produtiva de fato aprendem mais.

O resultado do estudo de Moser também nos ajuda a entender o gráfico do estudo de Blackwell, Trzesniewski e Dweck, que mostra uma trajetória ascendente no desempenho dos alunos com uma mentalidade de crescimento. Essa trajetória parece menos surpreendente quando sabemos que os alunos com uma mentalidade de crescimento estavam experimentando mais atividade cerebral cada vez que cometiam um erro. Esse único resultado de pesquisa lança luz sobre o baixo desempenho dos alunos nas escolas – pois muitos estudantes acreditam que não são talhados para as matérias que estão aprendendo. Hoje sabemos que esta ideia – de que algumas pessoas são matemáticas e outras, não – é um mito prejudicial.

MUDANDO MENTALIDADES

Existem consideráveis evidências a respeito da relevância do progresso que pode ser feito quando os alunos acreditam em seu potencial de aprendizagem e abandonam ideias de que seu desempenho é geneticamente determinado. É, portanto, essencial criar oportunidades para que nossos alunos, filhos e as pessoas com quem trabalhamos desenvolvam uma mentalidade de crescimento e entendam de onde vêm as diferentes mentalidades. Um dos estudos de Dweck mostrou que a mentalidade das crianças, proveniente do tipo de elogios dados pelos pais, se desenvolveu quando elas tinham 3 anos de idade. Em seu estudo, Dweck e colegas descobriram que os elogios dados às crianças dos 14 aos 38 meses de idade previam as mentalidades que elas teriam entre 7 e 8 anos.[12] O elogio prejudicial dado pelos pais era do tipo que incute a ideia de capacidade fixa. Quando as crianças são informadas de que são inteligentes, elas primeiramente acham que é bom, mas quando erram alguma coisa, elas decidem que não são espertas e continuam se avaliando segundo essa noção fixa.

Um dos estudos de Dweck revelou o impacto imediato da palavra "inteligente". Dois grupos de estudantes receberam uma tarefa difícil. Na conclusão, um grupo foi elogiado por ser "muito inteligente" e o outro foi elogiado por "se esforçar muito". Em seguida, ambos os grupos então podiam escolher entre duas tarefas, uma das quais descrita como fácil e outra descrita como difícil. Dos alunos elogiados por se esforçarem muito, 90% escolheram a tarefa mais difícil, ao passo que a maioria dos alunos elogiados por serem "inteligentes" escolheu a tarefa fácil.[13] Quando são elogiados por serem inteligentes, os alunos querem manter o rótulo; eles escolhem uma tarefa fácil, para que possam continuar parecendo "inteligentes".

Esse tipo de pensamento geralmente ocorre quando os alunos optam por não participar de cursos desafiadores, como matemática e ciências. O maior grupo de alunos de mentalidade fixa no sistema escolar dos Estados Unidos é o de meninas de alto desempenho. Em outro de seus estudos, Dweck e seus colegas descobriram que as meninas com maior probabilidade de abandonarem matemática e ciências foram as que tinham uma mentalidade fixa. Um dos estudos foi realizado no departamento de matemática da Universidade de Columbia, onde os pesquisadores descobriram que os estereótipos estão bem vivos – às mulheres, passava-se a mensagem de que ali não tinham lugar. As mulheres com uma mentalidade de crescimento eram capazes de rejeitar tais mensagens e seguir em frente; já aquelas com uma mentalidade fixa abandonaram suas aulas de STEM.[14]

Então, como desenvolvemos uma mentalidade de crescimento? O processo é uma jornada, e não um interruptor que pode ser acionado causando uma mudança instantânea. Mas as mentalidades podem mudar. Em vários estudos, as mentalidades das pessoas mudaram quando elas tomaram conhecimento das evidências de crescimento e plasticidade cerebral sobre as quais você leu nos dois últimos capítulos. Essa também tem sido minha experiência em sala de aula e nas oficinas que conduzo. Quando as pessoas tomam conhecimento da ciência, o crescimento e a mudança começam a acontecer. Vejo isso nos alunos e ouço sobre isso de professores de todo o mundo. A ciência também corrobora esse ponto.

Quando os alunos recebem a informação de que o cérebro é como um músculo que cresce com esforço e trabalho, seus níveis de desempenho mudam. Em um importante estudo sobre mentalidade, um grupo de pesquisadores criou um experimento em que oficinas foram oferecidas a dois grupos de alunos do sétimo ano, um grupo recebeu informações sobre técnicas de estudo e o outro grupo recebeu material sobre crescimento cerebral e mentalidade.[10] Os níveis gerais de desempenho dos alunos estavam em declínio ao longo do sétimo ano, mas para os alunos que receberam uma oficina sobre mentalidade, o declínio foi revertido e seus níveis de desempenho melhoraram.

Parte da razão pela qual Cathy Williams e eu fundamos o Youcubed, nosso centro de estudos em Stanford, foi para compartilhar com os alunos as evidências de crescimento cerebral e mentalidade. No estudo de entrevistas que realizamos para este livro com 62 adultos que relataram mudança, ficou claro que as pessoas podem mudar em qualquer idade. As entrevistas também revelaram os pormenores de como as ideias podem bloquear as pessoas e, inversamente, de como a mentalidade e ideias de crescimento podem destravá-las.

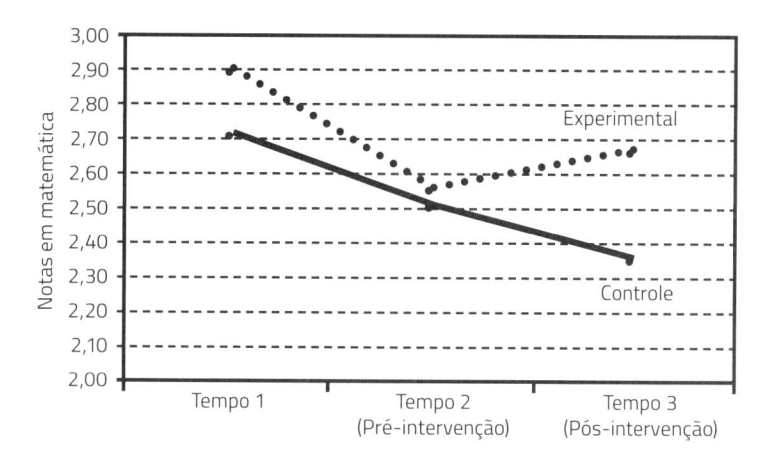

Mariève Gagne, professora no Canadá, é uma falante nativa do francês que, como muitas outras, cresceu pensando que não era boa o suficiente para disciplinas de STEM. Curiosamente, ela desenvolveu essa crença prejudicial mesmo estando no grupo de maior habilidade em sua escola. Ela achava que não era boa o suficiente porque não estava entre as melhores alunas de seu grupo. Isso nos mostra a extensão do pensamento prejudicial. Até alunos de grupos avançados acreditam que não são bons o suficiente se não estiverem no topo de seu grupo.

Em nosso filme no Youcubed sobre os danos do rótulo "superdotado", uma das alunas de Stanford, Jodie, diz que acreditava que não poderia continuar estudando engenharia porque "não era a melhor aluna nas aulas de matemática ou química". É essa comparação social que faz os alunos – que chegam à escola animados para aprender – decidirem rapidamente que não são bons o suficiente. Esse é o início de um declínio no que é possível para esses alunos.

A mentalidade de cérebro fixo acarreta essas crenças rígidas e comparações improdutivas.

Confrontar ideias sobre comparação social com os alunos é tão importante quanto conscientizá-los acerca do valor do esforço. Em muitas conversas que tive com alunos de todas as idades, eles argumentam que o cérebro deve ser fixo, pois algumas pessoas parecem entender as ideias com mais rapidez e terem um "dom" natural em determinadas áreas. O que eles não percebem é que os cérebros estão crescendo e mudando todos os dias. Todo momento é uma oportunidade para o crescimento e desenvolvimento do cérebro. Alguns simplesmente desenvolveram rotas mais robustas em uma linha de tempo diferente. É fundamental que os alunos entendam que eles também podem desenvolver essas rotas a qualquer momento – eles podem alcançar outros alunos se adotarem a abordagem de aprendizagem correta.

Angela Duckworth, autora do *best-seller Grit*,[15] destaca este ponto com sua lembrança de David, um estudante de álgebra que fazia parte de uma turma de desempenho inferior na Lowell High School, em São Francisco. Alunos de turmas de desempenho inferior, é claro, não tinham acesso a cursos de nível mais alto. Como David se esforçou muito e se saiu bem em todas as suas avaliações, a professora providenciou sua ida para uma turma de nível mais alto. A transição de David foi atribulada, e inicialmente ele tirou D nas provas em sua nova turma. Mas David encarou aquilo como uma oportunidade para descobrir o que estava fazendo de errado e melhorar.

Em seu último ano, David estava cursando a mais difícil das duas versões de cálculo e conseguiu a nota máxima no exame avançado de posicionamento, em inglês, Advanced Placement exams (AP). David passou a estudar engenharia em Swarthmore e hoje é engenheiro aeroespacial. As coisas poderiam ter sido muito diferentes para David caso ele tivesse desistido quando o colocaram em uma turma de baixo desempenho no primeiro ano e se não tivesse tido uma professora que batalhou para que ele passasse para o nível mais alto. Existem muitos outros estudantes que não conseguem essas oportunidades e que acabam como pessoas de baixo desempenho simplesmente porque não tiveram acesso a um conteúdo de nível mais alto ou porque não acreditavam que podiam ser bem-sucedidas.

Quando os alunos se desiludem porque há outros à sua frente ou reclamam que não entendem alguma coisa, uma palavra que Carol Dweck aconselha usar com eles é "ainda". Quando peço a adultos que representem visualmente uma ideia, muitas vezes os ouço dizerem, "Eu sou péssimo em desenho". Eu lhes digo, "Quer dizer que você ainda não aprendeu a desenhar bem". Essa pode parecer uma mudança linguística pequena, mas é importante. Ela transfere o foco da carência pessoal percebida para o processo de aprendizagem.

Também é importante que os professores iniciem a primeira aula do ano compartilhando a ciência do crescimento cerebral e dizendo aos alunos que eles podem não ser iguais entre si, mas qualquer pessoa é capaz de aprender o conteúdo que está sendo ensinado e que a aprendizagem produtiva depende em parte de sua maneira de pensar. Essa mensagem é libertadora e o oposto da mensagem daquele professor que mencionei antes: "Somente alguns de vocês serão bem-sucedidos nesta classe". No Capítulo 1, mencionei a pesquisa sobre as menores proporções de mulheres e estudantes negros nas áreas em que os professores acreditam que os alunos precisam ter um dom para alcançar o sucesso. Esse resultado ocorre, em parte, porque os professores que de modo geral acreditam em superdotação comunicam aos alunos que apenas alguns serão bem-sucedidos. E quando eles comunicam essa ideia, apenas alguns alunos *são* de fato bem-sucedidos.

Nós, pais, temos muitas oportunidades para observar os danos da comparação social e conversar com nossos filhos de maneiras que podem ajudar a melhorar. Irmãos têm milhões de oportunidades para se compararem entre si, e muitas crianças desenvolvem ideias negativas sobre seu potencial porque acham que um irmão tem mais facilidade para aprender as coisas. A comparação social é particularmente prejudicial quando se baseia em uma suposta dotação genética. Quando as crianças pensam que seu irmão ou colega de turma nasceu com um cérebro melhor e esse cérebro sempre será superior, isso é desmoralizante. Seria melhor se, em vez disso, as crianças vissem a habilidade de um par ou de um irmão como um desafio e uma oportunidade – "Como eles são capazes de fazer isso, eu também sou".

Quando os alunos aprendem sobre crescimento cerebral e mentalidade, eles percebem algo extremamente importante – onde quer que estejam em seu aprendizado, eles podem melhorar e até se destacar. Isso foi demonstrado em um estudo de alunos que ingressaram no ensino médio. Sessenta e oito por cento dos alunos sofreram uma queda nas notas no primeiro semestre e disseram que se sentiram estressados por conta disso (o que nos diz algo sobre o dano das práticas de avaliação).[16] Contudo, os alunos que tinham uma mentalidade de crescimento eram mais propensos a encarar o revés como temporário e apresentaram menores níveis de estresse. Os alunos com uma mentalidade fixa percebiam os reveses de maneira mais negativa e apresentaram maiores níveis de estresse.[17] Isso faz sentido, pois alunos com uma mentalidade fixa veem qualquer instância de baixo desempenho como prova de que eles não têm o tipo certo de cérebro.

Mariève, que se sentia incapaz de seguir cursos de STEM por não ser a aluna mais bem colocada de seu grupo, desenvolveu uma mente ilimitada quando aprendeu sobre neuroplasticidade na idade adulta. Ela então encontrou comunidades de professores com ideias afins nas redes sociais, que compartilhavam crenças positivas sobre os alunos e conhecimentos do crescimento cerebral. Quando entrou no Twitter, ela se surpreendeu ao encontrar tanta informação boa acessível. Em sua entrevista comigo, ela comentou, "Puxa, onde eu estive todos esses anos?".

Ela ficou tão entusiasmada com o potencial dos alunos, e de si própria, que fez uma tatuagem de matemática e agora ensina matemática do ensino médio para adultos que não receberam um diploma – pessoas que podem se beneficiar imensamente das informações científicas e do encorajamento que ela pode lhes dar. Conversar com Mariève e ouvir seu entusiasmo pela aprendizagem me fez refletir que essa professora incrível poderia jamais ter encontrado seu caminho de volta à matemática se não tivesse lido sobre neurociências e entendido que as percepções com as quais ela havia vivido – de que ela não tinha o "cérebro certo" – estavam erradas.

Parte do processo de mudança e de se tornar ilimitado envolve abandonar a ideia de que seus fracassos passados ocorreram porque havia algo errado com você. Outra mudança importante é perceber que você não precisa viver sua vida como um "perito", que você pode discutir situações e orgulhosamente compartilhar a incerteza. Jesse Melgares me falou sobre esses dois aspectos da mudança pela qual ele passou ao se desbloquear. Jesse é assistente de direção de uma escola na zona leste de Los Angeles, mas antes trabalhava como professor de matemática e era, como ele disse, "extremamente inibido", pensando que não sabia o suficiente e nada poderia mudar. Quando se tornou assistente de direção, Jesse precisou formar professores de matemática, mas temia que descobrissem que ele era uma fraude:

> Sinceramente, eu sentia um estresse paralisante quando alguém me fazia uma pergunta relacionada à matemática... Era terrível. Era como um coice no meu

peito. Era com isso que eu acordava de manhã, perguntando: "Será que vão me fazer alguma pergunta para a qual não sei a resposta? E serei descoberto como algum tipo de fraude?"

A sensação de estresse paralisante descrita por Jesse, o medo de lhe perguntarem algo que ele não soubesse responder, é um sentimento compartilhado por milhões de pessoas em diferentes situações e empregos, um sentimento que espero que este livro possa mudar. Para Jesse, a mudança começou quando ele fez um dos meus cursos *on-line* e entendeu: "Tudo o que tinham me ensinado como aluno de matemática quando estava na escola e como educador de matemática estava errado".

Para Jesse, o primeiro passo para se desbloquear foi perceber que qualquer problema de aprendizado que ele teve no passado não se devia a alguma deficiência dele, mas do sistema defeituoso vigente. Essa é uma mudança que vi outras pessoas empreenderem, sendo vital para quem teve más experiências de aprendizagem. Nossos alunos do acampamento de verão que estavam com dificuldades antes de virem até nós também tiveram essa experiência – de pensar que tinham problemas com matemática porque havia algo errado com eles. Eles passaram a entender que seu mau desempenho se devia a problemas no sistema de educação. Isso permitiu-lhes iniciar um novo relacionamento com a matemática. O mesmo entendimento permitiu que Jesse mudasse como pessoa.

Além de começar a se sentir melhor em relação à matemática, Jesse também iniciou uma nova "jornada" em que descobriu que a matemática era sua paixão. Do sentimento derrotista em relação à matemática, ele passou a vê-la como um desafio emocionante. Hoje Jesse é coordenador de matemática de 25 escolas – uma mudança e tanto para quem costumava sentir um estresse paralisante quando pensava sobre a matéria. Os novos conhecimentos acerca do cérebro permitiram-lhe mudar sua perspectiva, sua mentalidade e sua crença em si mesmo. Jesse ainda encontra perguntas que não sabe responder, mas em vez de ficar com medo, ele pensa: "Bem, eu não sei quais são as respostas, mas vamos descobrir. Isso é um desafio". Essa mudança de perspectiva é típica de pessoas que se desbloquearam. Quando mudam sua mentalidade e conscientizam-se dos benefícios de se esforçar, as pessoas adotam uma nova forma muito mais positiva de encarar o desafio e a incerteza. Elas abandonam a necessidade de ser "peritas" e a substituem pela curiosidade e desejo de colaborar.

Um dos obstáculos para uma mudança positiva em nossas crenças é nossa própria autodúvida. O psicólogo sueco Anders Ericsson ajuda ao apontar que nossa dúvida a nosso respeito, especialmente quando não vemos como avançar, é um aspecto natural de nossas vidas. O que não é natural é um verdadeiro obstáculo paralisante, impossível de contornar, atravessar ou passar por cima.[18] Em todos seus anos de pesquisa, Ericsson constatou que é surpreendentemente raro identificar qualquer limite real no desempenho – em vez disso, ele vê as pessoas se limitarem porque desistem e param de tentar.

Recentemente assisti a um episódio de minha série de TV favorita, *Madam Secretary* (Senhora Secretária), uma representação fictícia das atividades da Secretária de Estado dos Estados Unidos, interpretada por Téa Leoni, e sua assessoria. O programa me parece fascinante por sua representação de eventos mundiais, mas o que de fato me atrai é a mentalidade positiva de resolução de problemas da protagonista. O episódio a que assisti mostrava uma crise fictícia na África Ocidental que poderia levar à morte de um grupo de pessoas, os *Beko*. A Secretária e sua equipe estavam tentando encontrar maneiras de evitar o iminente genocídio. Depois de um dia duro de esforços malsucedidos, Jay, o consultor-chefe de política, virou-se para a Secretária e disse, "Estamos sem opções".

Essa declaração negativa (embora compreensível) levaria muitas pessoas a concordar, afundar em suas cadeiras e desistir. Em vez disso, a Secretária olhou diretamente nos olhos de Jay e disse, "Eu me recuso a aceitar isso, Jay". Sua resposta levou inspiração à equipe, que continuou tentando encontrar uma solução criativa para a crise. Quando observo de que forma as palavras e a mentalidade positiva da Senhora Secretária inspiram sua equipe, ainda que o programa seja de ficção, isso me faz pensar o quanto é importante que os líderes sirvam de exemplo de uma mentalidade de crescimento para as pessoas com quem trabalham.

Em uma de minhas entrevistas, ouvi uma lembrança comovente de uma mensagem de confiança dada por um gerente de um campo de fruticultura no Vale Central da Califórnia. A mensagem dada pelo gerente criou uma nova vida para um menino que estava trabalhando lá, e aquele menino posteriormente mudou a vida de muitas outras pessoas por meio do seu trabalho. Daniel Rocha era o menino que trabalhava no campo, hoje um orientador vocacional no Vale Central. Daniel poderia nunca ter realizado este trabalho importante e de prestígio não fossem as palavras de um fruticultor durante o verão que antecedeu seu último ano no ensino médio.

Daniel me contou que seu pai trabalhava no campo e que passava suas férias de verão e inverno trabalhando com ele nos pomares, enquanto outros estudantes estavam de folga. No verão que antecedeu seu ano de formatura, Daniel queria um par de tênis Jordan, e pretendia comprá-lo usando o dinheiro que ganhasse trabalhando com seu pai. O trabalho naquele verão foi muito mais duro do que Daniel esperava ou experimentara antes, e ele logo entendeu que os tênis não valiam o esforço. Mas a parte mais notável do verão difícil e penoso de Daniel foi a mensagem que mudou sua vida:

> Estávamos trabalhando em uma lavoura quando notei que o dono do pomar, o fazendeiro, vinha chegando. Como meu pai era o capataz, o fazendeiro se aproximou e começou a conversar com ele. Ele disse: "Ei, Rocha, quem é esse? Quem é esse menino?".
>
> E meu pai, em seu mau inglês, disse: "Esse é meu filho".
>
> "Bem, o seu filho tem documentos?", perguntou o fazendeiro.
>
> "Sim. Claro que sim", disse meu pai.
>
> O fazendeiro murmurou algo para meu pai, mas eu não queria olhar naquela direção. Não queria chamar a atenção para mim. Mas a próxima coisa da qual me lembro era que eu estava de pé no alto de uma escada segurando um saco de frutas de cerca de 18, talvez 23 quilos, na minha frente, tentando manter o equilíbrio no alto da escada, quando de repente a escada começa a balançar. Quando comecei a perder o equilíbrio, olhei para baixo e vi que era o fazendeiro que estava balançando a escada.
>
> Ele gritou para mim com raiva: "O que você está fazendo aqui?".
>
> Nervoso, respondi, "Só estou tentando trabalhar".
>
> O fazendeiro gritou insistentemente: "Você precisa sair das minhas terras! Nunca mais quero vê-lo aqui de novo! Que essa seja a última vez que o vejo nesses campos. Ano que vem é melhor você estar na faculdade, e eu prefiro saber que você não está mais aqui".
>
> Aquilo me abalou. Me abalou profundamente. E naquele dia, enquanto estávamos voltando de carro para casa, meu pai virou para mim e disse: "¿Quieres regresar a el campo o quieres ir a la escuela?", que significa, "Você quer trabalhar no campo ou quer estudar?".
>
> "Bem, quero estudar", eu disse.
>
> Meu pai respondeu com pesar no coração, "Então você tem que dar um jeito nisso, porque eu não posso mais lhe ajudar. Não sei como, e não posso mais lhe ajudar. Então, dê um jeito".

> Quando voltei para a escola, descobri uma professora que estava ajudando outros alunos a completar seus formulários de solicitação de crédito educativo. Eu entrei e disse, "Preciso de ajuda". E isso me trouxe para onde estou.

O fazendeiro sacudindo a escada foi um evento favorável para Daniel, porque em nenhum outro lugar ele havia ouvido a ideia de que deveria entrar na faculdade. Recentemente, seu pai o visitou. Daniel tinha acabado de chegar do trabalho e ainda estava de terno e gravata. O pai de Daniel olhou para ele e disse: "Olha só", e ficou bastante emocionado, percebendo o quanto Daniel progredira na vida. Daniel foi um professor incrível antes de se tornar orientador educacional e fazia questão de comunicar a todos os seus alunos que ele acreditava neles. Ele sabia por experiência própria o quanto essa mensagem era importante para todos os seus alunos. Daniel não só dizia a seus alunos que tudo era possível; ele os ajudava a acreditar nisso.

A pesquisa está nos dizendo o que alguns jamais teriam acreditado alguns anos atrás – que quando temos autoconfiança positiva sobre o que podemos fazer, nossos cérebros e corpos funcionam de maneira diferente e levam a resultados mais positivos. Neste capítulo, a partir de pesquisas e histórias pessoais, ficamos sabendo de mudanças incríveis inspiradas por umas poucas palavras. Essas poucas palavras mudaram perspectivas – funcionários do setor hoteleiro foram informados de que seus empregos eram saudáveis; a Daniel disseram que ele deveria ir para a faculdade. Essas palavras mudaram a mentalidade das pessoas em relação a seus corpos e sobre o que poderiam fazer com suas vidas, o que mudou seus corpos reais e suas vidas. Esses tipos de transformação estão acessíveis a todos nós. Podemos melhorar nossas vidas pensando de maneira diferente. E podemos mudar a vida dos outros incentivando-os por meio do pensamento positivo e do conhecimento do crescimento e da mudança que qualquer pessoa pode alcançar.

Há pouco tempo, conversei com Carol Dweck, quando tínhamos ambas sido convidadas a falar para um grupo de visitantes australianos em Stanford. Ela me contou que havia mudado suas ideias a respeito de como a mentalidade funciona em dois aspectos. Quando começou sua carreira, ela achava que as pessoas tinham uma mentalidade ou de crescimento ou fixa, mas agora ela percebia que todos nós temos mentalidades diferentes em momentos e lugares diferentes. Precisamos reconhecer quando estamos tendo momentos de mentalidade fixa e até mesmo nomeá-los.

Naquele dia, ela voltou a contar sua história sobre trabalhar com um gerente de uma equipe de negócios que havia decidido chamar sua mentalidade fixa de Duane, dizendo: "Quando estamos em crise, Duane aparece. Ele me torna supercrítico de todos, e eu fico mandão e exigente em vez de ajudar". Uma das integrantes da equipe respondeu para ele, dizendo: "Sim, e quando o senhor Duane aparece, minha Ianna vem rugindo. Ianna responde ao cara machão que me faz sentir incompetente. Então o senhor Duane traz à tona minha Ianna, e eu fico encolhida e ansiosa, o que enfurece Duane".[19] Carol fala sobre a importância de estar em contato com suas diferentes *personas* de mentalidade, pois quanto mais você estiver atento a seu pensamento de mentalidade fixa, mais você pode estar pronto para cumprimentá-lo e aconselhá-lo a parar.

Carol também compartilhou suas ideias atualizadas sobre os perigos da "falsa mentalidade de crescimento"[20] – o que envolve um erro fundamental de interpretação do que significa mentalidade. Ela explica que a "falsa mentalidade de crescimento" significa dizer aos alunos que eles simplesmente precisam se esforçar mais e elogiá-los pelo esforço mesmo que eles falhem. Ela diz que isso tem o efeito contrário porque os alunos sabem que o elogio é um prêmio de consolação. Os professores e outros devem elogiar o processo de aprendizagem e, se os alunos não estiverem progredindo, ajudá-los a encontrar outras estratégias e diferentes abordagens. Crucialmente, o elogio deve estar ligado ao esforço que leva a algo importante. Um estudante pode acabar fracassando em um problema, mas o professor poderia elogiar o fato de que um raciocínio correto foi usado em parte dele ou que o esforço levou a algum resultado que poderia ser usado como base para seguir em frente.

Os professores possuem um incrível poder de influência. Eles podem mudar os rumos dos alunos, como mostraram muitas das entrevistas que compartilhei. Eles fazem isso comunicando aos alunos que acreditam neles, que irão valorizar os momentos de dificuldade e os erros, e que irão respeitar diferentes tipos de pensamento e maneiras de encarar a vida. Os pais desempenham um papel semelhante ao valorizar o modo de ser de seus filhos e os libertarem para serem as pessoas que eles podem ser.

Os cérebros e corpos, ao que parece, são incrivelmente adaptáveis. O poder dessa informação é amplificado quando professores, pais, consultores e gestores, bem como estudantes e outros aprendizes, abordam a aprendizagem com isso em mente. Uma seção no final do livro contém uma lista de recursos gratuitos (em inglês) para pais e professores, desde vídeos para alunos de diferentes idades demonstrando conhecimentos científicos importantes, até cartazes, aulas, tarefas e artigos curtos.

Hoje dispomos de amplas evidências que destacam o potencial de cérebros e corpos para mudar e que põem em dúvida os mitos do "gênio natural" e do "superdotado". O conhecimento de que cérebros e pessoas podem realizar quase qualquer coisa deveria nos levar a pensar no potencial humano – e nas instituições de aprendizagem – de um modo inteiramente diferente. Mas não perceberemos o potencial das novas informações sobre crescimento cerebral e mentalidade sem uma abordagem diferente da aprendizagem, com base nas novas descobertas das neurociências, as quais compartilharei nos próximos capítulos. Quando combinamos diferentes maneiras de encarar a nós mesmos com as novas abordagens do conhecimento, os resultados são impressionantes.

4

O CÉREBRO CONECTADO

É muito importante abordar a vida com uma mentalidade de crescimento, sabendo que do outro lado do esforço está o sucesso e que nada se encontra fora de alcance. Atualmente, muitas pessoas estão cientes da importância de termos uma mentalidade de crescimento. Mas existe outro aspecto crucial do viver uma vida livre de limitações que é pouco conhecido, ainda que seja essencial para manter abertas as opções de caminhos. É uma maneira diferente e mais dinâmica de interagir com as ideias que você encontra, tanto em algum conteúdo acadêmico que você está tentando aprender quanto em outras áreas de sua vida.

> **CHAVE DE APRENDIZAGEM # 4**
> As rotas neurais e a aprendizagem são otimizadas quando as ideias são consideradas com uma abordagem multidimensional.

Embora justificadamente tenha se dado muita atenção à mentalidade e à necessidade de acreditarmos em nós mesmos em todos os momentos, quando se trata de aprender, dizer aos alunos que tenham uma mentalidade de crescimento não é suficiente para superar as mensagens conflitantes em nossa cultura. A própria Carol Dweck escreveu que as informações sobre o valor da mudança de mentalidade precisam ser acompanhadas por uma abordagem de ensino diferente, que permita que os alunos aprendam de maneira diferente. Segundo ela, uma das coisas que lhe tiram o sono é quando se diz aos alunos que se esforcem e que o êxito só depende de trabalho duro, sem que eles recebam dos professores as ferramentas para aprender com mais eficiência. Como ela diz, "Embora seja fundamental para o desempenho estudantil, o esforço não é a única coisa necessária. Os estudantes precisam experimentar novas estratégias e buscar informações dos outros quando não conseguem avançar".

Alfie Kohn, um grande escritor e líder educacional, criticou o movimento em prol da mudança de mentalidade afirmando que é injusto dizer aos alunos que mudem – que se esforcem mais – sem modificar o sistema.[1] Estou de pleno acordo e, ao longo de muitos anos, aprendi algo importante: para que os alunos desenvolvam uma mentalidade de crescimento, os professores precisam ensinar com uma perspectiva de crescimento, abrindo o conteúdo para as várias maneiras pelas quais os alunos podem aprender, para que eles possam ver o potencial de crescimento dentro de si mesmos. Para os alunos, é um desafio desenvolver uma mentalidade de crescimento quando as matérias são apresentadas de modo fixo – como uma série de questões com uma resposta e um método para obtê-la.

Então, de que forma os professores, pais e líderes podem ensinar usando modos que amplifiquem e respaldem as mensagens positivas sobre crescimento e aprendizagem? A solução é uma abordagem multidimensional do ensino e da aprendizagem. Essa abordagem se baseia na recente neurociências de Stanford e de outros lugares, assim como nas muitas experiências diferentes dos professores de todo o âmbito do sistema educacional.

No meu trabalho em Stanford, colaboro com neurocientistas, em especial com um grupo de pesquisadores liderados por Vinod Menon, da faculdade de medicina. Lang Chen, um neurocientista do laboratório de Menon, trabalha regularmente com o Youcubed. Os pesquisadores da Universidade de Stanford estudam as redes de interação no cérebro, concentrando-se particularmente no modo como o cérebro funciona quando está, por exemplo, resolvendo problemas de matemática. Eles descobriram que, mesmo quando trabalhamos em uma questão aritmética simples, cinco áreas diferentes do cérebro estão envolvidas, e duas delas são rotas visuais.[2] A rota visual dorsal é a principal região cerebral para representar quantidade.

Memória operacional, controle executivo
(rede pré-frontal)

Controle de atenção, detecção de saliências
(córtex pré-frontal ventrolateral e ínsula anterior)

Processamento de informações sobre quantidades em formatos visuoespaciais
(sulco intraparietal/ lóbulo parietal superior)

Rota visual dorsal

Sistemas de memória episódica e semântica
(lobo temporal medial/hipocampo; lobo temporal anterior [não visível aqui])

Processamento de informações sobre números como símbolos visuais
(córtex occipital ventral temporal)

5 + 8 = ?
Redes neurais para aritmética mental

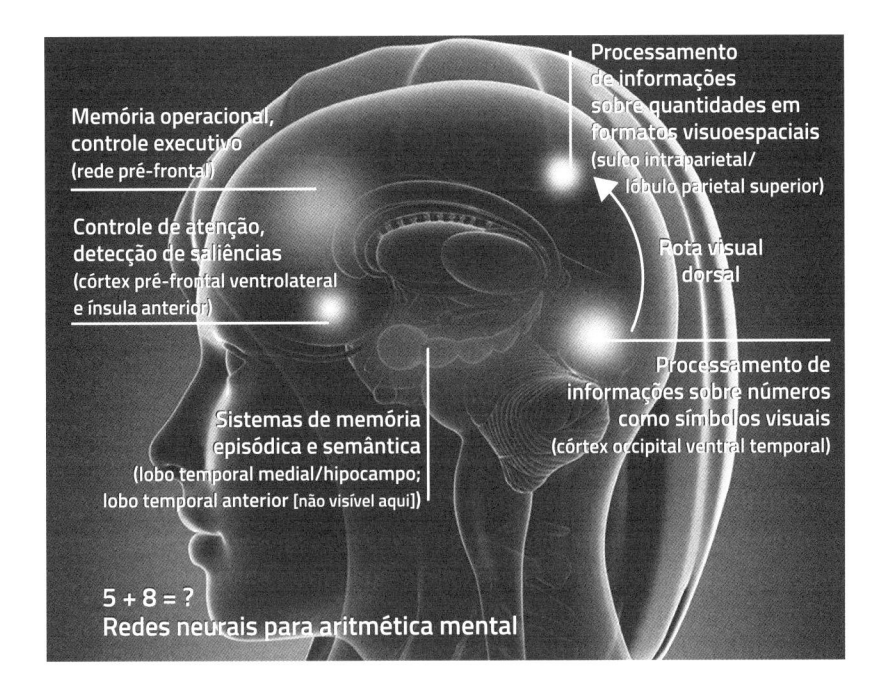

Eles e outros neurocientistas também descobriram que a comunicação entre as diferentes áreas cerebrais aumenta a aprendizagem e o desempenho. Em 2013, os pesquisadores Joonkoo Park e Elizabeth Brannon relataram um estudo no qual descobriram que as áreas cerebrais envolvidas quando as pessoas trabalhavam com símbolos, tais como números, e quando trabalhavam com informações visuais e espaciais, como uma série de pontos, não eram as mesmas.[3] Os pesquisadores também descobriram que a aprendizagem e o desempenho matemático eram otimizados quando essas duas áreas cerebrais se comunicavam entre si. Podemos aprender ideias matemáticas através de números, mas também podemos aprendê-las por meio de palavras, imagens, modelos, algoritmos, tabelas e gráficos; de movimentos e do tato; e de outras representações. Mas quando aprendemos usando dois ou mais desses meios e as diferentes áreas cerebrais responsáveis por eles se comunicam, a experiência de aprendizagem é maximizada. Isso era desconhecido até pouco tempo atrás e raras vezes foi usado na educação.

Os pesquisadores que analisam a interação de diferentes áreas cerebrais escolheram estudar o que acontece quando as pessoas trabalham em matemática, mas os resultados se aplicam a todas as áreas de conteúdo. Aprender novos conhecimentos requer diferentes rotas cerebrais – rotas que focalizam a atenção, a memória, o raciocínio, a comunicação e a visualização, por exemplo. Quando estimulamos todas essas rotas considerando o conhecimento em uma abordagem multidimensional, nossos cérebros são fortalecidos e a aprendizagem é maximizada.

DESCOBERTAS SURPREENDENTES SOBRE OS DEDOS

Os novos detalhes emergentes das formas como o cérebro processa a matemática às vezes são surpreendentes – por exemplo, a pesquisa que mostra a importância dos dedos para a compreensão matemática. Os pesquisadores Ilaria Berteletti e James R. Booth analisaram uma região específica do cérebro dedicada à percepção e representação dos dedos, conhecida como área somatossensorial dos dedos. Eles descobriram que, quando crianças de 8 a 13 anos de idade recebiam problemas de subtração complexos, a área somatossensorial dos dedos se iluminava, ainda que os alunos não os estivessem usando.[4] Surpreendentemente, nós "vemos" uma representação dos dedos em nossos cérebros mesmo quando não os usamos em um cálculo. Essa área de representação dos dedos, de acordo com seu estudo, também estava implicada em maior medida com problemas mais complexos envolvendo números mais altos e mais manipulação.

Por causa de pesquisas que mostram as relações entre os dedos e o pensamento matemático, os neurocientistas destacam a importância da "percepção dos dedos" – conhecer muito bem cada um deles. Para testar a percepção dos dedos, pode-se esconder uma das mãos debaixo de um livro ou de uma mesa e pedir a alguém que toque nas pontas dos seus dedos. Pessoas com boa percepção conseguem identificar os dedos tocados com facilidade. Um teste de percepção dos dedos mais desafiador é tocá-los em dois lugares diferentes – na ponta e na área intermediária. Eis alguns fatos interessantes sobre a percepção dos dedos:

- O grau de percepção dos dedos de estudantes universitários prediz suas pontuações em testes de cálculo.[5]
- A percepção dos dedos no primeiro ano prediz melhor do que testes o desempenho em matemática no segundo ano.[6]

- Acredita-se hoje que o desempenho de músicos em matemática superior, uma relação que se observa há muitos anos, deve-se às oportunidades que eles têm de desenvolver uma boa percepção dos dedos.[7]

Os neurocientistas sabem que é importante que as crianças desenvolvam a área cerebral dos dedos, o que ocorre quando elas os utilizam para representar números. Apesar da conhecida importância dos dedos, muitas escolas e professores desencorajam o seu uso, e os alunos costumam considerar isso algo infantil. Tentei ajudar com essa situação divulgando amplamente os achados das novas neurociências nos veículos de comunicação em geral. Ademais, estou trabalhando agora com um grupo interdisciplinar de neurocientistas, engenheiros e educadores para fabricar pequenos dispositivos robóticos com o objetivo de incentivar a percepção dos dedos em crianças pequenas. As novas descobertas sobre o funcionamento do cérebro estão revelando a necessidade de uma abordagem de ensino diferente, que seja mais física, multidimensional e criativa do que as abordagens que foram usadas no passado na maioria das instituições de ensino.

E QUANTO AOS PIONEIROS?

Em sua busca para melhor entender como as pessoas alcançam grandes realizações, os cientistas descobriram dados adicionais interessantes sobre a comunicação cerebral. Algumas pessoas que realmente foram grandes realizadores e fizeram importantes contribuições para a música e para a ciência, como Mozart, Curie e Einstein, são muitas vezes consideradas de uma forma fixa como "gênios". Mas Anders Ericsson, Daniel Coyle e outros estudiosos da *expertise* demonstraram que as grandes realizações dessas pessoas foram fruto de extrema dedicação e trabalho duro ao longo de muitos anos.

Ericsson assume a ideia de que Mozart nasceu com um dom especial e relembra as atividades em que ele se envolveu que levaram às suas grandes realizações musicais, mesmo em tenra idade. Ele aponta que Mozart era conhecido por ter o que com frequência se chama de "ouvido absoluto". Este parece ser um grande exemplo de um dom herdado, já que apenas uma em cada dez mil pessoas em "circunstâncias normais" tem ouvido absoluto.

Mas uma análise minuciosa da educação de Mozart mostra que, a partir dos 3 anos de idade, ele participou de atividades que desenvolvem um ouvido absoluto.[8]

A psicóloga japonesa Ayako Sakakibara descreveu um estudo no qual 24 estudantes foram ensinados a desenvolver um "ouvido absoluto". As crianças usaram bandeiras coloridas para identificar os acordes e continuaram treinando até serem capazes de identificar todos eles perfeitamente. Nesse estudo, todos os alunos desenvolveram um ouvido absoluto.[9] Esse é um exemplo de uma qualidade que as pessoas acreditam ser um "dom", mas que na verdade é resultado de um tipo particular de aprendizagem – o tipo que envolve os alunos por meio de múltiplas rotas, neste caso, conectando ideias visuais com sons.

Albert Einstein, provavelmente a pessoa mais vista como um "gênio", acolhia os erros e encarava a aprendizagem de uma maneira particularmente produtiva. Algumas das minhas citações favoritas de Einstein são:

> Uma pessoa que nunca cometeu um erro nunca tentou algo novo.
> Não é que eu seja inteligente. Eu só fico com os problemas por mais tempo.
> Eu não tenho nenhum talento especial. Sou apenas apaixonadamente curioso.
> No meio da dificuldade reside a oportunidade.

Essas e outras citações de Einstein sugerem fortemente que ele tinha uma mentalidade de crescimento, muito embora o conceito de mentalidade não existisse na sua época. Einstein falava sobre acolher o esforço, permanecer por mais tempo com problemas difíceis, ser curioso, cometer erros, e rejeitava ideias fixas sobre talento e superdotação.

Einstein também se envolvia visualmente com ideias. Ele costumava dizer que todo o seu pensamento era visual – e assim se esforçava para transformar suas ideias visuais em palavras e símbolos.[10] O impacto de Einstein na ciência foi duradouro, e não é de admirar que as pessoas o considerem um "gênio". Einstein não dispunha das ferramentas e tecnologias que temos atualmente, mas por meio de seu raciocínio ele previu que buracos negros em órbita em torno uns dos outros criariam ondulações no tecido do espaço-tempo. Foram necessários cem anos e o que a *National Geographic* descreve como "imenso poder computacional" para provar que ele estava certo. Apesar das incríveis façanhas de Einstein, ele não hesitou em salientar que elas não são fruto de um dom ou talento especial, mas de dedicação e esforço e o que parece ser uma abordagem visual do conhecimento. Einstein parecia adotar uma abordagem ilimitada da aprendizagem e da vida, o que teve um impacto positivo em tudo o que estudou.

De acordo com um recente artigo da *National Geographic* intitulado "O que faz um gênio?", o cérebro de Einstein, que está registrado em 46 lâminas de microscópio em um museu na Filadélfia, foi examinado em busca de qualidades especiais.[11] Muitos visitantes observaram o cérebro de Einstein e não viram nada de extraordinário. Uma equipe do Imagination Institute, liderada por Scott Barry Kaufman, está adotando uma abordagem distinta para examinar os cérebros de pessoas vivas que realizaram proezas incríveis. Eles descobriram algo interessante. O que é diferente no cérebro de pessoas que são "pioneiras em suas áreas" é que elas têm mais conexões ativas entre as diversas áreas cerebrais, mais comunicação entre os dois hemisférios do cérebro e mais flexibilidade em seu pensamento.[11] A comunicação cerebral que caracteriza o cérebro de "pioneiros" não é algo com que eles nascem; é algo que desenvolvem por meio da aprendizagem.

MANEIRAS DE INCENTIVAR A COMUNICAÇÃO E O DESENVOLVIMENTO CEREBRAL

Quando os alunos nas escolas recebem folhas de exercícios com uma série de questões quase idênticas para resolver – o que acontece com frequência nas aulas de matemática –, eles estão perdendo a oportunidade de fortalecer seus cérebros e incentivar a comunicação identificada nos pioneiros. Uma prática muito melhor é pegar um pequeno número de questões (três ou quatro) e abordá-las de diversas formas. Na matemática, por exemplo, qualquer conteúdo numérico poderia ser abordado com questões como estas:

- Você sabe resolver a questão com números?
- Você sabe resolver a questão com imagens que se liguem aos números por meio de códigos em cores?
- Você sabe escrever uma história que capture a questão?
- Você sabe criar outra representação das ideias? Um esboço, um rabisco, um objeto físico ou uma forma de movimento?

Uma das maneiras pelas quais encorajamos essa abordagem multidimensional é a partir do que minha colega e codiretora no Youcubed, Cathy Williams, chama de "papel diamante". É um pedaço de papel dobrado da seguinte forma:

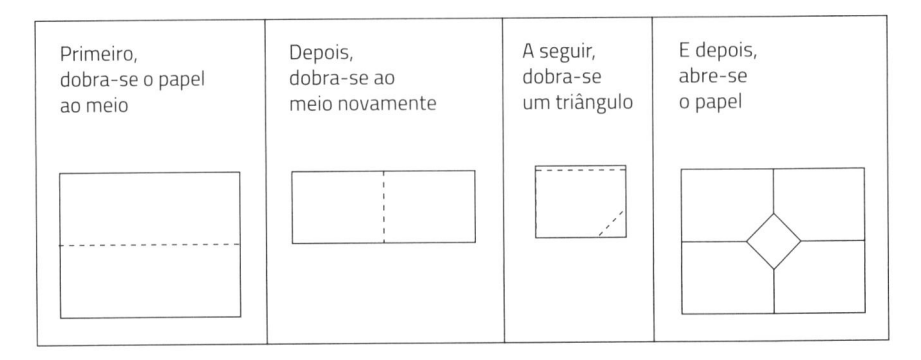

Primeiro, dobra-se o papel ao meio	Depois, dobra-se ao meio novamente	A seguir, dobra-se um triângulo	E depois, abre-se o papel

Incentivamos os professores a colocar um problema de matemática no centro do diamante e usar os quatro quadrantes para estimular diferentes formas de pensar, tais como aquelas destacadas na lista anterior. Assim, em vez de uma folha de exercícios de divisão, um papel diamante para o problema 50 ÷ 8 poderia ter a seguinte aparência:

Disso:

```
Divisão 6-12         Nome:

81 |9      121 |11     21 |7     10 |10    10 |10

50 |10      49 |7      50 |10    27 |9     64 |8

90 |10      83 |9      96 |8     77 |7     90 |10

96 |12      11 |11     11 |11   132 |12    30 |6

54 |6       55 |11     84 |12    55 |11    45 |9
```

Para isso:

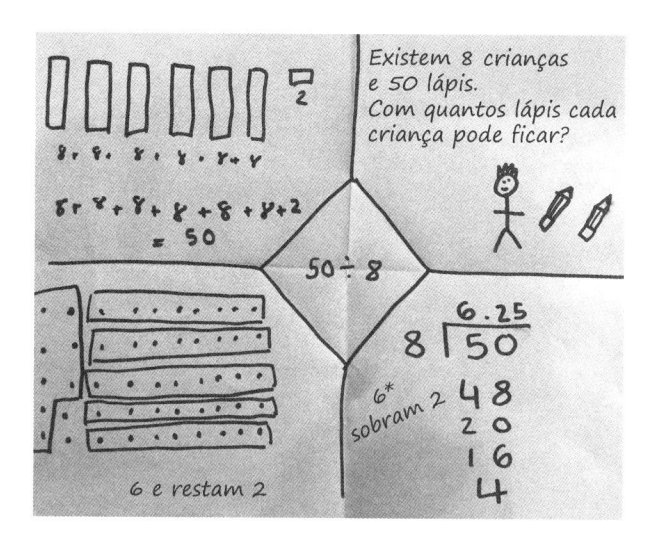

Abordar o conteúdo de maneira multidimensional é importante em todas as áreas disciplinares. Nas aulas de línguas, por exemplo, os alunos poderiam estudar uma peça como *Romeu e Julieta* lendo e analisando temas. Ou eles poderiam escolher um tema – digamos, a família – e explorá-lo de diferentes formas, encontrando um videoclipe que capture o tema, criando seu próprio vídeo, escrevendo uma novela gráfica, criando uma apresentação em Power-Point ou fazendo uma escultura.** Essa maneira multimodal de pensar cria a oportunidade para comunicação e desenvolvimento cerebral. Cérebros fluidos e flexíveis, concluem os neurocientistas, resultam da sincronia que ocorre quando várias áreas cerebrais trabalham juntas.[12] A comunicação entre áreas cerebrais acontece quando abordamos o conhecimento por meio de múltiplos caminhos, encontrando ideias em diferentes formas e representações.

Uma abordagem multidimensional pode ser usada no ensino de todas as disciplinas para gerar maior envolvimento e realização. Muitas áreas temáticas, particularmente nas humanidades, já valorizam o tratamento da matéria de várias maneiras, pedindo aos alunos que façam suas próprias interpretações dos textos que leem e empregando práticas como discussões em

---

* A notação da divisão de 50 por 8, no exemplo, é diferente da adotada no Brasil.
** Meus agradecimentos a Antero Garcia por suas ideias sobre uma abordagem multidimensional do ensino de línguas.

grupo, debates e peças de teatro. Na maioria dos casos, elas ainda poderiam se tornar mais multidimensionais, mas raras vezes são ensinadas de forma tão limitada quanto outras matérias. Na minha experiência, as matérias que mais parecem necessitar de mudança são matemática, ciências e ensino de línguas. Explorar o assunto de vários ângulos é uma abordagem de aprendizado ideal para todas essas disciplinas.

Por exemplo, um professor inovador de língua estrangeira com quem conversei pede que os alunos fiquem em círculo e diz que cada um deles é uma pessoa famosa que fala aquele idioma. Quando são tocados no ombro, os alunos compartilham algo que a pessoa pode estar sentindo. Essa é uma ideia de ensino simples, mas criativa, que vai além da leitura de palavras e frases traduzidas; os alunos aprendem por meio da fala e da interpretação das ideias de outra pessoa.

Eu jamais vou entender o ensino limitado de ciências – como uma lista de fatos e regras. Essa é a maneira perfeita para afastar os alunos de uma matéria que, no fundo, envolve descoberta, experimentação e a possibilidade de múltiplas causas e resultados. Precisamos envolver os alunos nas maravilhas da ciência, assim como precisamos envolvê-los nas maravilhas da matemática. Isso é muito mais importante do que memorizar as leis da termodinâmica (que podem ser pesquisadas em um livro ou na internet).

Uma das minhas formas favoritas de abordar a ciência vem de John Muir Laws, um entusiasta da natureza e educador apaixonado. Eu adoro o livro *The Laws Guide to Nature Drawing and Journaling*. Parece ser um livro sobre a natureza, mas o autor nos conduz ao longo de muitos princípios científicos em sua obra – e, mais importante, ele usa várias linhas de investigação para os temas abordados. Suas ideias para estudar a natureza se estendem a muitas áreas científicas. Laws propõe que as pessoas estudem eventos coletando dados, encontrando padrões, exceções e mudanças ao longo do tempo, registrando eventos e fazendo mapas, cortes transversais e diagramas. Ele então mostra as várias maneiras de analisar os dados, que incluem escrita, diagramação, gravação de som, listagem, contagem e medição, uso de ferramentas e construção de um "*kit* de curiosidade", que é preenchido com itens como lupa, bússola e binóculos.

O que Laws descreve é uma abordagem multidimensional da ciência – em que os alunos se envolvem com ideias científicas por meio de múltiplas representações, incluindo dados, padrões, mapas, palavras e diagramas.

À medida que os alunos se envolvem nessas diferentes representações, são construídas rotas neurais que permitirão que diferentes regiões cerebrais se comuniquem umas com as outras, criando o tipo de comunicação cerebral que foi observado nos cérebros de "pessoas pioneiras".

Quando eu trabalho com professores, muitas vezes recebo uma resposta muito calorosa ao meu apelo pela necessidade de tornar o ensino mais multidimensional. Isso é imediatamente seguido pela premente pergunta: como ensinamos dessa forma quando temos livros-texto com os quais precisamos trabalhar? Muitos professores trabalham em distritos que prescrevem livros didáticos cujos autores desconhecem o valor da aprendizagem multidimensional.

Quando os professores me fazem essa pergunta, sugiro que selecionem as três ou quatro melhores questões de uma página de questões repetitivas e depois peçam aos alunos que se envolvam com elas de diversas formas, como as sugeridas antes. Qualquer professor pode fazê-lo, sem a necessidade de novos recursos, e os alunos podem ser estimulados a se envolver com o conteúdo de várias maneiras, em qualquer área disciplinar e em qualquer nível de ensino. Quando começam a trabalhar desse modo, os professores muitas vezes se inspiram e passam a pensar mais criativamente sobre suas próprias matérias e formas de ensinar. Isso, por sua vez, cria mais alegria e satisfação, sobretudo quando os professores sentem o aumento do envolvimento dos alunos.

Minhas duas filhas frequentaram uma escola pública local em Palo Alto. Os professores não passavam muitos deveres de casa, o que eu apreciava, pois sei que deveres de casa trazem pouco ou nenhum benefício e muitas vezes prejudicam o bem-estar dos alunos.[13] Quando minhas filhas recebiam algum dever de matemática, em geral se tratava de quebra-cabeças ou *KenKens* (quebra-cabeças japoneses de matemática), mas de vez em quando levavam para casa uma folha de questões quase idênticas. Muitas vezes, quando elas tinham que resolver folhas de exercícios, havia lágrimas e frustração. Nunca entendi por que os professores acham que os alunos devem trabalhar em conteúdo repetitivo e entediante à noite quando estão cansados. Eu não trabalho quando estou cansada, mas minhas filhas são forçadas a fazer o dever de casa.

Eu sempre tento ajudar os professores das minhas filhas, porque sei que ensinar é um dos trabalhos mais exigentes que existem e os professores são quase sempre pessoas maravilhosas e atenciosas. Uma noite, contudo, decidi que precisava intervir. Minha filha mais nova, que na época tinha uns 9 anos, chegou em casa com uma folha com 40 questões. Ela se sentou em frente à folha parecendo intimidada. Como fiquei imediatamente preocupada que esse tipo de trabalho pusesse minha filha contra a matemática, pedi a ela que resolvesse apenas as cinco primeiras questões. Depois escrevi um bilhete para a professora na folha de exercícios, que dizia:

> Pedi à minha filha que resolvesse apenas as cinco primeiras questões, e vejo que ela as entende. Pedi a ela que não completasse essa folha de exercícios, porque não quero que ela pense que matemática é isso.

Outros professores riem quando conto sobre o bilhete, provavelmente sentindo alívio por não serem aquela professora. A boa notícia é que esse evento em particular teve um resultado positivo. A professora do quarto ano e eu conversamos sobre a ciência do cérebro e abordagens múltiplas. Agora, em vez de folhas de exercícios, ela passa quatro questões e pede aos alunos que as resolvam de diferentes maneiras – ela pede uma solução numérica, uma história sobre o problema e uma solução visual. Para minha filha, houve uma grande melhoria em relação às folhas de exercícios chatos e repetitivos. Não havia mais choro na hora do dever de casa, e ela ficava contente ao escrever a história e desenhar a imagem. Ao fazer isso, várias áreas do cérebro estavam envolvidas e se comunicando entre si, e minha filha estava tendo uma oportunidade de compreender profundamente.

Trabalhar dessas múltiplas maneiras estimula a comunicação cerebral, ao mesmo tempo em que dá vida ao conteúdo. A grande maioria dos alunos pensa em matemática como um conjunto de números e métodos, e em idiomas, como livros e palavras. Quando abordamos a matemática, as línguas, a ciência ou outras matérias como oportunidades para a criatividade e para vermos as coisas de várias formas, isso muda tudo, estimula o crescimento cerebral e conexões neurais vitais. Ademais, quando os professores diversificam o currículo, substituindo uma lista simples de respostas numéricas, páginas de texto ou equações por imagens, modelos, palavras, vídeos, músicas, dados e desenhos, a sala de aula muda de um lugar onde todo o trabalho parece igual para outro onde a variedade é atraente e a criatividade pode ser celebrada.

Eu gosto de ilustrar as muitas maneiras diferentes pelas quais podemos abordar o conteúdo mostrando às pessoas uma imagem de sete pontos. Eu lhes digo que só irei mostrar a imagem por um momento, e quero que elas me digam quantos pontos há. Peço-lhes que não os contem um por um, mas que calculem quantos são agrupando os pontos; então eu pergunto como elas os agruparam. Estes são os sete pontos.

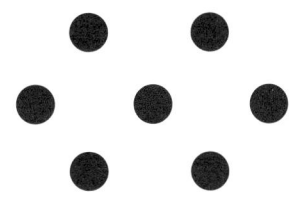

Recentemente fiz essa pergunta em uma sala de alunas do ensino fundamental 2, e elas encontraram 24 maneiras diferentes de vê-los! Elas queriam continuar, mas estávamos nos aproximando da hora do almoço e tive que encerrar a sessão. Estas foram as 24 maneiras de ver os pontos que elas identificaram.

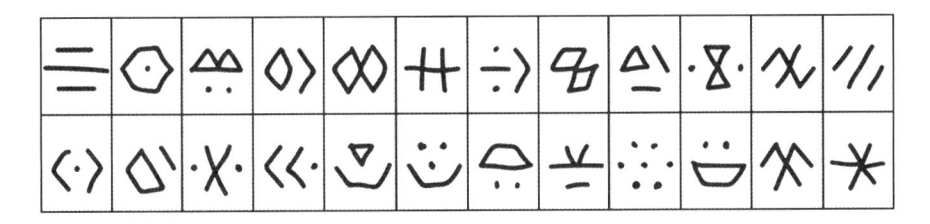

Peço aos alunos que analisem grupos de pontos dessa forma para ilustrar a criatividade na matemática e as muitas maneiras diferentes pelas quais as pessoas veem a matemática – até mesmo sete pontos! Mas eu também faço esse exercício com os alunos porque ele desenvolve uma parte importante do cérebro chamada de sistema numérico aproximado, ou SNA. Trata-se de uma área cerebral que nos permite estimar de modo não verbal o número de itens de um grupo. Constatou-se que os níveis de proficiência SNA dos estudantes previam com precisão seu futuro desempenho em matemática.[14]

Uma abordagem criativa e multidimensional – o convite para ver de diferentes maneiras – pode ser aplicada em qualquer área disciplinar. Poderíamos mostrar aos alunos uma cena de *O sol é para todos**, um diagrama celular em

---

* Trata-se de um filme de 1962, que aborda complexas relações entre habitantes de uma cidade do sul dos Estados Unidos, repleta de preconceitos na década de 1930.

biologia, ou um evento do noticiário ou da história e perguntar-lhes: O que você vê? Como interpreta isso? Assim, são valorizados o pensamento visual e as várias ideias diferentes que os estudantes apresentam, que devem ser celebrados e incentivados em todos os momentos.

QUANDO OS PROFESSORES APRENDEM – E USAM – UMA ABORDAGEM MULTIDIMENSIONAL

O Vale Central é uma área menos conhecida da Califórnia do que os distritos urbanos no norte (como São Francisco) e no sul (Los Angeles). Quando dirigi pela primeira vez de Stanford para Tulare, a cerca de 300 quilômetros de Stanford e a mais de 150 quilômetros da costa, soube que estava no Vale Central quando a paisagem mudou de estradas com casas e lojas para quilômetros e quilômetros de milharais.

O Vale Central é uma região agrícola e uma área carente e de baixo aproveitamento escolar. As autoridades educacionais no condado de Tulare sentem que a região é negligenciada nas oportunidades de desenvolvimento profissional e financiamento que os professores recebem. Há pouco mais de um ano, uma das coordenadoras de formação de matemática do condado, Shelah Feldstein, veio me visitar em Stanford. Ela me perguntou sobre uma ideia que teve de inscrever todos os professores do quinto ano de vários distritos na minha aula *on-line* "Como aprender matemática". Ela também tinha planos maravilhosos de organizar os professores para que fizessem o curso em grupos e se reunissem para processar as ideias em grupos escolares, com tempo financiado.

Muitas coisas surpreendentes aconteceram no ano seguinte, as quais foram detalhadas em artigos de pesquisa,[15] mas uma que me deixou particularmente satisfeita foi que os professores mudaram as suas próprias relações com a matemática. O quinto ano foi identificado como o ano com uma das piores taxas de aproveitamento; menos de 8% dos estudantes alcançavam níveis de proficiência. Em entrevistas no final do ano, os professores admitiram que costumavam temer o período de matemática em suas aulas e tentavam terminá-la o mais rápido possível. Depois de aprenderem sobre mentalidade, crescimento cerebral e abordagem multidimensional dos problemas, gostaram tanto que ficavam até as 7 horas da noite discutindo juntos como abordar os problemas visualmente.

Jim, um dos professores do quinto ano, em uma entrevista no final do ano, descreveu o uso de uma de nossas atividades com dobradura de papel e sua surpresa e prazer quando permitiu que os alunos pensassem mais profundamente sobre expoentes:

> Eles começaram a dobrar o papel em triângulos a partir de um quadrado. Sozinhos, descobriram que havia uma relação exponencial, de modo que, quando dobravam uma vez, obtinham dois pedaços. E quando dobravam duas vezes, obtinham quatro. Então eles começaram a ver os expoentes de 2 com cada dobra. E eles fizeram essa ligação totalmente sozinhos, porque vínhamos estudando a base 10 e as potências de 10. Ver essas ligações acontecendo durante as aulas é muito significativo para mim.

A incrível mudança que aconteceu com os professores do quinto ano, em que eles começaram a encarar os problemas da matemática como oportunidades para usar múltiplos métodos criativos, foi possível porque eles também tomaram conhecimento da ciência do cérebro que apresentei nos capítulos anteriores. Antes de fazer o curso *on-line*, muitos dos professores tinham uma mentalidade fixa e não se julgavam capazes ou no direito de inventar ideias diferentes. Uma vez libertos dessas noções incorretas e prejudiciais, eles tornaram-se capazes de abordar a matemática e outras matérias de forma diferente. Uma das professoras refletiu sobre sua surpresa de que o curso *on-line* a tivesse transformado como pessoa:

> Eu pensei que seria ótimo para as crianças, mas jamais imaginei que isso fosse me transformar. Essa foi a maior revelação em todo esse processo.

Não foram apenas as vidas dos professores que mudaram; quando passaram as ideias para os alunos, as vidas dos alunos também se transformaram. Essas mudanças se refletiram em muitos aspectos, tais como as mudanças nas crenças dos alunos a respeito do seu potencial e de sua aprendizagem. Os alunos começaram a ver o aprendizado de matemática como um tipo diferente de atividade. Um dos professores relatou:

> As crianças ficaram muito entusiasmadas, dizendo, "Ah, meu Deus, ele está fazendo assim? Não há problema em sentirmos dificuldade? Está certo pensarmos de maneira diferente?"

Quando os alunos fazem essas perguntas, fica evidente para mim que ideias prejudiciais vinham atrasando sua aprendizagem. A noção de que talvez não seja correto sentir dificuldade ou pensar de forma diferente é trágica e, no entanto, milhões de alunos acreditam nessas ideias, especialmente em relação à matemática. Quando as crianças mudaram suas ideias a respeito do valor do esforço e aprenderam a enxergar a matemática de modo diferente, o aumento de sua autoconfiança foi notável para os professores, como refletiu Miguel em uma entrevista:

> Só quero que você saiba que isso [o curso *on-line*] significou muito. A atitude positiva que as crianças têm para com seu aprendizado agora fez uma enorme diferença. A confiança que elas têm é diferente de tudo que já vi.

Os alunos que mudaram sua mentalidade e sua forma de encarar a aprendizagem, aceitando as dificuldades e dispostos a ver matemática de maneiras diferentes, obtiveram benefícios importantes. Apesar da estreiteza e limitação dos testes estaduais de matemática, no final do ano letivo, os alunos dos professores que fizeram o curso pontuaram em níveis significativamente mais altos nos testes de matemática do que os de outras classes. Os alunos que se beneficiaram particularmente com as mudanças no ensino e aumentaram de forma significativa seu desempenho nos testes foram meninas, aprendizes de línguas e estudantes de lares socioeconomicamente desfavorecidos,[15] alunos que costumavam apresentar baixo desempenho em matemática e outras matérias.

A professora Jean Maddox também se comoveu com o novo conhecimento que aprendeu nas aulas *on-line*. Ela passou o ano promovendo entre seus alunos a ideia de que eles sempre podem crescer e aprender qualquer coisa, e que deveriam rejeitar ideias sugerindo que seu potencial era fixo. Para Jean, a adoção de métodos visuais foi muito importante; isso mudou sua forma de abordar a matemática, bem como as maneiras de ensiná-la:

> Quando comecei esta jornada, eu sempre fazia o algoritmo porque essa era minha zona de conforto. Agora, eu penso, "Muito bem, como vou desenhar isso? Como vejo isso visualmente?". Hoje entendo por que o algoritmo funciona, pois agora tenho essa imagem totalmente clara na minha cabeça. O que tem sido algo muito bom quando se trata de coisas como frações. E, para essas crianças, é como, "Ah, é por isso que funciona". E elas vêem que tudo é essa coisa visual, e daí alguém diz, "Puxa vida!" Para algumas dessas crianças,

a matemática sempre foi ter que memorizar fatos e esse tipo de coisa, e agora elas ficam assim, admiradas.

As mudanças pelas quais os professores passaram ilustram a natureza dual de ser ilimitado – trata-se de modificar a sua mentalidade e suas ideias sobre si mesmo, mas também trata-se de abordar o conteúdo da matéria e a vida de um modo multidimensional.

Uma sugestão que fiz para os professores do quinto ano foi abandonar as perguntas com respostas automáticas e, em seu lugar, fazer perguntas que desafiem os alunos a buscar respostas. Um dos professores disse:

> Outro dia, escrevi no quadro: "A resposta é 17. De quantas maneiras diferentes você pode me levar à resposta?". Eu pensei que eles poderiam dizer apenas 1 mais 16, mas eles estavam estudando ordens de operações, e ficaram muito animados, e eu fiquei muito impressionada com eles.

Uma professora mencionou no Twitter que também usou essa ideia em sua aula de geometria do ensino médio. Ela colocou uma resposta no quadro e pediu aos alunos que usassem as abordagens geométricas que tinham aprendido para encontrar a resposta. Ela escreveu que ficou impressionada com as diferentes abordagens criativas às quais os alunos chegaram, que foram muito valiosas para as conversas que se seguiram e para as oportunidades de conexões cerebrais.

Outra professora do quinto ano disse que agora ela simplesmente mostra representações visuais de ideias matemáticas e pergunta: "Então, o que você vê? O que não vê? O que você poderia ver? Qual poderia ser o próximo?".

Essas ideias diferentes não são complexas, mas, em sua essência, todas envolvem múltiplas vias de aprendizagem. Elas incentivam os alunos a empreender direções muito diferentes das "habituais". Os professores que fazem essas mudanças em seus métodos brincam com o conteúdo e experimentam a liberdade que vem com essa abordagem – em vez de seguirem livros didáticos, eles experimentam ideias e convidam os alunos a experimentar também. Sabemos agora que o ensino a partir de uma abordagem multidimensional também aumenta a conectividade do cérebro, o que ajudará os alunos a se tornarem adultos influentes – e possivelmente pioneiros.

Outros professores tiveram experiências semelhantes às dos professores do quinto ano do Vale Central. Holly Compton ainda se lembra de ter ficado assustada com uma de suas primeiras experiências com matemática quando lhe disseram para resolver uma página de problemas aritméticos de vários dígitos de um livro didático no primeiro ano. Ela decidiu, como sua mãe, que não tinha um "cérebro matemático". O que se seguiu para Holly foram anos de frustração e compensação. A relação negativa de Holly com a matemática começou com uma ferramenta unidimensional – uma folha de exercícios – que a levou a concluir que ela não era boa em matemática.

A matemática, infelizmente, tem o potencial de acabar com a confiança dos alunos mais do que qualquer outra matéria. Isso se deve em parte às ideias incorretas sobre como ela deve ser ensinada e aprendida, o que produz experiências como a de Holly no primeiro ano. E também porque a sociedade diz que as pessoas que sabem matemática são "muito inteligentes" e aquelas que têm dificuldade com ela "não são inteligentes". Esse fato pode ser devastador para muitas pessoas, e Holly foi uma delas. Lamentavelmente, não acho que a devastação que Holly experimentou seja incomum. Holly descreveu o modo como suas experiências negativas em matemática impactaram toda a sua vida:

> Foi algo realmente muito abrangente. Toda a minha vida foi abalada por essa falta de confiança em mim mesma.

Felizmente, Holly aprendeu novas ideias sobre si e sua capacidade de aprender que a destravaram. Um elemento transformador do processo de Holly foi ver que os problemas matemáticos poderiam ser resolvidos de diversas formas – mostrando o papel muito importante que a multidimensionalidade desempenha para nos tornarmos ilimitados. Como Holly menciona em uma entrevista:

> Agora vejo a matemática como a matéria mais criativa, porque a gente pode desmontar as coisas e remontá-las, e podemos ter uma conversa de uma hora sobre 13 mais 12.

Holly reviu sua relação com a matemática e foi encorajada pelas ideias de seus alunos. Quando eles começaram a abordar a matemática de outras maneiras, ela percebeu que a matéria era diferente do que pensara. Ela passou a experimentar e a brincar com matemática e viu os resultados de matemática de sua escola melhorarem. Depois de alguns anos de ensino digno de nota, Holly foi convidada para ser coordenadora de matemática do distrito – uma grande conquista para uma pessoa que costumava ter pavor de matemática. Agora Holly diz que sempre ensina direcionada para uma mentalidade de crescimento, passando tarefas multidimensionais difíceis para seus alunos e dizendo-lhes que espera que todos possam se esforçar.

Além de fazê-la mudar sua forma de ensinar, o processo de desbloqueio de Holly modificou sua maneira de interagir com as pessoas, mostrando os benefícios adicionais de uma abordagem ilimitada da vida. Holly costumava ir a reuniões preocupada com a possibilidade de não saber algo que necessitava saber – e sentindo que precisava ser uma especialista. Depois de se desbloquear, ela ficou menos receosa de participar de reuniões e mais disposta a assumir riscos:

> Eu não tenho medo de dizer isso. Eu vou dizer para outro professor, "Ei, emperrei aqui. Você pode resolver isso comigo?"

Essa nova abertura para desafios e incertezas parece ser uma reação comum ao desbloqueio – as pessoas percebem que é bom se esforçar, que não é sinal de fraqueza cerebral, e sim de crescimento cerebral. Isso gera mais confiança em momentos de dificuldade e disposição para compartilhar ideias sobre as quais elas não têm certeza. Uma das características mais tristes e centrais da mentalidade de cérebro fixo é o medo de estar errado. As mentes das pessoas ficam literalmente travadas, imobilizadas, por seu medo, motivo pelo qual uma abordagem da vida que valoriza a multidimensionalidade, o crescimento e o esforço é tão libertadora. Holly disse: "Eu tenho muito mais ideias porque me permiti ter ideias".

Outro benefício fundamental de trabalhar e viver com uma abordagem multidimensional é que, quando surgem bloqueios, você sabe que existem rotas alternativas. Muitos dos adultos que entrevistei para este livro disseram que não iriam mais parar quando encontrassem desafios ou obstáculos; eles simplesmente encontrariam outra estratégia, outra abordagem. Uma abordagem multidimensional do conhecimento revela que não existe apenas uma maneira de fazer algo; sempre existem diversas formas de avançar.

O fato de que Holly agora se sente mais livre para "ter ideias" é muito importante. Esse é o tipo de mudança pessoal profunda que pode acontecer quando entendemos as chaves da aprendizagem. Quer estejamos trabalhando ou estudando em educação ou em qualquer outra área, compreender os limites do enfoque tradicional do cérebro fixo e sermos fortalecidos por nossa capacidade de aprender e crescer é algo que modifica a vida de muitas maneiras diferentes. Essa mudança de mentalidade leva a uma maior autoconfiança, resiliência e satisfação no trabalho e nas relações sociais.

Holly revelou que seus relacionamentos agora são melhores, que ela parou de duvidar de si mesma e não está mais deprimida. Surpreendentemente, tudo isso aconteceu quando ela conseguiu ver a matemática e sua relação com a disciplina de modo diferente.

Para Holly, uma parte crucial de tornar-se ilimitada envolveu enxergar a matemática como uma matéria que pode ser enfocada de múltiplas formas e valorizar as ideias e maneiras de ver de diferentes pessoas. Ao abrir a sua mente para ver os outros e a si mesmo como possuidores de um potencial infinito, o impacto é amplificado quando você também abre o conteúdo para distintas abordagens. A multidimensionalidade é o complemento perfeito para uma abordagem de mentalidade de crescimento. Cada uma funciona melhor com a presença da outra.

Parte do enorme sucesso do nosso acampamento de matemática, que resultou em um aumento no desempenho estudantil pelo equivalente a 2,8 anos de escola, ocorreu porque usamos uma abordagem multidimensional. Quando entrevistamos estudantes um ano depois, alguns deles nos disseram que voltaram às salas de aula onde foram solicitados a resolver as folhas de exercícios, mas levaram as perguntas para casa e pensaram visualmente sobre elas com os pais. Uma garota me disse com pesar que a aula de matemática agora não era interessante, porque lhe disseram que ela sempre tinha que seguir o "método do professor" e não podia usar os seus próprios. Fiquei triste ao ouvir isso, mas também percebi que a aluna já sabia que havia várias maneiras de pensar, não apenas a do professor, e mesmo que ela não pudesse usar seus métodos, estava ciente de que eles eram importantes. Ela estava frustrada, mas sua perspectiva desbloqueada ainda estava operante.

Em muitas salas de aula, os alunos recebem problemas que não sabem como abordar – o que os leva a pensar negativamente sobre si mesmos e seu aprendizado. Quando os problemas são alterados para que se tornem de "piso baixo e teto alto" – problemas que são acessíveis a todos mas acarretam um trabalho mais desafiador –, todos podem abordá-los e levá-los em rumos diferentes.

Usamos esses tipos de tarefas em nosso acampamento, e também valorizamos várias formas diferentes de trabalhar, diferentes formas de ver os problemas e diferentes estratégias e métodos. Também incentivamos discussões ricas em que os alunos mostravam suas diferentes maneiras de ver e resolver os problemas, e todos falamos sobre eles e comparamos as diferentes abordagens. Por todas essas razões, os alunos puderam trabalhar de forma produtiva e aprender, e como perceberam que estavam aprendendo, sentiram-se motivados a continuar. Nós demos aos alunos claro acesso aos problemas e vários exemplos de modos de explorar as respostas. É essa abordagem combinada de mentalidade e multidimensionalidade que muitas vezes falta nas salas de aula, nos lares e nos escritórios.

É igualmente difícil para os alunos se destravarem e desenvolverem mentes ilimitadas quando estudam em escolas que aplicam provas e notas com frequência, pois estas também passam mensagens de cérebro fixo.[16] Os professores que entrevistei para este livro são diferentes de muitos, porque entendem a importância de os alunos desenvolverem mentes ilimitadas e, para tanto, aliam mensagens de cérebro e mentalidade a uma abordagem de ensino e avaliação que permite o crescimento e a aprendizagem.

Eu uso uma abordagem multidimensional para ensinar matemática nas minhas aulas de graduação; nós passamos dez semanas juntos considerando ideias matemáticas de maneira visual e às vezes física, bem como numérica e algorítmica – tudo isso cria conexões cerebrais poderosas. Eis uma avaliação anônima de um dos meus alunos:

> A matemática costumava ficar no papel, ao menos para mim. Desde que comecei nesta aula, os problemas encontraram seu lugar no espaço tridimensional. As paredes do meu quarto, o verso do crachá que você me pediu para fazer, meu caderno para as outras matérias – os quadrados, os diagramas e a emoção convergem no espaço cerebral que eu reservara para cálculos; costumava ser unidimensional, uma única solução. A dimensão que reservei para a matemática agora se expandiu explosivamente.

Outros alunos escreveram de diferentes formas sobre como o fato de ver a matemática visualmente e criativamente e aprender sobre ciência do cérebro e mentalidade lhes trouxe uma resiliência que estava mudando suas vidas e garantindo-lhes maior sucesso em suas outras disciplinas em Stanford.

Marc Petrie é um exemplo de uma pessoa cuja vida se transformou completamente após aprender sobre os benefícios do esforço e de abordar o conteúdo de maneira diferente. Marc está na casa dos 60 anos agora, mas na infância sofreu um acidente que o deixou parcialmente incapacitado. Sua mãe se recusou a aceitar que ele não se recuperaria e teria que frequentar escolas especiais pelo resto da vida. Ela se encarregou de curá-lo arremessando sacos de feijão para que ele os pegasse e assim desenvolvesse sua coordenação. Quando Marc ficou um pouco mais velho, aprender a andar de *skate* foi um processo constante de cair, levantar-se, cair e levantar-se novamente. Ele disse que aqueles primeiros anos de dificuldade lhe incutiram uma mentalidade de crescimento, pois "não teria chegado a parte alguma sem ela". Quando Marc leu sobre o esforço em meus escritos anteriores, ele imediatamente identificou uma conexão com a sua vida e a forma como aquelas dificuldades fizeram dele a pessoa que é agora.

Marc desenvolveu uma mentalidade de crescimento cedo na vida, mas foi uma oficina do Youcubed da qual ele participou há alguns anos que lhe trouxe a linguagem para falar sobre isso com seus alunos do oitavo ano. Antes de fazer o *workshop*, Marc ensinava principalmente a partir de um livro pouco inspirador. Ele voltou para sua sala de aula em Santa Ana após o *workshop* de verão e mudou seu método.

Ele agora começa a aula toda segunda-feira de manhã com um vídeo de alguém que tem uma mentalidade de crescimento. No dia de nossa entrevista, Marc tinha exibido um vídeo de um aluno de 15 anos que havia desenvolvido um teste para câncer de pâncreas. Seus vídeos, que ele encontra em diversos *sites* na internet, exemplificam as ideias de mentalidade em ação. Todas as quartas-feiras, Marc apresenta o seu "não favorito" – um problema matemático com erros que os alunos precisam se esforçar para encontrar. Às sextas-feiras, os alunos trabalham em matemática e em projetos artísticos. Além desses planos de aula regulares, Marc adota uma abordagem multidimensional em todos os seus ensinamentos, incentivando os alunos a criar quadrinhos que ilustrem ideias matemáticas ou exibindo imagens de padrões ou objetos e perguntando o que eles veem. Ele me disse que tanto nas aulas de matemática como de artes, os professores projetam imagens e pinturas e perguntam aos alunos o que eles veem. Ele também convida os alunos a construir colchas de padrões e explorar o trabalho de artistas famosos, observando a simetria em pinturas, por exemplo.

Antes de Marc empreender essas mudanças, 6% de seus alunos estavam atingindo os níveis distritais de proficiência em matemática. Quando adotou a abordagem de mentalidade e multidimensional, a taxa de sucesso subiu para

70%. Como Marc falou em usar tantas maneiras maravilhosas e diferentes de ensinar matemática, através da arte, do cinema e de outros meios criativos, perguntei-lhe se também trabalhava com o livro-texto. Marc explicou que obtém melhores resultados quando os alunos passam apenas 25 a 30 minutos – não mais do que isso – nas "coisas do livro" e o restante do período de 55 minutos em outros projetos. Isso faz todo o sentido para mim.

Marc adota uma abordagem de mentalidade de crescimento não apenas em seu ensino de matemática, mas também na vida. Ele contou que há alguns anos, quando seu filho era pequeno, sua esposa teve câncer e passou por cinco cirurgias. Apesar das várias cirurgias e dos 18 meses de sessões de quimioterapia, ela continuou praticando a advocacia. Marc teve de ser extremamente forte durante esse período, pois precisava cuidar de sua esposa e de seu filho e lecionar. Marc disse que teve de ser "a pessoa mais positiva que pudesse". Agora seu filho está na faculdade e sua esposa está se recuperando, e Marc e ela passam os sábados assando biscoitos para pessoas em abrigos. Sua esposa também tricota gorros para mulheres que estão fazendo quimioterapia. Marc retransmitiu uma maneira de pensar semelhante à de outras pessoas que entrevistei que se tornaram ilimitadas: a atitude de transformar algo negativo em positivo. Ele falou sobre um conceito no judaísmo chamado *tikkun olam*, "curar o mundo", e como ele o relaciona a ter uma mentalidade de crescimento. Marc refletiu: "Para mim, é quase como perguntar, 'Por que estou neste planeta? Por que estou aqui? Por que estou nesta sala de aula?' Tem que haver um motivo".

A atitude positiva de Marc frente à vida, mesmo em momentos de extrema adversidade, é inspiradora. As mudanças que ele empreendeu em sua sala de aula resultaram em enormes ganhos no desempenho estudantil. Isso também afetou outros professores em sua escola. Depois que os professores do sexto e sétimo anos viram o sucesso de Marc no oitavo ano, eles começaram a seguir algumas de suas ideias e também viram aumentos significativos nos níveis de desempenho de seus alunos.

Qualquer pessoa pode aprender conteúdo de qualquer matéria com uma abordagem multidimensional. O Apêndice I, no final deste livro, oferece aos leitores uma oportunidade de pensar visualmente sobre matemática. Os alunos que estão em salas de aula que não abordam o conteúdo de forma multidimensional podem adotar essa abordagem por conta própria. Já falei sobre o acampamento de verão que realizamos com 83 alunos do ensino fundamental que vieram para o *campus* de Stanford. Quando fizemos contato com os alunos um ano depois, um dos rapazes nos disse que agora tem uma compreensão mais profunda de volume, porque ele sempre se lembra da aparência e da sensação de um cubo de um centímetro por causa de uma atividade em que trabalhamos com cubos de açúcar. É lamentável que esses alunos não tenham podido continuar tendo oportunidades de pensar visualmente, fisicamente e de várias outras formas na escola, mas os 18 dias, felizmente, tinham lhes dado uma perspectiva diferente da aprendizagem que eles foram capazes de levar para suas vidas.

Leah Haworth, uma das professoras que entrevistei, falou sobre as enormes mudanças que ocorreram em seus alunos quando, em vez de livros de exercícios cheios de regras, ela lhes deu diários em branco e lhes disse que os usassem para brincar com ideias, desenhar ideias e pensar. Dar aos alunos um espaço criativo para pensar e explorar coaduna-se perfeitamente com uma abordagem multidimensional do conteúdo.

Alguns anos atrás, eu estava conduzindo um teste de nossa semana de tarefas matemáticas inspiradoras em uma escola local. Trata-se de um conjunto de aulas de matemática visuais e criativas para todos os anos escolares que oferecemos gratuitamente em nosso *site* Youcubed e que qualquer pessoa pode usar. Eu estava andando pelo corredor depois de uma das aulas, quando a mãe de uma das alunas veio correndo ao meu encontro e me perguntou o que tínhamos feito nas aulas de sua filha nos últimos dias – pois ela, que sempre odiou matemática e nunca conseguiu aprender, tinha mudado de ideia! Ela agora via um futuro para si na matemática. Foi muito bom ouvir isso, pois sei que quando as crianças mudam de ideia sobre o que é possível e abrem seus corações para uma abordagem diferente, seus caminhos de aprendizagem se transformam.

As três primeiras chaves de aprendizagem, que abordam o valor de compreender o crescimento e o desafio, são essenciais para desbloquear o potencial de aprendizagem. Contudo, outros podem achar essas mensagens frustrantes e contraproducentes sem o devido contexto para o desenvolvimento criativo do cérebro. Quando uma mentalidade de crescimento encontra as restrições do universo do cérebro fixo, ela perde um pouco do seu potencial de mudança. A resposta, sabemos agora, é a aprendizagem multidimensional – a Chave de Aprendizagem 4. Adotar uma visão multidimensional de um problema, de um tópico ou do mundo em geral destrava nossa capacidade de aprender e crescer de maneiras vitais. Uma mentalidade de crescimento em conjunto com oportunidades de aprendizagem multidimensionais permitirá que alunos de qualquer idade se libertem do medo e superem obstáculos, vejam problemas com uma nova perspectiva e ganhem confiança em sua própria capacidade. Mesmo quando estamos trabalhando dentro de sistemas rígidos e fixos que não valorizam as múltiplas maneiras pelas quais as pessoas pensam – sejam escolas orientadas a testes ou locais de trabalho que valorizam apenas perspectivas limitadas –, adotar uma abordagem multidimensional dos problemas que enfrentamos irá apoiar e reforçar todos os aspectos da aprendizagem e do viver.

5

POR QUE A RAPIDEZ JÁ ERA E A MODA AGORA É A FLEXIBILIDADE!

Ideias incorretas, métodos defeituosos e suposições falsas restringem o potencial de aprendizagem de muitas maneiras. A boa notícia é que agora temos a ciência e uma riqueza de abordagens contrastantes comprovadas que destravam a aprendizagem e o potencial. Já discutimos dois dos principais mitos prejudiciais – a ideia de que os cérebros são fixos e que dificuldade é um sinal de fraqueza. Quando deixam de lado essas ideias errôneas, as pessoas mudam de forma profunda e produtiva.

Este capítulo trata de outro mito prejudicial e oferece a sua contraparte libertadora – a ideia de que para ser bom em matemática ou qualquer outra matéria, você precisa pensar rápido. Quando deixamos de lado a ideia de que a rapidez é importante e encaramos a aprendizagem como um espaço para pensar de maneira profunda e flexível, podemos avançar nas formas como lidamos com o mundo. O pensamento criativo e flexível é o tipo empregado pelos "pioneiros" em seus campos,[1] como mencionei no capítulo anterior, e está disponível para nós quando abordamos o conhecimento com uma nova perspectiva.

> **CHAVE DE APRENDIZAGEM # 5**
>
> A velocidade de pensamento não é uma medida de aptidão.
> A aprendizagem é otimizada quando abordamos ideias,
> e a vida, com criatividade e flexibilidade.

A matemática, mais do que outras matérias, foi prejudicada pela ideia de que para ser bom na matéria você precisa ser rápido, o que aconteceu, em parte, devido a práticas escolares prejudiciais, como testes cronometrados de fatos matemáticos, muitas vezes aplicados a crianças de apenas 5 anos de idade. Os pais também usam atividades matemáticas baseadas em rapidez, tais como *flashcards*, com seus filhos. Tudo isso faz parte da razão pela qual a maioria das pessoas associa matemática à velocidade, pensando que, se não forem rápidas com números, não poderão ser bem-sucedidas. Eu mostro ao público imagens como esta folha de exercícios.

Multiplicando por 12   NOME _____

2×12	12×12	6×12	7×12	6×12	12×12	4×12	8×12	2×12	5×12	12×12	4×12
9×12	4×12	12×12	2×12	3×12	3×12	6×12	4×12	11×12	6×12	7×12	2×12
1×12	8×12	5×12	12×12	9×12	7×12	11×12	6×12	2×12	2×12	7×12	12×12
7×12	5×12	1×12	12×12	8×12	6×12	8×12	3×12	0×12	6×12	4×12	2×12
5×12	12×12	4×12	2×12	6×12	11×12	4×12	9×12	3×12	8×12	3×12	2×12
6×12	4×12	12×12	12×12	12×12	0×12	9×12	4×12	8×12	5×12	2×12	7×12
5×12	1×12	8×12	12×12	7×12	4×12	12×12	5×12	9×12	1×12	3×12	7×12
8×12	9×12	5×12	5×12	6×12	11×12	7×12	3×12	6×12	5×12	8×12	5×12

Meta _____   Número de Acertos _____

Esses testes geralmente provocam gemidos, embora algumas pessoas (uma pequena minoria) digam que gostaram de fazê-los. Agora sabemos que testes de aritmética aplicados a crianças pequenas são, para muitos, o começo da ansiedade frente à matemática, e novas pesquisas sobre o cérebro nos ajudam a entender o processo pelo qual isso acontece.

OS EFEITOS DO ESTRESSE E DA ANSIEDADE

O neurocientista Sian Beilock estudou o cérebro quando as pessoas estão trabalhando sob pressão. Uma área cerebral específica, chamada de "memória operacional", é necessária quando fazemos cálculos. A memória operacional é por vezes referida como o "mecanismo de busca da mente" e, como todas as áreas do cérebro, se desenvolve por meio da prática. O que Beilock demonstrou é que, quando estamos estressados ou sob pressão, nossa memória operacional fica bloqueada.[2] Os alunos mais comprometidos são os que têm mais memória operacional, ou seja, quando os alunos recebem testes de matemática cronometrados e ficam ansiosos, como ocorre com muitos deles, sua memória operacional fica comprometida e eles não conseguem calcular as respostas. A ansiedade se instala, sendo logo sucedida por um padrão de crenças prejudiciais.

Talvez você conheça a sensação de estresse bloqueando seu cérebro. Por acaso você já teve que fazer um cálculo de matemática sob pressão e sentiu como se tivesse tido "um branco"? Essa é a sensação de estresse bloqueando sua memória operacional. Quando aplicamos testes cronometrados em crianças pequenas, muitas delas experimentam estresse, sua memória operacional fica comprometida e elas não conseguem se lembrar de fatos matemáticos. Quando percebem que não conseguem, a ansiedade se instala.

Dou aulas para estudantes de graduação em Stanford há muito tempo e, a cada ano, uma proporção substancial de meus alunos apresenta essa ansiedade e medo. Sempre pergunto aos que sofreram um trauma de matemática o que lhes aconteceu e quando. Quase todos os alunos me responderam da mesma maneira – lembrando os testes de matemática que fizeram no segundo ou no terceiro ano. Alguns ficavam ansiosos e não se saíam bem, ao passo que outros se saíam bem, mas os testes os fizeram pensar (como seria de esperar) que a matemática era uma matéria de evocação rasa, o que os levou a se afastarem da matéria.

A professora Jodi Campinelli descreveu um conjunto de eventos devastadores pelos quais passou quando era apenas uma criança pequena com dificuldades em testes cronometrados. No final do segundo ano, Jodi foi informada de que talvez tivesse que repetir de ano porque não se saiu bem nos testes cronometrados. Essa primeira parte da história já me deixa horrorizada, mas tem mais. Ela foi informada de que precisaria fazer aulas particulares com a diretora, o que Jodi descreve como "tortura". Somado a isso, seus pais a submeteram a testes cronometrados na cozinha à noite; eles colocavam ao lado dela um cronômetro que marcava o tempo enquanto ela trabalhava febrilmente nos cálculos.

É horrível pensar no estresse a que essa criança de segundo ano foi submetida. Passaram-lhe a ideia de que testes de aritmética eram uma indicação de sua inteligência, de seu valor como pessoa, e então lhe disseram que ela estava fracassando. Jodi muitas vezes não terminava os testes no tempo que seus pais lhe davam, ou, quando conseguia, cometia erros; sua mãe lhe dizia que estava tudo bem, pois ela também não era boa em matemática. Jodi disse que o som de um cronômetro na cozinha ainda a assusta até hoje, e não me surpreende ouvir isso.[3]

Jodi recebeu muitas mensagens negativas quando estava no segundo ano, e uma delas é o consolo de sua mãe, sem dúvida oferecido com as melhores intenções, dizendo-lhe que ela também era ruim em matemática. A pesquisa de Sian Beilock revelou associações interessantes que nos mostram o quanto essas mensagens são prejudiciais. Em um estudo, ela e seus colegas descobriram que a quantidade de ansiedade de matemática expressa pelos pais previa o desempenho de seus filhos na escola.[4] A quantidade de conhecimento de matemática que os pais tinham não importava, apenas quão ansiosos eles eram. E a ansiedade em relação à matemática afetava de forma negativa os alunos apenas se os pais ajudavam nos deveres de casa. Ao que parece, se os pais são ansiosos em relação à matemática, mas nunca interagem com os filhos na hora de estudar a matéria, a ansiedade não é transmitida. Mas se eles ajudam nos deveres de casa, provavelmente estão transmitindo a mensagem de que matemática é difícil ou que não são bons em matemática ou, pior ainda, estão armando uma cilada para seus filhos com cronômetros na cozinha.

Beilock e sua equipe também descobriram que o grau de ansiedade frente à matemática que as professoras do ensino fundamental têm prediz o desempenho de suas alunas – mas não de seus alunos.[5] Eu imagino que isso aconteça porque as professoras compartilham seus sentimentos sobre matemática por meio de declarações que já ouvi, como a óbvia "Eu não era boa em matemática na escola", e também, "Vamos terminar isso logo, para podermos passar para a hora de leitura". As meninas são mais afetadas do que os meninos por terem uma identificação de gênero com as professoras. Ambos os estudos mostram que as mensagens dos pais e professores sobre matemática podem reduzir o desempenho dos alunos, o que enfatiza mais uma vez a relação entre nossas crenças e nosso desempenho.

Felizmente, Jodi teve experiências melhores à medida que avançou na escola. Ela aprendeu sobre o mal de enfatizar-se a rapidez, e hoje é uma professora de matemática de ensino fundamental e médio que compartilha a mensagem de que o pensamento lento e profundo é o que importa. Com o tempo, aprendeu que o cronômetro em sua cozinha não estava medindo seu valor, e passou por um notável processo de tornar-se ilimitada. Saber que a velocidade não é importante foi uma chave particularmente significativa para ela.

AS NEUROCIÊNCIAS DA VELOCIDADE

A ironia das infelizes atividades matemáticas escolares baseadas na rapidez, nas quais as crianças são afastadas do pensamento matemático e científico pelo resto da vida porque não produzem fatos matemáticos rapidamente e sob pressão, é que a matemática não é uma matéria que exige rapidez. Alguns dos mais importantes pensadores matemáticos são muito lentos com números e com outros aspectos da matemática. Eles não pensam depressa; eles pensam de maneira lenta e profunda.

Nos últimos anos, alguns dos maiores matemáticos do mundo, incluindo aqueles que ganharam a Medalha Fields, como Laurent Schwartz[6] e Maryam Mirzakhani,[7] falaram abertamente sobre o quão lentos são com a matemática. Depois de ganhar a Medalha Fields, Schwartz escreveu uma autobiografia sobre sua vida escolar, na qual ele contou que se sentia burro na escola porque era um dos pensadores mais lentos. Ele diz:

> Eu estava sempre profundamente incerto a respeito de minha capacidade intelectual; eu achava que não era inteligente. Na verdade, eu era, e ainda sou, bastante lento. Eu necessito de tempo para entender as coisas, porque sempre preciso entendê-las completamente. No final da décima primeira série*, eu secretamente me considerava burro, o que me preocupou por muito tempo.
> Eu continuo lento... No final da décima primeira série, avaliei a situação e cheguei à conclusão de que a rapidez não tem uma relação precisa com a inteligência. O importante é entender profundamente as coisas e suas relações entre si. É aí que reside a inteligência. O fato de ser rápido ou lento não é realmente relevante.[8]

Em minha época de escola, eu pensava com rapidez, para o grande aborrecimento de minha professora de matemática do segundo ano do Ensino Médio. Ela começava a aula todos os dias escrevendo cerca de 80 exercícios no quadro. Eu me divertia enquanto ela fazia isso descobrindo todas as respostas tão rápido quanto ela era capaz de escrever as questões. Quando ela largava o giz e se virava em nossa direção, eu já tinha terminado tudo e lhe entregava minha folha. Ela nunca pareceu satisfeita, e uma vez me disse que eu só estava fazendo aquilo para irritá-la (há muito o que pensar nessa declaração). Ela examinava todas as minhas respostas na expectativa de encontrar algum erro, mas não me lembro de alguma vez ter cometido algum. Se pudesse voltar no tempo com o conhecimento que possuo agora, eu poderia sinalizar para minha professora que só estava terminando os exercícios com tanta rapidez porque eles não exigiam nenhum pensamento profundo ou complexo, embora isso provavelmente não fosse cair bem.

Na época em que estava resolvendo meus exercícios de matemática rapidamente, estava trabalhando sob o mito de que o importante é a velocidade. Em nosso sistema escolar arcaico, não é surpresa que milhões de estudantes acreditem que o que se valoriza é o desempenho rápido. Hoje, muitos anos depois, aprendi a abordar o conteúdo de outra forma. Não vejo mais os problemas matemáticos como algo a se responder rapidamente, mas como algo a se pensar de forma profunda e criativa. Essa mudança me ajudou muito. Agora obtenho mais não apenas do pensamento matemático, mas de qualquer leitura ou trabalho científico ou técnico. A modificação na minha abordagem me ajudou muito e alimentou minha paixão por ajudar

---

* Décima primeira série nos Estados Unidos corresponde ao 3º ano do Ensino Médio no Brasil.

os outros a desarmar esse mito dominante na busca de compreensão, criatividade e conexões.

O médico Norman Doidge diz que quando as pessoas aprendem algo rapidamente, é provável que elas estejam fortalecendo conexões neurais já existentes. Ele as descreve como conexões neurais que "assim como se formam, se desfazem facilmente", ou seja, podem ser rapidamente revertidas.[9] É o que acontece quando estudamos para uma prova e revisamos algo que já aprendemos. Nós colocamos a informação para dentro e a reproduzimos por um dia ou dois, mas ela não dura e é rapidamente esquecida. Alterações cerebrais mais permanentes resultam da formação de novas estruturas no cérebro – o florescimento de conexões neurais e sinapses. Esse processo é sempre lento.

Doidge refere-se a um estudo de pessoas aprendendo braile. Pesquisadores viram o desenvolvimento mais rápido do cérebro iniciar-se imediatamente, mas o desenvolvimento mais lento, mais profundo e permanente levou muito mais tempo. Foi esse aprendizado que durou e que ainda estava funcionando meses depois. Doidge tem um conselho para os aprendizes: se sua mente parecer uma peneira e você sentir que não está aprendendo, continue, pois o aprendizado mais profundo e efetivo acontecerá. Ele diz que as "tartarugas", que parecem lentas em adquirir uma habilidade, podem, contudo, aprendê-la melhor do que seus amigos "lebres", que aprendem rápido mas não necessariamente irão reter o que aprenderam sem a prática sustentada que solidifica sua aprendizagem.[9]

Quando as pessoas aprendem de maneira lenta e rápida, os professores muitas vezes presumem que elas têm um potencial diferente, mas na verdade elas estão envolvidas em atividade cerebral diferente, e a atividade lenta e profunda é mais importante. As escolas nos Estados Unidos tendem a valorizar o aprendizado mais rápido e superficial que pode ser avaliado por meio de testes, e os alunos que memorizam rapidamente em geral obtêm êxito usando essas medidas. Contudo, a pesquisa mostra que os estudantes que se esforçam mais e aprendem mais devagar têm melhor desempenho em longo prazo.

Uma das formas pelas quais o aprendizado rápido nos prejudica é quando os aprendizes mais lentos se comparam com os que trabalham mais rapidamente. Isso costuma resultar em sentimentos de inadequação para a tarefa em mãos. Nas escolas e faculdades por todo o país, vemos com frequência alunos desistindo de uma disciplina quando veem os outros trabalhando mais rápido. Nancy Qushair, que é chefe do departamento de matemática em uma escola do International Baccalaureate (IB), descreveu uma ocorrência comum: uma estudante que desistiu de si mesma porque viu os outros "entendendo matemática" com mais rapidez. Quando Millie ingressou na aula de Nancy, ela disse que odiava matemática e se descreveu como "burra". Ela escreveu um bilhete para Nancy com estas palavras:

> Eu olhava para as crianças sentadas ao meu lado e elas terminavam muito mais rápido do que eu. Elas já estavam prontas e eu mal tinha conseguido começar. E sempre me comparei com elas e sempre pensei: "Eu nunca vou conseguir fazer isso".

Millie não é a única com esses sentimentos, os quais, agora sabemos, fazem nossos cérebros não funcionar tão bem. Nancy decidiu mudar a trajetória de Millie, o que ela fez de maneira muito objetiva e minuciosa. Ela pediu a Millie que se concentrasse em si mesma, não nos outros, e que estabelecesse uma meta – algo que ela gostaria de realizar nas próximas semanas.

Millie disse que "finalmente" gostaria de entender números inteiros.

"Certo", disse Nancy. "Não estamos aqui para saber toda a matéria para o resto do ano. Vamos conhecer os números inteiros. Então vamos trabalhar juntas".

Nancy mostrou a Millie uma série de representações visuais – linhas numéricas, termômetros e fotos de bolsas Prada – sobre as quais pensar matematicamente. E ao longo do ano ela encontrou maneiras de Millie e os outros alunos trabalharem de forma mais criativa. No final do ano letivo, Millie era uma pessoa diferente e terminou o ano escrevendo este bilhete para Nancy:

> Prezada Srta. Qushair, eu só queria agradecer-lhe muito por ser uma grande professora. Não estou dizendo apenas que você foi uma grande pessoa. Estou dizendo que você é realmente uma boa professora. No começo, achei que seus vídeos sobre pessoas não serem aptas para a matemática estavam errados. Eu de fato me achava incapaz para matemática. Não me dava conta de que, se pensasse desse jeito, nunca conseguiria seguir adiante. Você, como professora, além de me ensinar a matéria, também me ensinou como eu vejo as coisas e como uso a matemática. Sou uma pessoa criativa, então matemática nunca foi o meu forte. Quando você começou a usar imagens e nos mostrar por que fazemos em vez de apenas como fazemos, comecei a entender. Eu sabia que assim que entendesse, teria que continuar. Você me ajudou muito com tudo. Faz quase um ano agora, e parece que já progredi tanto! Eu realmente não achava que conseguiria chegar

tão longe. "Apenas tente, Millie". Você sempre dizia isso e eu pensava, "Eu posso tentar, mas não vou, não vou conseguir". Eu estava muito errada. Você sabia que eu era capaz, o que me ajudou a superar as dificuldades o ano inteiro, então só queria lhe agradecer.

Millie diz algo muito esclarecedor nesse bilhete. Ela fala sobre o que sabemos ser tão importante – o fato de que Nancy acreditava nela e continuou transmitindo-lhe mensagens positivas. Mas ela também diz: "Quando você começou a usar imagens e nos mostrar por que fazemos em vez de apenas como fazemos, comecei a entender. Eu sabia que assim que entendesse, teria que continuar". Aqui, Millie captura um componente central da aprendizagem sobre o qual falei no capítulo anterior – não basta compartilhar mensagens positivas com os alunos; temos que lhes dar acesso à compreensão e a experiências de sucesso.

Isso nos leva de volta à abordagem multidimensional, na qual o processo de aprendizagem é aberto e criativo e tarefas visuais são dadas para ajudar os alunos a ver ideias matemáticas de uma forma diferente e serem bem-sucedidos. Essa abordagem é muito mais eficaz do que as técnicas rasas de memorização usadas no passado. E ainda assim, em muitas áreas, continuamos a promover habilidades de memória, embora agora saibamos que bons memorizadores não possuem maior potencial para matemática.[10] Os memorizadores acham que podem ser bem-sucedidos seguindo os métodos dos professores, muitas vezes sem desenvolver nenhum entendimento. Conheci muitos estudantes de matemática bem-sucedidos, até mesmo os que se especializaram em matemática nas melhores universidades, que lamentam não terem entendido nada do trabalho que realizaram ao longo dos anos. Quando valorizamos a memorização em detrimento da profundidade de compreensão, prejudicamos os pensadores profundos, que se afastam da matéria. Nós também prejudicamos os bons memorizadores que teriam sido ajudados por uma abordagem do conhecimento que lhes possibilitasse acesso a uma compreensão profunda.

Quando Nancy adotou uma abordagem visual da matemática e deu aos alunos *insights* sobre "por que fazemos em vez de como", Millie vivenciou seu primeiro sucesso. E uma vez tendo vivenciado isso, prosseguiu e começou a rejeitar o mito em que acreditava – que ela jamais seria boa em matemática.

Além de trabalhar para criar uma experiência matemática positiva para todos em sua sala de aula e nas outras turmas da escola, Nancy também identificou os alunos que já tinham desistido de si mesmos e trabalhou para mudar suas experiências. Ela passou a Millie deveres de casa que iriam ajudá-la a ver a matemática de forma diferente. Ela até providenciou para que pudesse sentar-se com Millie durante uma das provas na escola para mostrar-lhe como ela poderia responder às perguntas com métodos visuais. Antes de participar da aula de Nancy, Millie tirava D e F em matemática. No final do ano, com Nancy, ela conseguiu um B. Mais importante, ela entendeu a matéria e não acreditava mais que era ruim em matemática.

Nancy já trabalhou com todos os professores da sua escola para aprender as ideias que apresento neste livro, em meu livro *Mentalidades matemáticas* e nas minhas aulas *on-line*. Refletindo sobre as mudanças em toda a escola, ela disse:

> Jamais pensei que chegaria o dia de finalmente ver um grupo de professores apaixonados por ensinar às crianças e apaixonados pelo que estão ensinando em matemática. E mal posso esperar para ver a mudança em seus alunos. Não é só a minha turma. Não é só um aluno. São muitas crianças. São muitos os professores que se beneficiaram, e isso teve impacto em suas vidas diárias.

Essa maravilhosa história de transição que Nancy trabalhou para produzir em Millie – uma mudança de perspectiva e de abordagem que modificará a vida da aluna – destaca algumas das maneiras importantes pelas quais os alunos podem desenvolver mentes ilimitadas. Para entender melhor esse conceito, vamos nos aprofundar mais no mundo da aprendizagem de matemática com os resultados de um estudo fascinante que tem implicações para todos os professores e alunos, de qualquer disciplina, bem como para pais e líderes. O estudo revelou aspectos interessantes sobre o funcionamento da mente humana e o papel da flexibilidade.

PENSANDO COM FLEXIBILIDADE

Dois professores britânicos, Eddie Gray e David Tall, ambos da Universidade de Warwick, trabalharam com grupos de estudantes com idades entre 7 e 13 anos que tinham sido classificados por seus professores como de baixo, médio ou alto desempenho.[11] Os pesquisadores fizeram perguntas numéricas aos alunos, mostraram-lhes imagens e coletaram suas estratégias. Por exemplo, eles propuseram o problema 7 + 19, mostrando os números visualmente.

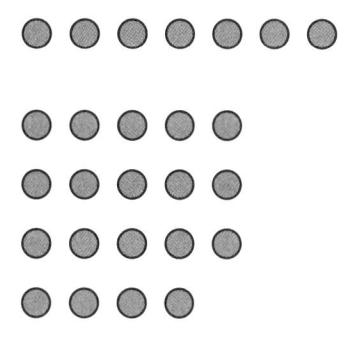

Os pesquisadores descobriram que a diferença entre os alunos de alto e baixo desempenho não era que os primeiros sabiam mais, mas que lidavam com os números de maneira flexível. Os pesquisadores categorizaram as diferentes estratégias: na estratégia de "contar tudo", os estudantes simplesmente contavam todos os números; na de "continuar contando", eles partiam de um número e contavam para cima; "fatos conhecidos" indicava quando os alunos se lembravam de fatos de matemática; e "senso numérico" indicava quando os alunos usavam números de forma flexível, por exemplo, abordando um problema de adição como 7 + 19 resolvendo 6 + 20. Estas foram as estratégias utilizadas pelos alunos de alto e baixo desempenho:

Alunos de alto desempenho:

Fatos conhecidos: 30%

Continuar contando: 9%

Senso numérico: 61%

Alunos de baixo desempenho:

Fatos conhecidos: 6%

Continuar contando: 72%

Contar tudo: 22%

Senso numérico: 0%

Os resultados foram surpreendentes. Os alunos de alto desempenho estavam pensando de maneira flexível; 61% deles usaram o senso numérico. Essa estratégia estava completamente ausente entre os alunos de baixo desempenho.

Os alunos de baixo desempenho desenvolveram estratégias de contagem, como continuar contando ou contar para trás (partir de um número e fazer contagem regressiva), e aderiram a essas estratégias, usando-as para todas as perguntas, até mesmo quando elas não faziam sentido. Os pesquisadores fizeram uma importante constatação: os alunos de baixo desempenho, que não estavam pensando de maneira flexível, estavam aprendendo uma matemática diferente, e a matemática que estavam aprendendo era mais difícil. Eles ilustram isso com o problema 16 – 13.

Os alunos de baixo desempenho abordaram o cálculo de 16 – 13 fazendo contagem regressiva, o que na verdade é bastante difícil, havendo muito espaço para erro (tente partir de 16 e contar 13 números para trás). Os alunos de alto desempenho lidaram com os números de maneira flexível, subtraindo 3 de 6 e 10 de 10 para chegar a 3. Esse tipo de flexibilidade com números é de extrema importância, mas quando os alunos são treinados para memorizar fatos de matemática cegamente e trabalhar com algoritmos antes de entendê-los, eles recorrem automaticamente à memorização e nunca desenvolvem a capacidade de pensar nos números de maneira flexível.

Alunos que parecem ter baixo desempenho nos primeiros anos de escola, em particular com problemas numéricos, são com frequência separados e treinados – uma abordagem de "treinar e praticar" apropriadamente apelidada por muitos alunos de "treinar e morrer"*. Isso é provavelmente a última coisa de que eles precisam. Eles estão desempenhando abaixo do esperado porque abordam a matemática da forma errada, achando que precisam usar métodos memorizados. Eles memorizaram estratégias de contagem que continuam usando mesmo quando o senso numérico teria sido muito mais útil. Em vez de serem treinados, eles precisam se envolver com os números de maneira flexível e criativa. Eles precisam abordar os números de outra forma.

APRENDIZAGEM CONCEITUAL

O que significa abordar os números conceitualmente? Essa ideia pode parecer estranha para muitos leitores que sempre foram encorajados a abordar os

---

* N. de T. A abordagem conhecida em inglês como *"drill and practice"* acaba sendo chamada pelos alunos de *"drill and kill"*.

números como métodos, fatos e regras. Gray e Tall distinguem conceitos de métodos na matemática inicial, como mostra o gráfico a seguir.

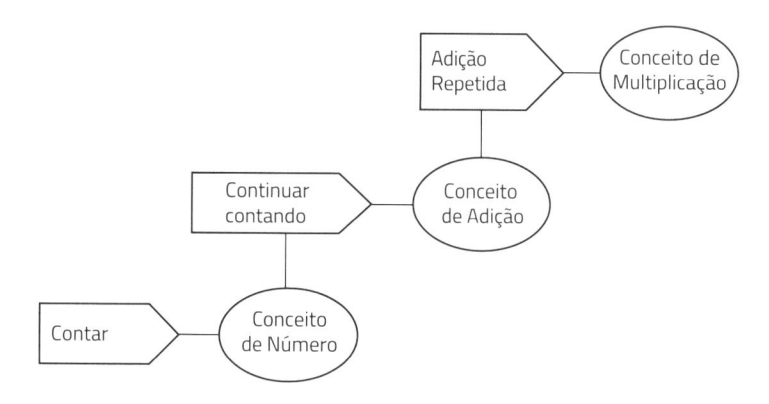

```
                         Adição      →    Conceito de
                        Repetida           Multiplicação
                             |
          Continuar     →  Conceito
          contando         de Adição
                             |
   Contar →   Conceito
              de Número
```

Aprendemos métodos, tais como contar, para desenvolver o conceito de número. Aprendemos a "continuar contando" a fim de desenvolver o conceito de adição, e aprendemos adições repetidas para desenvolver o conceito de multiplicação. A matemática é uma matéria conceitual, mas muitos alunos não a aprendem conceitualmente; eles a aprendem como um conjunto de regras ou métodos a serem memorizados. Como discutido, isso acaba sendo um problema sério para muitos alunos, e algumas pesquisas fascinantes sobre o cérebro esclarecem as razões.

Quando adquirimos um novo conhecimento, ele ocupa um grande espaço no cérebro – literalmente – pois o cérebro elabora o que ele significa e onde ele se conecta com outras ideias já aprendidas. Todavia, à medida que o tempo passa, os conceitos que aprendemos são compactados em um espaço menor. As ideias ainda estão lá, de modo que, quando precisamos delas, podemos rápida e facilmente "puxá-las" de nosso cérebro e usá-las; elas apenas ocupam menos espaço. Se eu fosse ensinar aritmética aos alunos da educação infantil, os conceitos ocupariam um grande espaço em seus cérebros. Mas se eu pedisse a adultos que somassem 3 e 2, eles o fariam rapidamente, puxando a resposta de seu conhecimento compactado de adição. William Thurston, um matemático que ganhou a Medalha Fields, descreveu a compactação da seguinte forma:

> A matemática é surpreendentemente compressível: você pode se esforçar por um longo tempo, passo a passo, para resolver o mesmo processo ou ideia de

diversas formas. Mas depois que você de fato entendeu e tem a perspectiva mental de vê-la como um todo, há frequentemente uma tremenda compactação mental. Você pode arquivá-la, recuperá-la rápida e completamente quando precisar e usá-la apenas como um passo em algum outro processo mental. O *insight* que acompanha essa compactação é uma das verdadeiras alegrias da matemática.[12]

Você pode estar pensando que poucos alunos descrevem a matemática como uma "verdadeira alegria", e parte da razão para isso é que só é possível compactar conceitos. Assim, quando os alunos estão tendo um envolvimento conceitual com a matemática – considerando ideias de diferentes perspectivas e usando números de modo flexível –, eles estão desenvolvendo uma compreensão conceitual, criando conceitos que podem ser compactados no cérebro. Quando os alunos acreditam que a matemática significa memorização, não estão desenvolvendo uma compreensão conceitual nem formando conceitos que podem ser compactados.[11] Em vez de conceitos compactados no cérebro, seu conhecimento matemático é mais como uma escada de métodos memorizados que se empilham um sobre o outro, estendendo-se, como pode parecer a esses alunos, até o céu.

Quando conto aos professores e pais sobre essa pesquisa, eles me perguntam: "Como posso fazer meus alunos aprenderem conceitualmente?". Há muitas maneiras de envolver os alunos conceitualmente. Em primeiro lugar, é importante dar-lhes acesso às razões pelas quais os métodos funcionam, e não apenas lhes dar métodos para memorizar. No capítulo anterior, falei sobre o valor de perguntar aos alunos como eles veem uma ideia, o que pode ajudar muito a compreendê-la conceitualmente.

Outra abordagem conceitual do ensino e aprendizado de números, chamada de "conversas numéricas", foi criada pelos educadores Ruth Parker e Kathy Richardson e desenvolvida por Cathy Humphreys e Sherry Parrish. O método envolve falar sobre diferentes maneiras de abordar problemas numéricos. Em uma "conversa numérica", pede-se aos alunos que façam um cálculo numérico de cabeça, sem usar papel e lápis, e depois os professores coletam os diferentes métodos usados. Quando ensino as pessoas a usar conversas numéricas, também recomendo que elas coletem representações visuais, para estimular a ativação de diferentes rotas cerebrais. Para entender isso de forma mais profunda, tente calcular 18 x 5 de cabeça antes de ler ou ver antecipadamente algumas soluções.

Aqui estão seis maneiras diferentes de calcular 18 x 5 (há mais) com suas representações visuais.

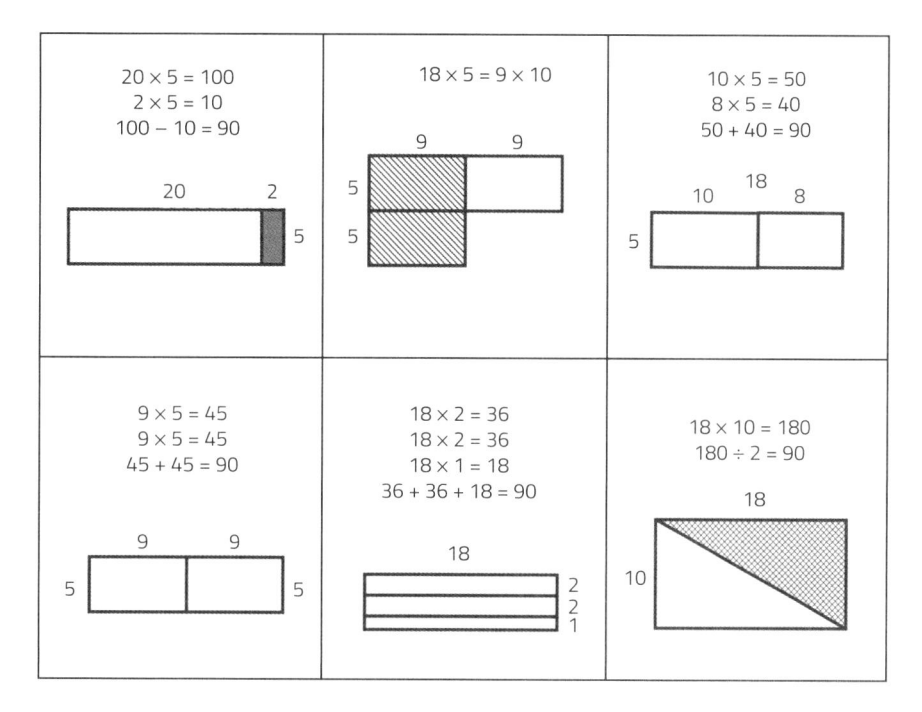

$20 \times 5 = 100$ $2 \times 5 = 10$ $100 - 10 = 90$	$18 \times 5 = 9 \times 10$	$10 \times 5 = 50$ $8 \times 5 = 40$ $50 + 40 = 90$
$9 \times 5 = 45$ $9 \times 5 = 45$ $45 + 45 = 90$	$18 \times 2 = 36$ $18 \times 2 = 36$ $18 \times 1 = 18$ $36 + 36 + 18 = 90$	$18 \times 10 = 180$ $180 \div 2 = 90$

Podemos propor todos os tipos de problemas numéricos diferentes e resolvê-los de diversas maneiras, decompondo os números e tornando-os mais "amigáveis", como 20, 10, 5 ou 100. Isso facilita os cálculos e estimula a flexibilidade numérica, algo que está no cerne do senso numérico. Devemos celebrar com os alunos as muitas maneiras diferentes pelas quais a matemática pode ser vista e resolvida, em vez de ensinar matemática como uma lista de métodos a serem lembrados.

Quando mostro as diferentes maneiras pelas quais podemos abordar até mesmo um problema numérico a diversas plateias, muitas pessoas expressam surpresa e têm uma sensação de libertação. Um dia fui convidada para conhecer o incrível professor e inventor Sebastian Thrun e sua equipe na Udacity. Thrun inventou os carros autônomos e foi um dos primeiros criadores de cursos *on-line* abertos e massivos (MOOCs). Atualmente ele está trabalhando no projeto de carros voadores. Entrevistei-o em meu primeiro curso *on-line* para docentes para ajudar a divulgar suas ideias sobre matemática e ensino.

Quando conheci Sebastian, ele me convidou para visitar a Udacity e conversar com sua equipe. Naquele dia, reuni-me com seus engenheiros em uma sala lotada. Os que couberam sentaram-se ao redor de uma grande mesa, e os outros ficaram de pé junto às paredes. Sebastian me perguntou sobre boas formas de abordar a matemática, então perguntei aos presentes se eles gostariam de resolver um problema de matemática juntos. Eles concordaram avidamente. Pedi-lhes que resolvessem 18 x 5 e então coletei os diferentes métodos usados, anotando-os em um quadro e mostrando as imagens uma a uma. O grupo ficou surpreso, tanto que alguns dos integrantes da equipe imediatamente saíram às ruas e começaram a entrevistar transeuntes, pedindo-lhes que resolvessem 18 x 5. Eles então criaram um minicurso *on-line* de 18 x 5 e imprimiram camisetas com essa estampa, que passaram a vestir na Udacity.

Mostrei a mesma abordagem a outro líder de tecnologia incrível, Luc Barthelet, que liderou o desenvolvimento de produto da *SimCity* e na época era o diretor executivo do Wolfram Alpha, um *site* de dados computacionais *on-line*. Ele ficou tão entusiasmado com isso que começou a pedir a todos que encontrava que resolvessem o problema. Evidentemente, 18 x 5 não é o único problema que pode ser resolvido de diversas formas. Essas diferentes pessoas – usuários de matemática de alto desempenho – sentiram-se livres quando viram que os problemas de matemática podiam ser abordados de várias maneiras criativas.

Por que as pessoas ficam tão surpresas com essa abordagem multidimensional e criativa da matemática? Uma pessoa que tinha passado pelo exercício de 18 x 5 ficou impressionada. Ela disse: "Não é que eu não soubesse que era possível fazer isso com os números, mas de certa forma achava que 'não era permitido'".

Um professor da Inglaterra relatou sua experiência com conversas numéricas. Ele experimentou uma conversa numérica em seu grupo de alto desempenho e começou com o problema 18 x 5. Os alunos compartilharam voluntariamente diferentes métodos para resolvê-lo e realizaram uma boa discussão. Ele então fez a mesma pergunta ao seu grupo de baixo desempenho, mas só obteve silêncio como resposta. Os alunos souberam calcular a resposta com um algoritmo, mas não apresentaram outras abordagens. Ele sugeriu que os alunos pensassem em outras maneiras, por exemplo, resolvendo 20 x 5. A turma ficou pasma e lhe disse: "Mas, senhor, achávamos que não podíamos fazer isso". Os alunos de alto desempenho tinham aprendido a lidar com os números com flexibilidade, e os alunos de baixo desempenho, não; eles achavam que a flexibilidade numérica "não era permitida".

Fica evidente o dano que foi feito na educação matemática – as pessoas pensam que a flexibilidade numérica não é permitida e que a matemática envolve apenas seguir regras. Não é de admirar que muitas pessoas se afastem da matéria. Esse é um problema que tenho notado em várias ocasiões. É um problema para todos os estudantes e para a nossa nação, mas parece ser um problema em especial para os alunos de baixo desempenho, como sugere o exemplo de ensino e a pesquisa de Gray e Tall.

Uma abordagem particularmente útil na resolução de problemas matemáticos é chamada "tomar um caso menor". Quando abordamos um problema complexo experimentando com números menores, os padrões inerentes ao problema ficam mais claros e visíveis. Considere, por exemplo, a elegante prova que veio a ser conhecida como a prova de Gauss. Este é um daqueles adoráveis padrões matemáticos que pode ser visto em todos os tipos de situações e tem serventia para todos que o conhecem, quer no ensino ou na educação de crianças que estudam matemática ou não.

Carl Friedrich Gauss foi um matemático alemão que viveu no século XIX. Não sei o quão fiel é essa conhecida história sobre Gauss quando criança, mas é uma boa história! Quando o jovem Gauss estava no ensino fundamental, sua professora percebeu que precisava propor-lhe problemas que o desafiassem, então passou-lhe um problema que achava que o ocuparia por um bom tempo. Ela lhe pediu que ele somasse todos os números de 1 a 100. Mas o jovem Gauss identificou padrões interessantes e percebeu que não precisava somar todos os números. Ele notou que a soma de 1 e 100 era 101, e que a soma de 2 e 99 era 101, e que a soma de 3 e 98 seria 101. Ele viu que tinha 50 pares cuja soma era 101 e que o total era 50 x 101.

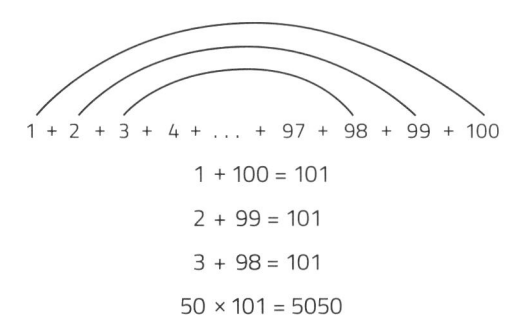

$$1 + 2 + 3 + 4 + \ldots + 97 + 98 + 99 + 100$$

$$1 + 100 = 101$$

$$2 + 99 = 101$$

$$3 + 98 = 101$$

$$50 \times 101 = 5050$$

Para entender os padrões na prova de Gauss, é útil tomar um caso menor – por exemplo, observar o que acontece com os números de 1 a 10.

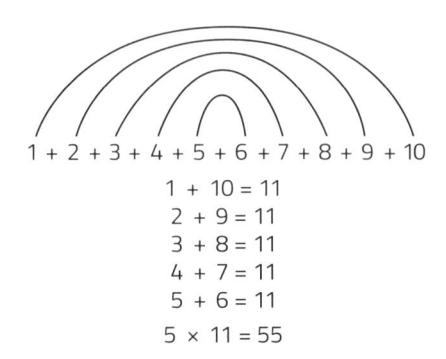

$$1 + 2 + 3 + 4 + 5 + 6 + 7 + 8 + 9 + 10$$

$$1 + 10 = 11$$
$$2 + 9 = 11$$
$$3 + 8 = 11$$
$$4 + 7 = 11$$
$$5 + 6 = 11$$
$$5 \times 11 = 55$$

Esse conjunto de números menor nos ajuda a ver o que está acontecendo e a razão pela qual parear números que são um maior e um menor do que o par anterior resulta na mesma soma. Se você quiser um desafio extra e uma oportunidade para crescimento cerebral, considere como o método de Gauss pode funcionar com um número ímpar de números sucessivos.

Tomar um caso menor é um ato inerentemente matemático, mas quando o ensino a estudantes, os de baixo desempenho resistem. Eu entendo por quê. Eles aprenderam que a matemática é um conjunto de regras a seguir. A ideia de não responder a pergunta que lhes é dada, mas fazer uma pergunta diferente, adaptando a pergunta, lhes é completamente estranha e parece quebrar as "regras" que aprenderam.

Aprender a brincar com os números e ver a matemática como uma matéria que pode ser tratada de maneira aberta e multidimensional me parece ser uma atitude decisiva perante a vida. Não digo isso para ser excessivamente dramática, mas porque sei que quando as pessoas encaram a matemática de modo diferente, elas veem seu potencial de outra maneira, o que muda suas vidas e oferece acesso a experiências que elas não teriam de outra forma. Além de lhes permitir serem bem-sucedidas em matemática e avançar em matérias de STEM na escola e além, isso lhes proporciona uma alfabetização quantitativa que as ajudará a entender finanças, estatísticas e outras áreas relacionadas à matemática em suas vidas.

Quando os professores oferecem aos alunos uma experiência de matemática aberta, conceitual e de duração indeterminada, isso é incrivelmente libertador. A professora do quarto ano Nina Sudnick, em Ohio, conta a história de uma aluna que teve uma experiência libertadora após um problema de matemática conceitual. Durante seu primeiro ano de ensino, Nina ficou chocada com o pouco que seus alunos sabiam, apesar de ser seu quinto ano estudando matemática. Nina queria entender melhor e acabou lendo um dos meus livros anteriores, *O que a matemática tem a ver com isso?* Ela lembrou:

> Eu estava lendo aquele livro, e se eu mostrá-lo a você, acho que quase todas as frases estão sublinhadas. Meu cérebro estava explodindo por causa de ideias diferentes que sempre tinham me incomodado, mas que nunca havia conseguido articular. Eu não conseguia entender por que esses alunos haviam tido tanta dificuldade.

Nina voltou para a escola depois do verão e mudou sua forma de ensinar. No final do primeiro ano, 64% dos seus alunos tinham pontuado nos níveis de proficiência. No ano seguinte, depois que Nina modificou seus métodos de ensino, esse número subiu para 99%.

Uma das mudanças importantes que Nina fez foi no modo de lidar com suas avaliações diárias e semanais. Em vez de marcar as provas com sinais de erro e acerto e devolvê-las aos alunos, um processo que lhes transmite mensagens fixas sobre seu desempenho, Nina começou a escrever comentários sobre os trabalhos deles, apontando o que eles entenderam e o que estavam apenas começando a entender. No início, quando os alunos recebiam de volta suas folhas de prova, eles ficavam procurando erros e acertos, sem conseguir encontrar nenhum. Nina diz que agora vê o desempenho em provas como uma indicação de onde eles se situam em um âmbito de compreensão.

Nina também propôs aos alunos problemas de matemática mais abertos e conceituais. Um dos problemas que ela passou a seus alunos veio de nossa "Semana da Matemática Inspiradora"– um conjunto de problemas abertos e criativos que compartilhamos uma vez por ano no Youcubed. Este foi um problema sem resolução na história da matemática, chamado de conjectura de Collatz, e nós o enunciamos da seguinte forma:

- Comece com qualquer número inteiro.
- Se o número for par, divida-o por 2 (divida ao meio).
- Se o número for ímpar, multiplique por 3 e adicione 1.
- Continue aplicando essas regras ao resultado, até sua sequência terminar.
- Escolha outro número e crie a sequência. O que você acha que vai acontecer?

Ninguém jamais encontrou uma sequência de números que não termine em 1 ou provou por que isso acontece. O problema também é conhecido como números de granizo, por causa do padrão formado pelos números, comportando-se como pedras de granizo em uma nuvem no modo como sobem e depois voltam a descer.

Os pingos de chuva são empurrados pelo vento acima do ponto de congelamento, onde eles circulam, congelam e crescem até ficarem pesados o suficiente para se precipitarem na forma de granizo.

Como se formam as pedras de granizo

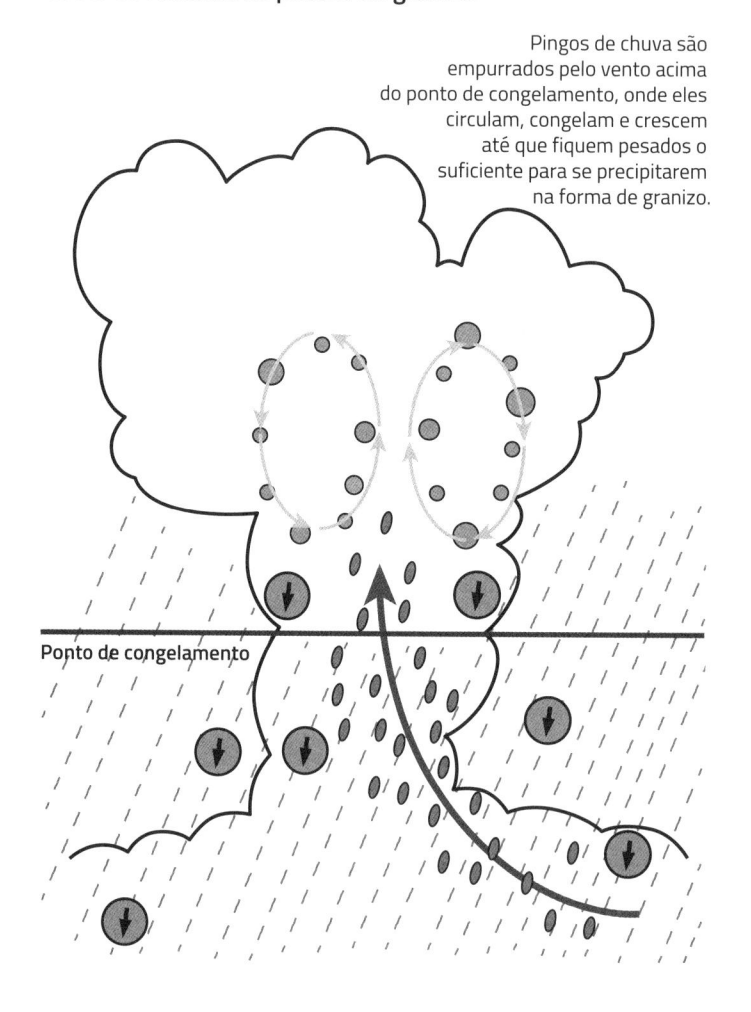

Pingos de chuva são empurrados pelo vento acima do ponto de congelamento, onde eles circulam, congelam e crescem até que fiquem pesados o suficiente para se precipitarem na forma de granizo.

Ponto de congelamento

Ainda que ninguém tenha resolvido esse problema, decidimos que ele era adequado para alunos do terceiro ano e mais velhos. Muitos professores o propuseram a seus alunos, desafiando-os a serem a primeira pessoa a encontrar um padrão que não terminasse em 1, o que, é claro, eles adoraram. No Twitter, vimos muitas fotos postadas por professores, produzindo belas representações dos padrões.

Uma das alunas de Nina era Jodi, uma menina cuja condição de saúde a fez perder muitas aulas durante o ano e diversas vezes a impediu de fazer o dever de casa. Embora a matemática nunca tenha sido uma matéria da qual Jodi gostasse, ela ficou encantada com o problema do granizo. Um dia, Nina notou que Jodi estava andando com os bolsos cheios de pedacinhos de papel. Transcorridas algumas semanas, Nina reparou que os bolsos foram ficando cada vez maiores, até os pedaços de papel começarem a cair. Por fim, Nina perguntou à aluna o que eram aqueles papéis. Jodi enfiou a mão no bolso e entregou a Nina os rabiscos dos diferentes padrões que vinha experimentando. Nina estivera trabalhando diligentemente por semanas na conjectura de Collatz, experimentando um padrão atrás do outro. Nina refletiu:

> Ela conhece o padrão, e se sente muito orgulhosa disso, Jo. E eu pensei, "Não me importo se você não fizer mais nenhum dever de casa pelo resto do ano. [risadinha] Continue trabalhando nos números de granizo". Muitos alunos diziam: "Nossa! Toda vez que aparece o 16, o padrão é o mesmo". E eu penso, "É verdade". Jodi se sentiu bem-sucedida. Provavelmente a primeira vez em todos os seus anos de matemática, então te agradeço por isso.

O impacto de depender da memorização e não da aprendizagem conceitual em matemática que vemos em nossos sistemas educacionais foi claramente demonstrado em uma recente análise realizada pela equipe do Programa Internacional de Avaliação de Alunos (PISA). O PISA, teste de resolução de problemas administrado pela Organização para Cooperação e Desenvolvimento Econômico (OCDE) em Paris, é realizado a cada três anos entre jovens de 15 anos em todo o mundo. Fui convidada a visitar a equipe do PISA em Paris há alguns anos para ajudá-los com as análises que estavam sendo conduzidas.

Representações Visuais de Padrões Numéricos

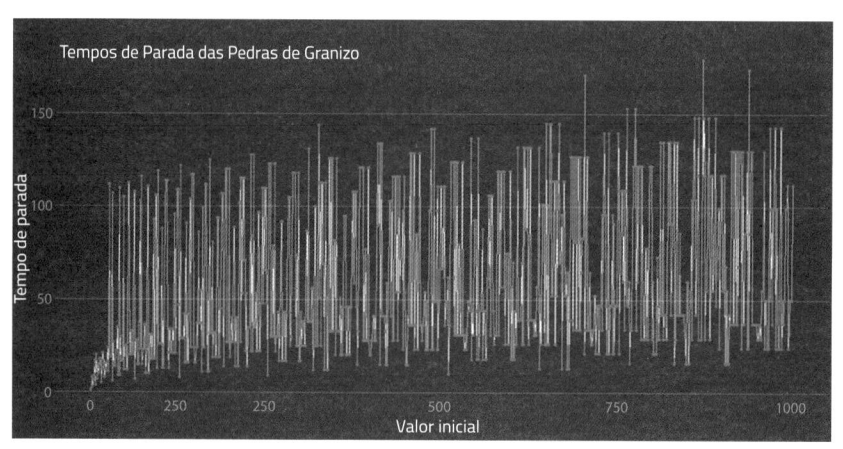

Os Alunos Marcam os Tempos de Parada de Cada Número

Puxei uma cadeira junto à mesa na minha primeira manhã em Paris, e a primeira coisa que a equipe do PISA me disse foi: "Qual é o problema dos americanos com o pi?". Eles estavam se referindo ao fato de que, em todas as questões envolvendo pi (a razão entre o comprimento da circunferência e seu diâmetro, um número irracional que começa com 3,14), os alunos americanos se saíram muito mal, ficando em último ou perto dos últimos colocados no mundo. Eu tinha uma resposta para eles.

Tendo me mudado do Reino Unido para os Estados Unidos, sempre notei algo curioso sobre o ensino do pi. Nos Estados Unidos, as crianças são ensinadas a memorizar o maior número possível de dígitos. O número é muitas vezes encurtado para 3,14 mas se estende infinitamente. Isso leva os estudantes dos Estados Unidos a pensar no pi como um "número que se prolonga para sempre", o que parece obscurecer seu real significado como a razão entre a circunferência e o diâmetro de um círculo. A relação que ele representa é, na verdade, dinâmica e fascinante, porque não importa o "tamanho" do círculo que medimos, a relação entre a circunferência e o diâmetro é sempre a mesma.

Recentemente pedi a professores que perguntassem a seus alunos o significado de pi, para ver o que eles diriam. De fato, os professores relataram que seus alunos disseram que pi era um número muito longo. Ninguém mencionou círculos ou as relações dentro deles. Não é de admirar que os estudantes tenham se saído tão mal em todas as questões envolvendo círculos no PISA. Não há nada de errado em se divertir com o pi e pedir aos alunos que memorizem dígitos, mas essas atividades devem ser acompanhadas por investigações mais profundas de círculos e suas relações.

Naquele ano de 2012, a equipe do PISA realizou uma análise não apenas das pontuações dos alunos nos testes, mas também de suas abordagens de aprendizagem. Além das questões de matemática, a equipe fez uma sondagem, perguntando aos alunos como eles aprenderam. As abordagens se dividiram em três categorias gerais. Na abordagem de memorização, os alunos tentaram memorizar tudo que "decoraram". Na abordagem relacional, os alunos relacionaram novas ideias às que já conheciam. E na abordagem de automonitoramento, eles avaliaram o que sabiam e descobriram o que precisavam aprender.

Em todos os países, os estudantes que adotaram uma abordagem de memorização foram os que alcançaram o menor nível, e países que tiveram um grande número de memorizadores – os Estados Unidos foram um deles – ficaram entre os de menor desempenho no mundo.[13] Na França e no Japão, por exemplo, os alunos que combinaram estratégias de automonitoramento e relacionais superaram os alunos que usaram memorização pelo equivalente a mais de um ano de educação escolar. O estudo mostrou, em nível internacional, que adotar uma abordagem de aprendizagem por memorização não traz alto desempenho, ao passo que refletir sobre ideias e relações, sim.

Como vimos na pesquisa, o ensino de matemática nos Estados Unidos está seriamente avariado. A matemática pode ser uma bela disciplina de ideias e conexões passíveis de serem abordadas de maneira conceitual e criativa, mas os estudantes que frequentam escolas que tratam a matemática como sinônimo de memorização de procedimentos, e que valorizam quem sabe memorizar e rapidamente regurgitar o que memoriza, afastam da matéria aqueles que pensam de forma lenta e profunda. Mesmo os que são bem-sucedidos desenvolvem um relacionamento empobrecido com a matemática. Quando as pessoas vão ao encontro do conhecimento de outra forma, as portas se abrem para um mundo diferente. Elas aprendem conceitos que são compactados no cérebro e constroem uma base sólida de compreensão. Elas são capazes de incluir o pensamento matemático em seu *kit* de ferramentas e usá-lo não somente na aula de matemática, mas em todas as áreas disciplinares. Em nosso atual sistema, alguns alunos de alto desempenho aprendem a pensar com flexibilidade e tornam-se pioneiros em diferentes campos.

Professores como Marc Petrie, sobre o qual falei no capítulo anterior, e Nina Sudnick, neste capítulo, eram bons professores antes de conhecerem as ideias que compartilho neste livro, e muitos alunos tiveram sucesso em suas aulas. Mas agora que eles abordam a matemática com profundidade e criatividade e ensinam aos alunos a importância do pensamento profundo, o número de alunos bem-sucedidos nas aulas de ambos é significativamente maior.

Desenvolver um bom relacionamento com a matemática, como diz Bob Moses, um dos líderes mais influentes do movimento de direitos civis na década de 1960, é um direito civil, o qual abre portas na escola e na vida. Muitas pessoas acreditam que uma maior compreensão e proficiência resultam de um maior conhecimento e consideram o acúmulo de conhecimento sua tarefa na aprendizagem. Mas a pesquisa nos mostra que as pessoas mais eficazes e de melhor desempenho empregam um pensamento flexível. Na verdade, maiores quantidades de conhecimento inibem o pensamento criativo e flexível, um modo de trabalhar muito necessário e valorizado.[14] É por essa razão que quando os problemas exigem soluções criativas que envolvem a identificação de padrões e conexões imprevistas, profissionais treinados muitas vezes não logram êxito e pessoas de fora conseguem resolvê-los.

Adam Grant escreveu um livro intitulado *Originals: How Non-Conformists Move the World*, no qual argumenta que há muito tempo valorizamos os alunos que seguem regras e memorizam. Ele observa que estudantes norte-americanos geralmente considerados "prodígios" – aqueles que "aprendem a ler aos 2 anos, tocam Bach aos 4, aprendem cálculo sem dificuldade aos 6" – raras vezes mudam o mundo. Quando estudamos as pessoas mais influentes da história, elas raramente são as que foram consideradas "superdotadas" ou "gênios" em sua infância. Em vez disso, as pessoas que se destacam na escola costumam "aplicar suas extraordinárias habilidades de maneiras comuns, dominando seus trabalhos sem questionar padrões e sem produzir ondas". Grant conclui: "Apesar de confiarmos nelas para manter o mundo funcionando sem problemas, elas nos mantêm correndo em uma esteira".[15] As pessoas que realmente mudam o mundo são pensadores criativos e flexíveis, pessoas que pensam fora e não dentro dos padrões.

Muitas pessoas sabem que o pensamento criativo e flexível é valioso, mas não o associam à matemática. Ao contrário, elas veem a hora da matemática como uma área em que devem seguir regras e ser obedientes. Mas quando combinamos matemática com criatividade, abertura e pensamento inovador, ela é maravilhosamente libertadora, algo que todo mundo merece conhecer e experimentar, e quem o faz não volta atrás.

As vantagens do pensamento profundo e flexível se aplicam a todas as matérias e possibilidades da vida. Não sabemos quais problemas as pessoas precisarão resolver no futuro, mas é provável que sejam problemas com os quais nunca sonhamos. Encher nossas mentes com conteúdo que podemos reproduzir rapidamente não nos ajudará a resolver os problemas do futuro; em vez disso, treinarmos nossas mentes para pensarmos de maneira profunda, criativa e flexível parece muito mais útil. Constatou-se que o pensamento dos "desbravadores" cujos cérebros foram estudados é mais flexível do que o de pessoas comuns. Eles aprenderam a encarar os problemas de formas diferentes e não apenas confiar na memória. A rapidez e as abordagens fixas só nos levarão até aqui. No mundo da educação e além, todos devemos desafiar os pressupostos a respeito dos benefícios da rapidez e da memorização e em seu lugar focar na aprendizagem flexível e criativa, o que nos ajudará a desbloquear o nosso potencial e o dos outros como aprendizes.

6

UMA ABORDAGEM ILIMITADA DA COLABORAÇÃO

As cinco primeiras chaves que ajudam a liberar o poder ilimitado de nosso potencial de aprender – e de viver – baseiam-se no conhecimento das seguintes ideias:

- Plasticidade e crescimento cerebral
- O impacto positivo de desafios e erros em nossos cérebros
- Crenças e mentalidades
- Uma abordagem multidimensional do conteúdo que aumenta a conectividade do cérebro
- Pensamento flexível

Todas essas chaves podem destravar as pessoas e, às vezes, apenas uma delas pode ser incrivelmente libertadora. Por exemplo, se você acredita que não é capaz de aprender em uma determinada área ou que ela só está ao alcance de pensadores rápidos, o conhecimento de que essas ideias estão incorretas pode te liberar para seguir o caminho que escolheu. Neste capítulo, compartilharei uma sexta chave que funciona para desbloquear as pessoas, mas que também pode ser um produto do desbloqueio. A chave está centrada em conectar-se com as pessoas e com uma infinidade de ideias. Conexões e colaborações têm muito a oferecer ao processo de aprender e de viver.

> **CHAVE DE APRENDIZAGEM # 6**
>
> Conectar-se com pessoas e ideias expande as rotas neurais e a aprendizagem.

POR QUE A COLABORAÇÃO É IMPORTANTE?

Ao longo da minha vida, deparei-me com um pequeno número de situações fascinantes, algumas através de pesquisas e outras por meio da experiência pessoal, nas quais a colaboração e a conexão produziram resultados surpreendentes. Algumas delas têm relação com a aprendizagem, outras com a busca da equidade, e algumas com o avanço das ideias, mesmo diante de forte oposição. Esses diferentes casos lançam luz sobre algo que as neurociências também estão mostrando – quando nos conectamos com as ideias de outras pessoas, há múltiplos benefícios para nossos cérebros e nossas vidas.

Uri Treisman, matemático da Universidade do Texas em Austin, lecionava na Universidade da Califórnia, em Berkeley. Enquanto estava em Berkeley, Uri percebeu que 60% dos estudantes afro-americanos que cursavam cálculo estavam sendo reprovados na disciplina. Isso fazia muitos desistirem da faculdade. Uri começou a examinar mais dados da universidade e constatou que nenhum estudante chinês era reprovado em cálculo, então ele se perguntou: qual é a diferença entre esses dois grupos culturais que parece estar causando tal discrepância?

Inicialmente, Uri perguntou aos outros professores de matemática qual era, em sua opinião, a razão disso. Eles sugeriram algumas: talvez os alunos afro-americanos ingressassem na faculdade com notas de matemática mais baixas ou com um histórico matemático insuficiente; talvez viessem de lares menos abastados. Nenhuma dessas razões sugeridas estava correta. O que Uri descobriu, a partir do estudo dos alunos em atividade, foi que havia uma diferença – os alunos afro-americanos trabalhavam em problemas de matemática sozinhos, ao passo que os alunos sino-americanos trabalhavam de forma colaborativa. Os estudantes chineses trabalhavam nos problemas de matemática em seus dormitórios e nos refeitórios, pensando sobre eles juntos. Por outro lado, os estudantes afro-americanos trabalhavam sozinhos em seus dormitórios e, quando enfrentavam problemas, decidiam que simplesmente não eram pessoas aptas para matemática e desistiam.

Uri e sua equipe montaram oficinas para os alunos mais vulneráveis, incluindo estudantes negros. Eles criaram o que Uri descreve como "um ambiente acadêmico desafiador, porém emocionalmente favorável".[1] Nas oficinas, os alunos trabalharam juntos em problemas de matemática, considerando juntos o que seria necessário para atingir os níveis mais altos em diferentes problemas. A melhoria acadêmica resultante das oficinas foi significativa. Em dois anos, a taxa de reprovação dos alunos afro-americanos caiu para zero, e os alunos afro-americanos e latinos que participaram das oficinas estavam superando seus colegas brancos e asiáticos. O resultado foi impressionante, e Uri continuou esta abordagem em Austin. Sua abordagem já foi usada em mais de 200 instituições de ensino superior. Ao escrever sobre a experiência, Uri diz:

> Conseguimos convencer os alunos em nossa orientação de que o êxito na faculdade exigiria que eles trabalhassem com seus colegas, para criar para si uma comunidade baseada em interesses intelectuais compartilhados e objetivos profissionais comuns. Contudo, foi preciso certo esforço para ensiná-los a trabalhar juntos. Mas depois, foi uma pedagogia bastante elementar.[2]

O fato de ter dado trabalho ensinar os alunos a colaborar uns com os outros depois de passarem 13 anos na escola mostra os problemas em nosso sistema escolar, onde o padrão comum é que os professores ensinam e os alunos resolvem os problemas sozinhos. A equipe que conduz as oficinas estava certa em apontar que o êxito na faculdade requer trabalhar com os outros e estabelecer boas relações. Muitas pessoas sabem disso, mas mesmo assim não veem nenhum papel para a colaboração na aprendizagem. Quando Uri e sua equipe incentivaram os alunos a trabalhar juntos, seus caminhos de aprendizagem matemática mudaram e eles alcançaram o sucesso. Essa história bem-sucedida foi sobre a aprendizagem de cálculo na faculdade, mas poderíamos substituí-la por qualquer outra matéria e esperar resultados semelhantes.

Parte da razão pela qual os alunos desistem de aprender é porque acham difícil e pensam que estão sozinhos nesse esforço. Uma mudança importante acontece quando os alunos trabalham juntos e descobrem que todo mundo tem dificuldade em algum ou em todos os trabalhos. Este é um momento crucial para os alunos, o qual os ajuda a saber que a aprendizagem é um processo para todos e que os obstáculos são comuns.

Outra razão pela qual os rumos de aprendizagem dos alunos mudam é pelo fato de receberem uma oportunidade de conectar ideias. Conectar-se com a ideia de outra pessoa requer e desenvolve um nível mais alto de compreensão. Quando os alunos trabalham juntos (aprendendo matemática, ciências, idiomas – qualquer coisa), têm oportunidades de fazer conexões entre ideias, o que é intrinsecamente valioso para eles.

Uma descoberta igualmente notável veio dos resultados de um programa de testes em larga escala. Em 2012, as avaliações do PISA (testes internacionais aplicados em jovens de 15 anos em todo o mundo, como mencionado antes) mostraram que os meninos alcançaram níveis mais elevados do que as meninas em matemática em 38 países.[3] Esse resultado foi decepcionante e surpreendente. Nos Estados Unidos e na maioria dos outros países, o desempenho de meninas e meninos na escola é igual, o que me fez relembrar as formas pelas quais os testes distorcem o que os estudantes de fato sabem e podem fazer.

Isso foi enfatizado quando a equipe do PISA divulgou um relatório mostrando que, ao incluir a ansiedade na análise, a diferença de aproveitamento entre meninas e meninos era totalmente explicada pela menor confiança das meninas.[3] O que parecia ser uma diferença de gênero no aproveitamento da matemática era na realidade uma diferença nos níveis de confiança em matemática. As meninas ficavam mais ansiosas quando faziam os testes individuais de matemática, fenômeno já bem estabelecido,[4] o que deveria fazer qualquer educador parar antes de tomar decisões baseadas no desempenho em testes.

Outra avaliação realizada pela equipe do PISA também mostrou o impacto das diferentes condições de teste, bem como do potencial de colaboração, para reduzir as desigualdades. Além do habitual teste individual de matemática, eles fizeram uma avaliação da resolução colaborativa de problemas. Nessa avaliação, os alunos não colaboraram com outros alunos, mas com um computador. Eles precisavam receber as ideias do computador e se conectar com elas para resolver problemas complexos de maneira colaborativa.[5] Isso, para mim, afere algo muito mais valioso do que o que um aluno produz em um teste de matemática individual. Em vez de reproduzir o conhecimento individualmente, os alunos são convidados a considerar ideias alheias e trabalhar com elas para resolver um problema complexo, o que também é mais coerente com o mundo do trabalho para o qual os alunos estão sendo preparados.

No teste de resolução colaborativa de problemas, administrado em 51 países, as meninas superaram os meninos em todos os países. Esse resultado notável foi acompanhado por outros dois – não houve diferenças significativas nos resultados entre estudantes favorecidos e desfavorecidos, um achado raro e importante. E, em certos países, a diversidade impulsionou o desempenho. A equipe descobriu que, em alguns países, estudantes "não imigrantes" alcançaram níveis mais altos quando estavam em escolas com um número maior de estudantes "imigrantes", um resultado fantástico, sugerindo que comunidades com diversidade ajudam os alunos a se tornarem melhores colaboradores.

Os resultados da avaliação do PISA de resolução colaborativa de problemas lançam uma luz sobre a busca pela equidade, revelando também a natureza discriminatória dos testes individuais, algo que qualquer pessoa que fique ansiosa com testes de alto risco entende perfeitamente bem. Qual é o significado do fato de que, para as meninas, a colaboração, mesmo com um computador, aumenta seus níveis de confiança e as faz alcançarem níveis mais altos? Da mesma forma, qual é o significado do fato de que os estudantes afro-americanos passem da reprovação em cálculo para a superação de outros alunos antes mais bem-sucedidos quando colaboram? Esta pesquisa revela o potencial da colaboração, não apenas para meninas ou estudantes negros, mas para todos os alunos e pensadores. Ao se conectar com as ideias de outra pessoa, você aperfeiçoa seu cérebro, sua compreensão e sua perspectiva.

Os neurocientistas também sabem da importância da colaboração. Pesquisas mostram que, quando as pessoas colaboram, o córtex orbitofrontal medial e a rede frontoparietal são ativados, esta última auxiliando no desenvolvimento das funções executivas.[6] Os neurocientistas referem-se a essas diferentes áreas do cérebro como o "cérebro social". Quando colaboramos, nossos cérebros são encarregados da complexa tarefa de dar sentido ao pensamento e à aprendizagem do outro para interagir. A cognição social é um tema de muita investigação neurocientífica na atualidade.

A colaboração é vital para a aprendizagem, para o êxito na faculdade, para o desenvolvimento do cérebro e para a criação de resultados equitativos. Além de tudo isso, é benéfico estabelecer conexões interpessoais, especialmente em tempos de conflito e necessidade.

Victor e Mildred Goertzel estudaram 700 pessoas que fizeram enormes contribuições à sociedade, escolhendo aquelas que haviam sido objeto de pelo menos duas biografias, pessoas como Marie Curie e Henry Ford. Eles descobriram, incrivelmente, que menos de 15% dos homens e mulheres famosos tinham sido criados em famílias solidárias; 75% haviam crescido em famílias com problemas graves, como "pobreza, abuso, pais ausentes, alcoolismo, doença grave" e outras questões importantes.[7] Seu estudo foi realizado na década de 1960. A psicóloga clínica Meg Jay, em seu interessante artigo sobre resiliência, publicado no *Wall Street Journal*, relata que resultados semelhantes seriam encontrados hoje e cita Oprah Winfrey, Howard Schultz e LeBron James como exemplos de pessoas que cresceram em condições de extrema dificuldade.[8]

Jay estuda a resiliência há muitos anos e ressalta que as pessoas que sobrevivem a adversidades muitas vezes se saem melhor, mas não por uma superação rápida, como alguns pensam, pois o processo de recuperação leva tempo e parece mais uma batalha do que um salto. Ela também assinala que aqueles que por fim se beneficiam das adversidades, tornando-se mais fortes e resilientes, o fazem quando mantêm a autoconfiança, quando "têm um lutador dentro de si" e quando se ligam a outras pessoas. O que as pessoas que superam adversidades e não são derrotadas por elas têm em comum é que, em tempos de necessidade, todas elas buscaram a ajuda de alguém – um amigo, um membro da família ou um colega – e essas conexões as ajudaram a sobreviver e desenvolver sua força.

O PODER DA COLABORAÇÃO: DOIS CASOS

Eu já fui vítima de *bullying* e consegui superá-lo graças às colaborações. O *bullying* começou quando saí do King's College London para Stanford. Eu havia acabado de concluir meu doutorado e realizado um estudo muito cuidadoso e detalhado de duas escolas que tinham populações de estudantes demograficamente semelhantes mas ensinavam matemática de maneira muito diferente. O estudo foi premiado naquele ano como o melhor estudo de doutorado em educação no Reino Unido. O livro sobre o estudo também ganhou um prêmio de melhor livro em educação.

Escolhi acompanhar uma turma inteira de alunos durante três anos, desde os seus 13 até 16 anos. Realizei mais de 300 horas de observações de aula, vendo os alunos trabalharem com matemática. Entrevistei professores e alunos em todos os anos do estudo. E também passei aos alunos problemas de matemática aplicada como avaliações e analisei minuciosamente as pontuações deles e suas formas de abordar questões dos exames nacionais do Reino Unido. Os resultados foram esclarecedores, tendo sido relatados em jornais em toda a Inglaterra. Na escola que ensinava por métodos tradicionais, usados pela maioria das escolas na Inglaterra (e nos Estados Unidos e em muitos outros países do mundo), nas quais um professor explicava os métodos e os alunos trabalhavam em questões fechadas, os alunos não gostavam de matemática e pontuavam em níveis significativamente mais baixos no exame nacional do que os alunos que aprenderam matemática por meio de projetos abertos e aplicados.[9]

Na escola que ensinava os alunos por meio de projetos, os quais, em sua maioria, levavam algumas aulas para serem concluídos e exigiam que os alunos usassem e aplicassem métodos de maneiras diferentes, os alunos apreciavam mais a matemática e passaram a pontuar em níveis significativamente mais altos no exame nacional.[10] Os alunos da escola de projetos superaram os alunos que aprendiam da forma tradicional, porque abordavam cada questão como uma oportunidade de pensar e aplicar diversos métodos, ao passo que os alunos ensinados de maneira tradicional abordavam as questões tentando recuperar informações de sua memória. Além disso, a abordagem tradicional manteve desigualdades entre meninas e meninos e entre estudantes de diferentes classes sociais. As desigualdades que estavam presentes quando os alunos começaram na escola baseada em projetos foram eliminadas ao longo dos três anos do estudo.

Em um estudo seguinte, trabalhei com um grupo de alunos de cada escola (na época já adultos, com cerca de 24 anos de idade) que haviam pontuado em níveis equivalentes no exame nacional. O estudo mostrou que os alunos que frequentavam a escola de projetos tinham empregos mais profissionalizados e melhor remunerados.[11] Os adultos disseram que usavam a abordagem matemática da escola no trabalho – fazendo perguntas, aplicando e adaptando métodos e sendo mais proativos para trocar de emprego caso não gostassem ou para se candidatarem a promoções. Os adultos da escola tradicional disseram que nunca usaram a matemática que aprenderam na escola, e eles pareciam ter adotado em suas vidas a abordagem passiva que deles se exigia na escola.

Quando apresentei os resultados do estudo em uma conferência em Atenas, na Grécia, no verão seguinte ao meu doutorado, fui abordada pelo reitor da Escola de Pós-Graduação em Educação e pelo presidente do comitê de pesquisa de matemática de Stanford. Ambos estavam na plateia e me disseram que estavam à procura de um novo professor de educação matemática. Eles me convidaram para trabalhar em Stanford. Na época, eu estava muito feliz como pesquisadora e conferencista no King's College e lhes disse que não estava interessada. Mas durante os meses seguintes, eles me enviaram livros ilustrados da Califórnia e me convenceram a vir para uma entrevista, para conhecer Stanford e a Califórnia. Eles sabiam o que estavam fazendo, e quando finalmente concordei em passar alguns dias na costa da Califórnia, fiquei encantada. Mais tarde naquele ano, mudei-me para Stanford.

Alguns meses depois, recebi um *e-mail* de um tal James Milgram, do departamento de matemática, dizendo que queria se encontrar comigo. Eu não o conhecia bem, mas concordei em encontrá-lo em seu gabinete no departamento de matemática. Foi um encontro perturbador, durante o qual ele me disse que os professores nos Estados Unidos não entendem matemática e que seria perigoso para mim divulgar minhas evidências de pesquisa nesse país. Eu, é claro, me opus à ideia, mas ele não estava interessado. Saí daquele encontro chocada, mas aquilo foi insignificante quando comparado com o que ele escolheu fazer depois.

Nos anos seguintes, recebi um prêmio presidencial da National Science Foundation; esses prêmios são concedidos a pessoas consideradas os pesquisadores mais promissores em disciplinas de STEM, o que garantiu o financiamento para um estudo nos Estados Unidos semelhante ao meu estudo no Reino Unido. Para o novo estudo, eu e uma equipe de alunos de pós-graduação acompanhamos cerca de 700 alunos durante quatro anos em três escolas diferentes de ensino médio que lecionavam com diferentes abordagens.

O estudo produziu resultados semelhantes aos do estudo do Reino Unido. Os alunos que aprenderam matemática ativamente, usando e aplicando métodos diferentes para problemas complexos, alcançaram níveis significativamente mais elevados do que aqueles que reproduziram métodos que um professor havia treinado. Mais uma vez, os alunos também desenvolveram ideias significativamente diferentes a respeito da matemática, e os alunos que aprenderam de maneira mais ativa eram dez vezes mais dispostos a seguir com a matemática depois do ensino médio.[12] Entre os que aprenderam matemática de forma passiva, observando como um professor resolve problemas, mesmo os alunos de alto desempenho nos disseram que mal podiam esperar para largar a matemática e trilhar um futuro que não a incluísse.

Quando os resultados deste estudo começaram a surgir, Milgram acusou-me de má conduta científica. Esta é uma acusação muito séria que Stanford teve de investigar por lei e que poderia ter arruinado minha carreira.

Fui obrigada a fornecer a um grupo de professores seniores de Stanford todos os dados que havíamos coletado nos últimos 4 a 5 anos. A Universidade de Stanford investigou a alegação de Milgram, não encontrou nenhuma evidência de que houvesse qualquer motivo para questionar nossos resultados e encerrou a investigação. Mas Milgram não parou por aí, e seu próximo passo foi escrever uma coleção de mentiras e publicá-las na internet. Inicialmente, decidi seguir o conselho de Stanford e ignorar aquilo. Embora não tenha ficado impressionada com tudo o que aconteceu, eu já estava decidida a voltar para a Inglaterra.

Fui premiada com uma prestigiada bolsa de pesquisa Marie Curie que financiou meu trabalho pelos três anos seguintes na Universidade de Sussex. Eu esperava que um novo ambiente costeiro ajudasse a apagar as lembranças dos últimos meses e a dar às minhas duas filhas (com 6 meses e 4 anos de idade) um bom lugar para crescer. Mas nos três anos seguintes, percebi que as pessoas estavam lendo e acreditando nas afirmações de Milgram.

Milgram não estava sozinho em sua missão de impedir reformas na matemática escolar, e seus conspiradores também escreveram mentiras sobre mim em *sites* da internet, dizendo que eu inventava dados e que as escolas em meu estudo no Reino Unido "só existiam em minha cabeça". Em um *site* que eles pensavam ser privado, acessível apenas a pessoas que trabalham para deter as reformas, um deles escreveu: "Este é o pior cenário possível, uma pesquisadora em uma universidade de ponta, com dados". O professor que havia sido meu supervisor no doutorado, Paul Black, um cientista incrível que foi condecorado pelo Papa por seus serviços à educação, ficou perplexo com os ataques desses professores americanos e escreveu para eles, mas isso também não fez diferença.

A Escola de Pós-Graduação em Educação de Stanford me pedia regularmente para voltar a ocupar meu cargo na universidade, que continuava vago, e em um dia frio de fevereiro, três anos depois de ter saído da Califórnia, comecei a cogitar essa possibilidade. Eu tinha enfrentado a chuva naquela manhã escura para levar minhas filhas até a escola primária da cidade. Quando voltei para casa e me sequei, abri meu *laptop* e encontrei um *e-mail* de um ex-colega de Stanford, perguntando novamente se eu voltaria. Pode ter sido o tempo frio ou a chuva, não tenho certeza, mas pela primeira vez pensei comigo: "Talvez eu devesse voltar". Ao mesmo tempo, prometi que só voltaria se eu lutasse para impedir a campanha de difamação que havia sido deflagrada contra mim.

Alguns meses depois, reassumi meu cargo em Stanford. Muitas pessoas acharam que eu havia me mudado para trocar o clima cinzento do Reino Unido pelos céus azuis da Califórnia. Isso pode ter contribuído, mas do que eu realmente sentia falta quando morava no Reino Unido era o calor humano das pessoas da Califórnia e dos Estados Unidos em geral. Durante meus anos nos Estados Unidos, muitos professores demonstraram que meu trabalho estava de fato os ajudando.

Felizmente, a escola de educação em Stanford já havia nomeado um novo reitor – um homem incrível chamado Claude Steele, autor de um trabalho pioneiro sobre a ameaça do estereótipo. Ele examinou em detalhes o que Milgram e seus amigos haviam escrito sobre mim, bem como seus outros textos. Um dos coautores de Milgram, Wayne Bishop, referiu-se a estudantes afro-americanos como "*crioulinhos*" em um artigo de jornal. Claude imediatamente reconheceu o tipo de pessoa com quem estávamos lidando. Juntos, decidimos por uma estratégia bastante simples – montamos um plano no qual eu escreveria os detalhes de seus abusos e intimidações e os publicaria.

Lembro-me claramente daquela sexta-feira à noite. Os outros professores de educação estavam se reunindo para uma festa. Fiquei em casa e cliquei no botão que tornava pública minha nova página na internet que descrevia em detalhes o comportamento abusivo dos homens.[13] Foi ali que tudo mudou. Naquela noite, também aderi ao Twitter, e minha primeira postagem remetia aos detalhes do *bullying* acadêmico. Aquilo se espalhou como fogo, e no fim de semana minha página foi a história sobre educação mais tuitada. Em 48 horas, fui contatada por repórteres de todo o país, que publicaram matérias detalhando os eventos.

Então outra coisa aconteceu. Comecei a receber *e-mails* de outras professoras e cientistas. Em poucos dias, recebi cerca de 100 *e-mails*, todos favoráveis e a maioria deles de outras mulheres detalhando histórias de comportamento de intimidação por parte de homens nas universidades. O conjunto de *e-mails* era uma clara denúncia da cultura universitária e um sinal de que estamos longe de alcançar a igualdade de gênero no ensino superior. Tenho certeza de que todos os que estiverem lendo este livro teriam pensado que, em 2013, os departamentos universitários não estariam mais discriminando as mulheres, mas a leitura dos *e-mails* deixou claro que ainda existem muitos homens em posições de poder que não acham que as mulheres têm lugar em áreas de STEM. Eles provavelmente não percebem a extensão de suas ideias discriminatórias e ficariam surpresos por eu fazer essa declaração, mas suas ações para suprimir o trabalho das mulheres, detalhadas nas cartas que li, revelaram claramente a discriminação.

Antes de publicar os detalhes do comportamento discriminatório e intimidador dos homens, eu havia tentado me proteger construindo o que hoje parecem ser muros internos ao redor de meus pensamentos e sentimentos. Eu tinha tentado evitar pensar no comportamento dos homens ou até mesmo ouvir seus nomes. Stanford havia recomendado que eu não contasse a ninguém sobre as acusações de Milgram. Mas, ao seguir esse conselho, eu também me isolei dos colegas e dos amigos (e dos advogados!) que poderiam ter me ajudado.

À medida que as semanas e meses se passaram depois que os detalhes de seu comportamento abusivo se tornaram conhecidos, comecei a sentir o que só posso descrever como calor – o calor do apoio de dezenas de milhares de professores, matemáticos, cientistas e outros. As paredes que eu havia construído dentro de mim começaram a derreter e me tornei mais receptiva. Alguns meses depois, eu estava dando uma palestra para outros estudiosos de educação matemática. Diversas pessoas levantaram-se sucessivamente para descrever em detalhes os ataques a seu trabalho – pelos mesmos homens. Ouvi falar sobre os homens fazerem professores em pesquisas serem demitidos e atacarem pesquisadores, como eu, que estavam investigando maneiras de tornar o ensino e o aprendizado da matemática mais justos. Alguns ficaram de pé e disseram que o campo da educação matemática estava precisando de alguém para enfrentar os valentões; eles queriam alguém que mostrasse o caminho e me agradeceram.

Com o passar dos meses e dos anos, continuei recebendo esse apoio caloroso. Além disso, fiquei cada vez mais consciente da extensão do comportamento agressivo dos homens. Os homens envolvidos haviam feito campanha em distritos em todo o país para impedir qualquer mudança no ensino da matemática e haviam intimidado professores, líderes distritais e pais. Ao mesmo tempo, estávamos ingressando em uma nova era na educação, com iniciativas lideradas pelo presidente Obama e uma consciência mais ampla de que a mudança era necessária.

Deixei para trás o trauma que os ataques haviam provocado e me senti inspirada a compartilhar as evidências de forma mais ampla – em cursos *on-line* e no Youcubed. Enquanto escrevo este texto, já se passaram mais de seis anos desde a noite em que revelei o comportamento de *bullying*, e durante esse tempo tivemos milhões de acessos, *downloads*, novos seguidores, e aproximadamente metade das escolas dos Estados Unidos estão usando nossas aulas e materiais. Ironicamente, parte da razão pela qual temos tantos seguidores é porque as pessoas me viram enfrentando valentões. Meus amigos muitas vezes me dizem que eu deveria mandar flores para Milgram, pois ele ajudou minha pesquisa sobre ensino equitativo de matemática a chegar a muito mais pessoas.

Compartilhar minha história dos ataques ao meu trabalho e integridade desencadeou um processo de conexão que foi, para mim, transformador. Antes de ir a público, carreguei sozinha o fardo do ataque – mas depois as pessoas começaram a me procurar. O apoio de outras pessoas desencadeou uma mudança notável dentro de mim. Talvez eu esteja mais ciente da mudança por ter me machucado tanto, por ter estado tão fechada por dentro e depois ter passado por um período de transição. O ditado "Aquilo que não me mata só me fortalece" pareceu-me verdadeiro, pois desenvolvi uma força que sei que veio da superação dos ataques.

As conexões que formei através do processo de compartilhar minha história e experiência me ajudaram e ajudaram as pessoas com as quais me conectei. Por meio da conexão com os outros, eu aprendi como poderia me destravar e me abrir, em vez de me fechar.

Os agressores ainda vêm atrás de mim, especialmente aqueles que se escondem no anonimato e na distância das redes sociais. Eles acham que podem insultar e escrever palavras abusivas sobre uma mulher que trabalha para melhorar a educação, mas sou uma pessoa muito mais forte agora. Uma ideia que me orienta quando leio ataques agressivos é esta: "Se você não está encontrando resistência, provavelmente não está perturbando o suficiente".

A educação é um sistema no qual precisamos desafiar o *status quo* porque ele falhou com muitos. Então, quando ofereço alternativas para o que sempre foi considerado o melhor e as pessoas vêm atrás de mim, agressivamente, eu sou capaz de ignorar sua agressão, sabendo que elas estão atacando porque o que sugeri as afetou de alguma forma. Aprendi a encarar a resistência agressiva de outra maneira – em vez de permitir que isso me deprima ou me faça duvidar de mim, eu a vejo como uma oportunidade.

Esta é uma mudança de mentalidade valiosa. Se você tentar fazer mudanças produtivas ou sugerir algo novo, na aprendizagem ou no ambiente de trabalho, e as pessoas ficarem agressivas ou o ridicularizarem, tente encarar a crítica delas como um sinal de que você está fazendo a diferença. A oposição é um sinal positivo; significa que as ideias que estão eriçando as penas das pessoas são poderosas. O empresário Phineas T. Barnum, fundador do Circo Barnum & Bailey (também o tema do filme *O Rei do Show*, estrelado por Hugh Jackman), disse: "Quem alguma vez já fez a diferença sendo igual a todo mundo?".

Eu adoro essa citação. Ela me ajuda a saber que novas ideias nunca serão facilmente aceitas por algumas pessoas, mas são muito importantes. As ideias mais difíceis de aceitar são as que vão contra o *status quo* e podem ser as mais relevantes de todas. Quando eu ensino sobre novos métodos de aprendizagem baseados em evidências da neuroplasticidade, digo aos meus ouvintes que eles também podem enfrentar resistência ao compartilharem as novas evidências com os outros. As pessoas estão tão convencidas da ideia de que a inteligência e a capacidade de aprendizagem são geneticamente determinadas que resistem a qualquer noção em contrário, sobretudo se forem elas os beneficiários dessa crença arraigada. O comportamento agressivo de que fui e continuo sendo vítima não apenas me fortalece; ele também pode ajudar importantes ideias e evidências de pesquisa a se espalharem ainda mais, o que é algo a se lembrar.

Quando as pessoas me perguntam como lidei com o abuso pelo qual passei durante muitos anos – abuso que ameaçou minha integridade e meu valor como pesquisadora e como pessoa –, estou certa de que houve uma ação que mudou tudo para mim. Foi a partilha da minha experiência com os outros e a incrível resposta que recebi de educadores e cientistas de todo o mundo. Foram as relações com as pessoas – algumas delas pessoalmente, muitas delas via internet – que curaram as feridas que eu estava escondendo. Quando as pessoas me perguntam o que devem fazer quando seu trabalho é atacado, sempre sugiro que encontrem pessoas para formar vínculos. Fazer isso pela internet não funciona para todos, embora esse método certamente nunca tenha estado tão ao alcance quanto agora. Para alguns, é melhor entrar em contato com um colega ou membro da família. Seja como for, essa conexão com outra pessoa ou pessoas será inestimável.

Antes de passar para a questão de como nós, pais, educadores e gestores, encorajamos uma abordagem ilimitada de conexões e colaborações, gostaria de relatar mais uma história de colaboração que se iniciou em uma escola de ensino médio e agora é um movimento mundial.

Shane estava começando o ensino médio quando atingiu a maior baixa em toda a sua história. Ele tinha acabado de entrar em uma típica escola de ensino médio nos Estados Unidos, com grandes expectativas para sua experiência lá, mas em poucas semanas ele disse que essa era a "experiência mais solitária que já havia tido". Shane, em um vídeo poderoso que teve dezenas de milhares de visualizações,[14] descreve a sensação de ser um forasteiro, de não pertencer àquele lugar. Foi esse profundo sentimento de vazio que levou Shane a marcar uma conversa com seu orientador, pois achava que dessa forma poderia ser transferido para outra escola.

Em vez disso, ele saiu do encontro com a recomendação de se associar a cinco clubes na escola. Inicialmente, Shane manteve-se cético, mas mesmo assim se associou aos clubes e começou a notar que algo estava mudando. Ele tinha pessoas para cumprimentar nos corredores, e quanto mais se envolvia na vida da escola, mais sentia estar fazendo parte da comunidade escolar. Shane descobriu que quanto mais coisas fazia, melhor se sentia a seu próprio respeito; quanto mais se envolvia, mais "conectado, impulsionado e motivado" se sentia. Ele agora reflete que se sentia como um estrangeiro porque de fato era um; a única mudança foi que ele se colocou do lado de dentro – o que alterou tudo. A mudança foi tão poderosa que o inspirou a compartilhar sua experiência com os outros e iniciar o que se transformou em um movimento mundial – ajudar os jovens a se tornarem mais pessoalmente ligados aos outros.

A princípio, Shane teve a ideia de organizar uma assembleia em sua escola para ajudar outros alunos a saber o que pode acontecer quando eles se conectam com os outros e depois combiná-los com clubes de seu interesse. Eles esperavam cerca de 50 alunos, mas a notícia se espalhou e 400 alunos de sete escolas diferentes compareceram à assembleia. No ano seguinte, esse número cresceu para mil e os números continuaram crescendo a cada ano. Shane começou o movimento "Conte comigo", que já impactou mais de dez milhões de pessoas, com programas de palestras que atingiram estudantes em mais de 100 países. Quando entrevistei Shane para este livro, ele destacou os desafios que os jovens de hoje enfrentam na formação de conexões significativas:

> Os adolescentes de hoje têm muito mais dificuldade do que qualquer outra geração. Além de estarem lidando com os mesmos problemas que vemos há sucessivas gerações, eles também estão enfrentando questões como pressão dos colegas, *bullying*, isolamento social, que podem ser muito prejudiciais para sua educação e trajetória de vida. São problemas que afetam todas as crianças o tempo inteiro por causa da tecnologia e dos *smartphones* e pelo quanto eles estão

conectados eletronicamente, mas desconectados da realidade e da comunidade. Essas conexões com a comunidade, eu acho, são a chave para forjar algo – assim, podemos ver o mundo de maneira tão diferente que começamos a ter um maior senso de autoaceitação e pertencimento.

Ele apresenta um argumento crucial, e seu movimento para criar maiores conexões entre os jovens serve a um propósito muito necessário, como ele declarou em nossa entrevista:

Quanto mais você se envolve, mais mergulha na comunidade, mais conectado se sente. E quanto mais diferente for sua visão das coisas, mais forte torna-se a lente, e mais as coisas ficam suaves. O momento que posso identificar como realmente definidor para mim foi quando comecei a viver me baseando no seguinte: minha vida é maior que este momento, e não importa o que está acontecendo, o quão escuro ou desesperado eu me sinta por dentro. Eu sei, com absoluta convicção e certeza, que minha vida é maior que este momento, do que qualquer momento.

O movimento de Shane tem tido particular utilidade para jovens que se sentem isolados, que estão passando por momentos difíceis em casa, ou que estão enfrentando qualquer um dos muitos problemas que afetam os jovens. Ele refletiu que a principal resposta que diferencia os que mudam positivamente dos que não mudam é sua perspectiva, ou sua mentalidade. O movimento de Shane também é um lembrete útil de que mesmo – ou talvez particularmente – em um mundo de conectividade eletrônica, ligações humanas genuínas são algo de que todo mundo precisa e que modifica a vida das pessoas. Shane descobriu que elas ajudavam os jovens a saber que suas vidas são maiores do que os momentos que estão vivendo agora e que, por mais difícil que a situação possa ser, as ligações com as pessoas nos tiram disso.

UMA ABORDAGEM ILIMITADA DAS CONEXÕES E COLABORAÇÕES

Relatei estudos e exemplos de situações em que a colaboração mudou totalmente o desempenho dos alunos e a vida das pessoas. Mas o que essas ideias têm a ver com as chaves que apresentei neste livro – sobre o crescimento do cérebro, esforço e multidimensionalidade, por exemplo? Meu trabalho nos últimos anos e as entrevistas que conduzi para este livro mostram que há uma forma diferente de colaborar e se conectar – uma maneira ilimitada – e quando ensinamos uma abordagem livre de limitações aos alunos e outros, eles descobrem que as conexões, as reuniões e o trabalho em grupo são infinitamente mais produtivos, agradáveis e proveitosos. No restante deste capítulo, vamos considerar a abordagem ilimitada da colaboração, bem como algumas estratégias para levá-la até as salas de aula, lares e locais de trabalho.

Os professores sabem que trabalhar em grupo pode ser muito difícil – sobretudo quando os alunos têm ideias negativas sobre o potencial uns dos outros e surgem diferenças de *status*. Para os professores que sabem da importância de os alunos conversarem entre si e se conectarem com as ideias uns dos outros, isso traz um dilema. Os pais enfrentam dificuldades semelhantes quando veem os irmãos não interagirem bem – entrando em conflito em vez de compartilhar seu pensamento e ideias produtivamente. A diferença entre interações positivas e negativas costuma depender de três ações que professores, pais e gestores podem seguir: (1) abrir mentes, (2) abrir o conteúdo e (3) acolher a incerteza.

(1) Abrindo Mentes

Para interagir bem, as pessoas precisam ter uma mente aberta e, para desenvolvê-la, precisam aprender a valorizar a diferença. Os alunos começarão a apreciar e pensar positivamente uns sobre os outros se os professores destacarem a importância das diferentes formas de pensar – sobre matemática, história, ciências, qualquer coisa. Muitos professores lamentam o fato de que os alunos não interagem bem em grupos, mas isso acontece em grande parte porque, tendo as mentes fechadas, eles pensam que estão procurando apenas uma ideia, uma resposta, então a diferença e a diversidade não são valorizadas. Modificarmos essa perspectiva, para crianças ou adultos, muda a forma como eles interagem com os outros, nas salas de aula e na vida.

Há algum tempo, realizei um estudo de quatro anos sobre alunos que transitam em várias escolas de ensino médio. Em uma das escolas, os alunos aprenderam a interagir bem em grupos. Eles foram ensinados a ouvir e respeitar uns aos outros e aprenderam que as diferentes ideias que compartilhavam eram valiosas. Algo fascinante aconteceu naquela escola, e me referi a isso como a criação de "equidade relacional".[15]

As pessoas costumam pensar em equidade em termos de pontuação em testes: Todos os alunos estão pontuando mais ou menos nos mesmos níveis? Contudo, sugeri que existe uma forma mais importante de equidade – que diz respeito aos alunos aprenderem a interagir bem e valorizar uns aos outros. Eu defendo, assim como outras pessoas,[16] que um dos objetivos das escolas deveria ser produzir cidadãos que se tratam com respeito, que valorizam as contribuições de outras pessoas com as quais interagem, independentemente de raça, classe ou gênero, e que agem com um senso de justiça, considerando as necessidades dos outros na sociedade. Um primeiro passo em direção à produção de cidadãos que agem desse modo deve ser a criação de salas de aula nas quais os alunos aprendam a agir dessa maneira, pois sabemos que os alunos aprendem muito mais do que o conhecimento das disciplinas nas salas de aula da escola.

Eu estendo a noção de equidade às relações entre os alunos com o pressuposto de que as maneiras pelas quais eles aprendem a tratar e respeitar uns aos outros terão impacto nas oportunidades que estenderão aos outros em suas vidas dentro e fora da escola. Os professores da escola que estudei trabalharam para criar um ambiente em que os alunos se respeitassem, começando pelo conteúdo – os alunos estavam acostumados a compartilhar suas diferentes ideias sobre o conteúdo discutido, como evidenciado pelos comentários deles. O entrevistador perguntou: "O que vocês acham que é necessário para ser bem-sucedido em matemática?". Os alunos responderam:

> Ser capaz de trabalhar com outras pessoas.
>
> Ter a mente aberta, ouvindo as ideias de todos.
>
> Você tem que ouvir as opiniões de outras pessoas, pois você pode estar errado.

Os pais de estudantes de alto desempenho às vezes reclamam que o aluno está sendo usado para educar os outros; seu filho poderia facilmente trabalhar sozinho e "voar" pela matéria. Mas esses alunos aprenderam que ser uma comunidade, como uma turma de alunos, também envolve cuidar uns dos outros. Os alunos desenvolveram uma perspectiva importante sobre sua responsabilidade pelos outros. Um aluno disse:

> Eu sinto que é uma responsabilidade, porque se você sabe algo que precisa saber, e alguém não sabe, eu acho que é seu dever, você tem que ensiná-lo a

fazer. Porque é justo que eles aproveitem tanto quanto você, pois vocês dois estão na mesma sala de aula.

Apesar dos temores de alguns pais de estudantes de alto desempenho, os alunos que mais melhoraram em matemática com essa abordagem foram os de mais alto desempenho.[12] Eles aumentaram seu desempenho mais do que os outros alunos de sua escola e mais do que os de melhor desempenho das outras escolas tradicionais que estudamos. Seu aumento de desempenho foi proveniente do tempo que passaram explicando o trabalho aos outros – uma das melhores oportunidades que os alunos têm para compreender com mais profundidade. Um aspecto importante do respeito que os alunos desenvolveram uns pelos outros resultou de ensiná-los a ver o conteúdo de uma forma mais aberta e a valorizar a diferença. Assim como as informações sobre mentalidades ensinam os alunos a passar da noção de capacidade fixa para a de crescimento, ensinar o respeito a ideias diversas sobre o conteúdo leva a uma valorização da diferença e da diversidade em outras áreas. Valorizar tanto o crescimento como a diferença é uma forma poderosa de abrir mentes.

Holly Compton, uma professora que apresentei no Capítulo 4, tinha dito a seus alunos do quinto ano: "Todo mundo tem uma maneira diferente de abordar as coisas e você sempre pode aprender e crescer". Ela me disse que essas ideias tornaram os alunos menos egocêntricos. Em suas interações agora, em vez de insistir em seu modo de pensar ou trabalhar e se fechar porque os outros têm uma ideia diferente, os alunos pensam: "Ah, sabe de uma coisa? É assim que estou pensando sobre isso, mas sei que os outros pensam de outra forma". Essa aceitação de diferentes maneiras de pensar levou a uma maior tolerância e apreciação mútua. Como Holly refletiu:

> Eles sabem que as outras pessoas também têm boas ideias e também sabem que devem abrir a mente para ouvir as soluções das outras pessoas, pois essa pode ser uma ideia nova para eles, sobre a qual ainda não tinham pensado. E então essa mentalidade de, "Ei, talvez sua ideia seja algo que eu possa acrescentar à minha" é fabulosa para as crianças.

Muitos reformadores da educação que trabalham para mudar as experiências estudantis nas salas de aula trabalham no conteúdo, descobrindo novas maneiras de abordar tópicos, geralmente com tecnologias interessantes. Mas imagine como seriam o aprendizado e as vidas dos alunos fora da escola se eles aprendessem a colaborar com os outros de forma mais produtiva, dispostos a conversar com uma abertura para ouvir e entender o que os outros têm a dizer. Isso modificaria a dinâmica da sala de aula, assim como muitos outros aspectos de suas vidas.

Holly relatou uma interação que ouviu:

> Eu estive em uma sala de aula hoje em que duas crianças desafiavam as ideias uma da outra, e uma delas discordou da outra, mas disse: "Acho que sei o que você estava pensando. Eu acho que você estava pensando desse jeito" – e explicou – "mas na verdade é desse jeito". E a outra criança disse: "Ah, sim, era isso mesmo que eu estava pensando". E eram alunos do primeiro ano! Não se espera que crianças tão pequenas sejam capazes de assumir a perspectiva dos outros.

Os alunos do primeiro ano aprenderam sobre mentalidade e multidimensionalidade, o que lhes permitiu considerar as perspectivas de outras pessoas e deu início a diferentes caminhos – ilimitados – para eles.

No Capítulo 3, mencionei um estudo mostrando que as pessoas que desenvolvem uma mentalidade de crescimento ficam menos agressivas em relação às outras. Curiosamente, isso decorre de modificar a forma como as pessoas se sentem a respeito de si mesmas. Segundo a pesquisa, as pessoas com uma mentalidade fixa achavam que elas próprias não poderiam mudar e, portanto, sentiam mais vergonha de suas ações, o que provavelmente as levava a atacar mais. Quando aprenderam que nada era fixo e que qualquer mudança era possível, sentiram menos vergonha de si e começaram a ver os outros de maneira diferente. Elas pararam de ver os outros, até mesmo os adversários, como pessoas inerentemente más e, em vez disso, os viam como pessoas que haviam feito más escolhas mas poderiam mudar, o que fez suas tendências agressivas desaparecerem e serem substituídas pelo perdão.

Essas profundas mudanças nas pessoas vêm de uma abertura de perspectiva, de uma abertura de mentes. Provavelmente estamos apenas começando a entender como uma mudança de crença, de resistir à diferença e ao crescimento potencial para aceitá-las, tem impacto nas maneiras pelas quais as pessoas interagem no mundo. Vimos que as crenças alteradas melhoram a aprendizagem e a saúde e diminuem os tempos de conflito. Se alunos e crianças entrarem em colaborações com a crença de que qualquer um pode mudar e crescer e que ideias diferentes devem ser valorizadas, isso alterará completamente as interações que se seguem.

(2) Abrindo o Conteúdo

Eu descrevi a importância de abrir mentes, de modo que os alunos e os outros apreciem a diferença e a diversidade. Uma forma relevante de aprender essa perspectiva surge quando o conteúdo das matérias acadêmicas é ensinado de maneira aberta. Da mesma forma, quando as pessoas em ambientes de negócios são incentivadas a apreciar múltiplas opiniões e pontos de vista, elas começam a ver a si próprias e as outras pessoas de outro modo.

Foi quando realizamos nosso acampamento de verão com 83 alunos há alguns anos que comecei a pensar de modo mais profundo sobre as ligações entre mentalidade, tratar o conteúdo de maneira aberta e o modo como as pessoas interagem. Durante o verão, observamos um trabalho grupal produtivo, no qual os alunos respeitosamente compartilhavam ideias entre si. Esse trabalho em grupo contribuiu para o aprendizado e alto desempenho dos alunos, pois eles ajudaram uns aos outros e discutiram as ideias satisfatoriamente.

Os alunos disseram aos entrevistadores que o trabalho em grupo não funcionava bem na escola, mas em nosso acampamento funcionou. Os entrevistadores perguntaram qual era a diferença. Os alunos explicaram que na escola uma pessoa fazia todo o trabalho, enquanto as outras falavam sobre roupas. Mas, em nosso acampamento, o trabalho em grupo foi iniciado circulando pelo grupo e fazendo os alunos perguntarem uns aos outros: "Como você vê isso? Como abordaria isso?" Quando os alunos começam o trabalho em grupo compartilhando sua perspectiva e modo de ver um problema, eles ficam envolvidos e sentem-se incluídos no trabalho, o que é o início perfeito para interações grupais.

Quando os alunos de nosso acampamento aprenderam que uma abordagem multidimensional era uma boa maneira de aprender matemática, eles começaram a valorizar os modos de ver e resolver os problemas matemáticos uns dos outros. Isso os fez valorizar mais uns aos outros e evitar as ideias negativas que são frequentemente desenvolvidas nas salas de aula – uma das quais é que algumas pessoas valem mais do que outras.

Essa simples estratégia de perguntar às pessoas como elas veem alguma coisa, como elas a interpretam, pode ser usada em muitos contextos diferentes. Se as pessoas iniciassem reuniões de negócios solicitando ideias e interpretações, com abertura a todas as ideias e sem julgamento ou expectativa de uma determinada resposta, isso faria as pessoas se sentirem valorizadas e incluídas, o que mudaria os relacionamentos e a produtividade. Qualquer professor, em qualquer área de conteúdo, poderia usar essa estratégia para ajudar a estimular o pensamento dos alunos e aumentar sua inclusão. É importante ressaltar que as conexões que aparecem a partir de começos mais abertos levam a conversas mais valiosas e, por fim, a melhores relacionamentos, ideias e trabalho. Mais tarde, fornecerei algumas estratégias para ajudar os professores a tratar o conteúdo de maneira aberta, incentivando diferentes interpretações e ideias.

(3) Acolhendo a Incerteza

Nas 62 entrevistas que realizei para este livro, frequentemente encontrei uma ideia que as pessoas diziam ter contribuído para que elas se destravassem nas interações com os outros. Muitos falaram do poder de abandonar a crença de que sempre precisavam estar certos nas conversas com os outros, o que significava ficar à vontade com a incerteza. A nova perspectiva resultou de aprender sobre o valor dos desafios e dos erros para nossos cérebros. Quando as pessoas aprenderam que o esforço era produtivo, elas se abriram de maneiras diferentes, uma das quais era renunciar à noção de que precisavam participar de todas as reuniões como um especialista.

Uma das pessoas que abordaram esse assunto foi Jenny Morrill, que ensina *mindfulness* a seus alunos e escreveu um livro, em coautoria com Paula Youmell, intitulado *Weaving Healing Wisdom*.[17] No livro, ela compartilha seus métodos de focar no momento com os alunos. Quando entrevistei Jenny, ela também descreveu uma mudança interessante em si mesma. Apesar da compreensão bem desenvolvida de Jenny sobre *mindfulness*, seus próprios relacionamentos se modificaram significativamente quando ela acrescentou "a parte da ciência do cérebro".

Antes de aprender sobre o valor do esforço e do crescimento cerebral, Jenny "sentia-se como uma ilha". Ela descreveu para mim uma mentalidade que eu tenho certeza que muitos também possuem – de sentir que tinha que ser uma especialista ao interagir com os outros e ter medo de revelar uma falta de conhecimento. E como professora em uma sala de aula, ela sentia que precisava ser aquela que sabia tudo. Mas a perspectiva de Jenny mudou, e hoje ela aceita a incerteza e abre-se mais para sua comunidade de colegas. Parte dessa mudança envolveu deixar de lado a ideia de que está sendo julgada. Jenny descreveu sua nova perspectiva:

> Estar disposta a se sentir desconfortável por não saber algo e ainda saber que não preciso desistir de alguma coisa só porque não a entendo imediatamente. E tenho outros recursos que posso utilizar para aumentar minha aprendizagem como educadora, como pessoa. Então, para mim, é apenas… Eu sempre me senti como se fosse uma ilha e tivesse que saber tudo… Para mim, mudou a forma como eu me oriento na vida em termos de ouvir melhor, eu acho. Sinto-me como se crescesse e aprendesse pela colaboração, então acho que me abri para uma maneira diferente de me relacionar com minha comunidade de colegas para que eu possa aprender melhor, e compartilhar é realmente aprender. Toda essa ideia de deixar de julgar e saber seu próprio valor me transformou como pessoa.

Eu não sei por que Jenny antes sentia que tinha que ser "uma ilha", mas sua nova posição, mais aberta – de colaborar com os outros, ouvi-los, ser vulnerável e aprender com eles – está melhorando sua vida imensamente. Jenny me contou que não se vê mais como a única especialista na sala e, em vez disso, incentiva os alunos a serem líderes, reconhecendo que pode aprender com seus alunos e também com outros adultos. Ao adotar essa perspectiva, Jenny produziu mudanças poderosas em seus alunos, bem como em suas colaborações com colegas e amigos.

Uma das mudanças importantes que muitos entrevistados descreveram é o fato de estarem mais desembaraçados ao enfrentarem obstáculos. Em vez de fingirem que sabem ou entendem algo que não sabem, eles buscam recursos. Jenny falou sobre alguns dos recursos que agora ela usa:

> Hoje sei que posso aparecer e não necessariamente saber, mas posso usar minha intuição, posso usar meus colegas, posso pesquisar no Google, posso assistir a um vídeo, posso assistir a um canal no YouTube, um vídeo do YouTube sobre como explicar um processo de matemática ou algo assim… Eu nunca vou parar de aprender. Ao passo que antes, era como se eu tivesse que entrar pela porta sabendo. Essa era a minha mentalidade fixa. Eu tinha que dar a impressão de que estava tudo entendido, tratado e sob controle, e esse não é necessariamente o jeito como faço as coisas agora. Então abandonei essa ideia… Eu não respondo às mudanças com tanta tensão quanto antes. Então me sinto mais aberta para reconhecer que estou experimentando algo que pode ser desconfortável no momento, mas que posso aprender a entender. Quanto mais eu relaxo com isso, mais consigo entender.

Esta nova abordagem – de aceitar a incerteza em vez de fingir que sabe tudo, de procurar recursos para aprender mais – parece reforçar as conexões das pessoas umas com as outras, assim como seu modo de estar no mundo.

Abordar o conteúdo com incerteza e vulnerabilidade é uma característica que também recomendo aos professores com quem trabalho. Quando os alunos veem seu professor apresentar conteúdo correto o tempo todo, sempre sabendo a resposta a qualquer pergunta dos alunos, sempre tendo razão, nunca cometendo erros e nunca tendo dificuldade, cria-se uma imagem falsa do que significa ser um bom aprendiz, em qualquer matéria. Os professores devem acolher a incerteza e aceitar a possibilidade de não saberem algo ou cometerem um erro.

Se você é professor, compartilhe esses momentos com os alunos para que eles saibam que tais oportunidades são um componente importante de adquirir *expertise*. Em minhas aulas para alunos de graduação em Stanford, eu lhes proponho problemas matemáticos abertos a serem explorados. Eles os desenvolvem nas mais variadas direções, algumas das quais são novas para mim. Aceito esses momentos e admito que não sei, dizendo: "Que interessante. Nunca vi isso antes. Vamos explorar juntos".

Compartilhar a incerteza é uma estratégia valiosa para alunos, gestores, professores e pais. Você vai descobrir que, quando está vulnerável e admite que não entende um determinado ponto, os outros juntam-se e logo todos estão compartilhando de maneira aberta e produtiva. Se você tem filhos, discuta as ideias com eles não como o especialista na sala, mas como um parceiro de raciocínio. Peça a seus filhos que lhe ensinem coisas – eles vão gostar; isso lhes dará orgulho e melhorará seu aprendizado.

Admita para seus filhos quando você não souber algo, mas tem uma ideia de como descobrir. Nunca finja que sabe algo que não sabe. É muito melhor dar o exemplo de uma mentalidade de descobrir, buscar, ser curioso e sentir-se feliz vivendo em um lugar de incerteza – porque isso permite que você descubra algo novo. Às vezes digo aos meus alunos em Stanford que não sei o que fazer a seguir em um problema matemático e peço que me mostrem. Eles sempre gostam disso e aprendem muito nesses momentos. Eles estão aprendendo que a incerteza aliada ao desejo de aprender é uma boa abordagem a adotar em qualquer situação de aprendizagem.

Se você é aluno e não tem com quem discutir ideias, descubra se existe alguma forma de se conectar pela internet. Participe de salas de bate-papo e conecte-se com pessoas nas redes sociais, fazendo as perguntas que tiver. Alguns meses atrás, convidamos seguidores do Youcubed para um grupo no Facebook. Hoje, já temos 18 mil pessoas no grupo. Adoro ver como as pessoas fazem perguntas para as outras abertamente no grupo – até mesmo perguntas cujas respostas os professores deveriam saber. Às vezes os professores admitem que não entendem certos pontos em matemática – e vinte pessoas diferentes se apresentam para ajudá-los e para discutir as ideias com eles.

Eu sempre admiro as pessoas que fazem as perguntas, porque elas estão mostrando que estão destravadas o suficiente para serem vulneráveis e se aproximarem de outras pessoas. Às vezes as pessoas apenas compartilham algo em que estão trabalhando e convidam os outros para se conectarem com as ideias, o que também adoro ver. Em vez de considerar os outros com quem você trabalha ou aprende como concorrentes, comece a vê-los como colaboradores, pessoas com as quais você pode se abrir, pessoas com as quais pode formar ligações duradouras. Uma mente aberta e a disposição de aceitar a dificuldade e a necessidade de explorar muitos pontos de vista diferentes são a chave para essa abordagem transformadora da vida.

ESTRATÉGIAS PARA INCENTIVAR A COLABORAÇÃO ILIMITADA

Quando dou aulas para alunos de qualquer idade – alunos do ensino fundamental ou de graduação –, uso uma série de estratégias para incentivar uma boa comunicação, que pode ser usada em empresas ou em salas de aula por professores e aprendizes. Primeiro, sempre conduzo um exercício de pensamento sobre o que as pessoas gostam e não gostam em relação ao trabalho em grupo. Este é o primeiro passo antes de pedir a quaisquer alunos que trabalhem juntos em um problema.

Peço aos alunos que se sentem em grupos e conversem sobre coisas que eles não gostam que as pessoas façam quando trabalham juntos. Os alunos sempre mencionam ideias interessantes. E é realmente importante que eles tenham a chance de expressá-las em voz alta, por exemplo, "Não gosto quando alguém me diz a resposta", "Não gosto quando alguém diz 'Isso é fácil'", "Não gosto quando as pessoas estão trabalhando mais rápido do que eu", ou "Não gosto quando as pessoas ignoram minhas ideias". Eu coleto uma ideia de cada grupo e continuo circulando pela sala até cobrir todos os grupos, então registro as ideias que coletei em um cartaz.

Depois, peço aos alunos que compartilhem com seus grupos coisas que eles gostam que as pessoas façam quando estão trabalhando juntos. Eles fazem comentários como: "Gosto quando as pessoas me fazem perguntas em vez de me mostrar como fazer algo", "Gosto quando a primeira coisa que fazemos é compartilhar nossas ideias", "Gosto quando os outros ouvem minhas ideias". Eu coleto uma ideia de cada grupo e as registro em outro cartaz. Digo aos meus alunos que vou afixar os dois cartazes na parede da sala de aula como lembretes para o nosso trabalho de grupo durante o semestre.

Uma segunda estratégia que uso é a que conheci com a educadora e amiga Cathy Humphreys, que ela aprendeu com educadores de matemática na Inglaterra. Eu a utilizo em minhas aulas de matemática, mas ela pode ser usada em qualquer área de conteúdo. Ela envolve uma abordagem que ensina os alunos a raciocinar bem. Raciocinar – estabelecer ideias diferentes, apresentar justificação para elas e explicar as ligações entre elas – é importante em praticamente qualquer área disciplinar. Os cientistas costumam provar teorias encontrando casos em que elas funcionam ou as refutam com casos em que elas não funcionam, mas os matemáticos provam as coisas pelo raciocínio.

Eu ensino aos alunos que é importante raciocinar bem – estabelecer ideias e as conexões entre elas. Também lhes ensino que é importante convencer os outros e que existem três níveis para isso. O nível mais fácil ou mais baixo é convencer a si próprio de algo, o nível seguinte é convencer um amigo e o nível mais alto é convencer um cético.

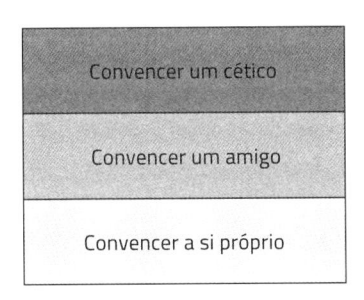

Convencer um cético
Convencer um amigo
Convencer a si próprio

Eu também digo aos alunos que quero que eles sejam céticos uns com os outros – que façam perguntas do tipo: "Como você sabe que funciona?" e "Você é capaz de provar isso para mim?". Os alunos de nosso acampamento de verão adoravam ser céticos uns com os outros; eles adotavam totalmente esse papel e as salas de aula ficaram repletas de alunos fazendo perguntas e raciocinando. Ficamos particularmente satisfeitos com isso, sabendo que quando você se conecta com a ideia de outra pessoa em matemática e em outras matérias, é exigido e criado um nível mais profundo de compreensão.

A colaboração pode ser extremamente atraente para os estudantes, mas já conheci muitos alunos que odeiam trabalho em grupo. Isso porque eles não tiveram boas experiências trabalhando em grupos. Os grupos provavelmente não foram bem configurados. Eles podem ter recebido problemas fechados, ou podem não ter sido ensinados a ouvir, ser respeitosos e ter uma mente aberta. Mas para a grande maioria dos alunos, as matérias ganham vida quando são discutidas e quando eles pensam sobre as diferentes formas pelas quais os problemas podem ser abordados, por que suas ideias funcionam e como estão sendo usadas.

Muitas pessoas acreditam que a essência da aprendizagem de alta qualidade é trabalhar sozinho, estudando muito. As representações artísticas de pensar e aprender são em geral desenhos e estátuas de pessoas pensando seriamente. *O Pensador* de Rodin é um dos exemplos mais famosos – um homem sentado com o queixo apoiado no punho, aparentemente imerso em pensamentos. Mas o pensar é intrinsecamente social. Mesmo quando lemos um livro sozinhos, estamos interagindo com os pensamentos de outra pessoa. É muito importante, talvez a essência da aprendizagem, quando desenvolvemos a capacidade de nos conectar com as ideias de outra pessoa, para incorporá-las ao nosso pensamento e levá-las a novas áreas.

Quando as pessoas acolhem a incerteza, deixam de fingir que sabem tudo e em vez disso buscam recursos para aprender mais, abre-se uma maneira diferente de estar no mundo. Essa parece ser a essência de ser ilimitado e é algo que frequentemente observo em meus colegas de Stanford. Algumas pessoas, quando enfrentam um desafio, desistem, dizendo, por exemplo: "Não sei como usar esse *software*". Outros encaram o mesmo desafio dizendo: "Eu não conheço esse *software*, mas vou dar um jeito – vou procurar vídeos e recomendações e aprender. Não se preocupe". Eu vejo essas duas posturas com frequência e sempre observo com admiração aqueles que encaram novos desafios ou a aprendizagem com uma abordagem livre de limitações. Eles sempre acabam realizando mais e fazendo uso de um leque mais amplo de oportunidades.

A pressão que as pessoas sentem para saber tudo é bem real, mas é algo que muitas delas descreveram ter abandonado quando aprenderam sobre a ciência do cérebro e o valor do esforço e da abertura. Com que frequência as pessoas entram em reuniões ou em salas de aula preocupadas por não saberem o suficiente? E quão revigorante seria se as pessoas acolhessem os momentos de não saber e se dispusessem mais a reconhecer a dificuldade? Se as pessoas deixassem de lado a farsa de que sabem tudo e em vez disso aceitassem a incerteza, teriam uma maneira diferente de se orientar durante o dia, o que possibilitaria interações mais produtivas. Se as pessoas encarassem as conversas dessa forma, as empresas operariam de modo muito mais suave, as amizades se desenvolveriam melhor e todos relaxariam em seu trabalho e funcionariam de maneira mais eficaz.

A matemática costuma ser descrita como a mais solitária das matérias, mas ela é uma disciplina que, como todas as outras, foi construída mediante conexões entre ideias. Novas ideias e direções vêm de pessoas que argumentam umas com as outras, definem ideias e consideram as formas pelas quais elas estão ligadas umas às outras. Os pais, em particular de alunos de alto desempenho, costumam me dizer: "Meu filho sabe descobrir as respostas corretamente. Por que ele deveria ter que explicá-las?". Mas esses pais estão ignorando um ponto importante – a matemática sempre envolve comunicação e raciocínio.

Conrad Wolfram, conhecido por seu trabalho com o Wolfram Alpha, o *site* de conhecimento computacional na internet, e diretor da Wolfram Research, me disse que pessoas que não conseguem comunicar seu pensamento e suas ideias matemáticas não lhe são úteis como funcionários, pois não são capazes de participar na resolução de problemas em equipe. Na resolução de problemas em equipe, quando as pessoas comunicam suas ideias, outras podem se conectar com elas. A avaliação crítica de muitas mentes também protege contra ideias incorretas ou irrelevantes. Quando as pessoas não conseguem comunicar uma ideia ou explicar o raciocínio que as levou a ela, elas não são particularmente úteis em uma equipe de solucionadores de problemas. Tenho certeza de que esse princípio é verdadeiro em todas as áreas – pessoas que sabem explicar e comunicar suas ideias a outras pessoas, seja em matemática, ciências, arte, história ou qualquer área, são solucionadores de problemas mais eficazes e capazes de contribuir mais para o trabalho em empresas e outros grupos.

As seis chaves que foram apresentadas desempenham um papel importante em mudar a comunicação das pessoas e, consequentemente, criam uma infinidade de oportunidades de vida. Muitas pessoas encontram-se travadas demais para comunicarem-se bem. Elas têm medo de dizer algo errado e temem que o que dizem seja uma indicação de seu valor, de que estão sendo julgadas pelos outros. Quando as pessoas aprendem sobre mentalidade, crescimento do cérebro, multidimensionalidade e esforço, isso muitas vezes as destrava, dando-lhes uma perspectiva livre de limitações e permitindo-lhes abandonar o medo de serem julgadas. Em seu lugar, elas adotam a abertura e a incerteza e ficam mais dispostas a compartilhar ideias que, em colaboração com os outros, geram caminhos resolutivos. Essas colaborações melhoram a vida das pessoas, e as melhores colaborações, ao que parece, começam com uma abordagem ilimitada das pessoas e das ideias.

VIVENDO UMA VIDA LIVRE DE LIMITAÇÕES

Todos estamos aprendendo o tempo todo. Escolas e faculdades podem ser os lugares que associamos à aprendizagem, mas não são os únicos locais onde a aprendizagem acontece. Nossas vidas estão repletas de momentos de aprendizagem, e é na infinidade de oportunidades para se conectar de forma diferente, com ideias e com pessoas, que as chaves de aprendizagem apresentadas nesta obra podem entrar em jogo. Meu objetivo ao escrever este livro é oferecer ideias que possam melhorar todas as suas interações, para que você possa viver a vida da forma mais completa possível e ajudar a desbloquear outras pessoas, compartilhando as informações que aprendeu aqui.

O estudioso suíço Etienne Wenger criou um arcabouço importante para ajudar as pessoas a pensar sobre a aprendizagem de maneira diferente. Ele afirma que quando aprendemos algo, é mais do que apenas adquirir conhecimento ou acumular fatos e informações, porque o aprendizado nos transforma como pessoas.[1] Quando aprendemos novas ideias, vemos o mundo de outra forma – temos um modo diferente de pensar e um modo diferente de interpretar tudo o que acontece em nossas vidas. Como diz Wenger, a aprendizagem é um processo de formação de identidade. Os psicólogos costumavam ver a identidade como um conceito estático, afirmando que todos temos uma identidade que desenvolvemos na infância e mantemos por toda a vida. Contudo, trabalhos mais recentes deram à identidade um significado mais fluido, sugerindo que todos podemos ter identidades diferentes em diferentes partes de nossas vidas. Por exemplo, sua maneira de se apresentar como membro de uma equipe esportiva pode ser diferente da sua forma de se apresentar em seu trabalho ou em família. Escrevi este livro porque sei que, quando aprendemos sobre crescimento cerebral, mentalidade e pensamento multidimensional profundo e colaborativo, aspectos do nosso verdadeiro eu são desbloqueados. Essas ideias não nos transformam em pessoas diferentes, mas podem libertar o que já existia em nós, o que sempre foi possível, mas em muitos casos não está sendo realizado.

Em preparação para este livro, minha equipe e eu entrevistamos 62 pessoas com idades entre 23 e 62 anos e provenientes de seis países diferentes. No Twitter, pedi às pessoas que entrassem em contato comigo caso sentissem que haviam mudado por terem tomado conhecimento da ciência do cérebro, mentalidade e outras ideias sobre as quais falei. Minha equipe e eu entrevistamos as pessoas que responderam durante um período de vários meses. As entrevistas me surpreenderam. Eu esperava basicamente ouvir histórias interessantes sobre como as percepções e as formas de pensar das pessoas haviam mudado após elas terem adotado outra mentalidade. O que ouvi foi bem além disso. As pessoas com quem conversamos descreveram as *muitas* maneiras pelas quais mudaram – em suas relações com os outros, em seu modo de abordar novas ideias e a aprendizagem, no modo de criar seus filhos e na forma como interagiam com o mundo.

A primeira iniciativa de mudança foi aprender sobre o crescimento do cérebro – a ciência da neuroplasticidade. Muitas pessoas que entrevistamos tinham aceitado a noção de que havia limites para sua capacidade e que eram incapazes de fazer certas coisas. Por causa do meu campo e dos meus seguidores no Twitter, muitos dos entrevistados falaram sobre a capacidade de aprender matemática, mas poderiam ter falado sobre qualquer matéria ou habilidade em suas vidas. E quando descobriram que podiam, afinal, aprender matemática, mudaram suas ideias sobre aprendizagem em geral, percebendo que tudo era possível.

Angela Duckworth apresentou ao mundo o conceito psicológico de garra – de ser obstinado e determinado a perseguir uma ideia em uma direção específica.[2] A garra pode ser uma qualidade realmente importante, mas precisa de uma perspectiva estreita, uma concentração na única coisa que pode trazer sucesso. Atletas que alcançam êxito em nível mundial tiveram que se esforçar, concentrando-se em uma atividade e deixando as outras de lado, e a própria Duckworth fala sobre a necessidade de ser seletivo e não amplo – o que pode funcionar para algumas pessoas, mas não é a melhor abordagem para todos. Conheço pessoas que seguiram um caminho, rejeitando todo o resto, mas depois não alcançaram o seu sonho e ficaram desamparadas, incapazes de retornar aos outros caminhos que antes eram opções para elas. A ideia de garra também tem um foco individual, enquanto os acadêmicos apontam que resultados mais equitativos geralmente vêm do trabalho da comunidade.[3] Quando os jovens se sobressaem e superam barreiras para isso, é raro que a realização seja uma ação individual, sendo muito mais típico que ela seja um esforço coletivo, vindo de professores, pais, amigos, outros membros da família e aliados da comunidade. A garra não captura essa importante característica da realização, e pode inclusive dar às pessoas a ideia de que elas têm que seguir sozinhas – e alcançar realizações através de sua própria determinação focada.

Ser ilimitado é diferente de ter garra. Trata-se de uma liberdade de mente e corpo, uma maneira de abordar a vida com criatividade e flexibilidade, que acredito ser útil para todos. As pessoas que abordam a vida com uma perspectiva livre de limitações também são obstinadas e determinadas, mas não estão necessariamente concentradas em um único caminho. Liberdade e criatividade podem levar à garra, mas a garra não leva à liberdade ou à criatividade.

Enquanto escrevia essas considerações, fiquei sabendo da história de um jovem incrível na Inglaterra chamado Henry Fraser. Primeiramente li seu livro, *The Little Big Things*,[4] com um prefácio da criadora de *Harry Potter*, J. K. Rowling, e depois entrei em contato com ele. O livro detalha o acidente que mudou a sua vida, quando ele ficou paralisado depois de um mergulho no mar em Portugal.

Henry acabara de completar seu penúltimo ano do ensino médio; ele era um ávido entusiasta dos esportes e jogava no time de rúgbi da escola. No final do ano letivo, aceitou um convite para viajar a Portugal com um grupo de amigos do rúgbi, para passar alguns dias ao sol e fazer uma pausa merecida. No quinto dia de férias, durante um mergulho, bateu com a cabeça no fundo do mar e esmagou gravemente a medula espinal, uma lesão que o deixou tetraplégico.

Ele passou os próximos dias em ambulâncias e salas de cirurgia, com seus pais, que haviam ansiosamente atravessado a Europa, ao seu lado. Logo no início da recuperação, Henry atingiu o que seria previsível – uma profunda depressão, quando certo dia viu um reflexo de si mesmo paralisado, usando uma cadeira de rodas. Ele sucumbiu, repentinamente percebendo como sua vida havia mudado para sempre.

Nos primeiros dias de recuperação, Henry passou cinco semanas sem ver o lado de fora do quarto de hospital e seis semanas sem poder comer ou beber. Porém, quando começou a se recuperar, ele desenvolveu uma nova mentalidade que mudou a sua vida. Quando pôde enfim sentir a luz do sol outra vez, uma imensa gratidão brotou em seu interior. Quando respirava o ar fresco, sentia-se extremamente feliz, e quando lia as palavras de solidariedade nos cartões que lhe enviavam, sentia-se humilde e agradecido. Esses sentimentos não cessaram para Henry, que fez uma escolha ativa de ir além do arrependimento, optando pela gratidão. Para muitos na situação de Henry, a última coisa que sentiriam é gratidão, mas para Henry, que continua paralisado do pescoço para baixo, sim: encarando todos os dias com alegria, aproveitando as oportunidades que tem de aprender. Henry deu o título "A derrota é opcional" a um dos capítulos de seu livro, e sua mentalidade frente à adversidade tem muito a nos ensinar.

Depois que se adaptou à sua vida em uma cadeira de rodas, Henry aprendeu a pintar, segurando o pincel com a boca. Hoje, seus quadros impressionantes podem ser vistos em exposições por toda a Inglaterra, e seu livro, um recordista de vendas, está inspirando leitores no mundo inteiro. Como Henry conseguiu tudo isso após sua vida ter mudado tão dramaticamente em um verão? Em vez de mergulhar no desânimo, Henry tornou-se extraordinariamente brilhante e agora inspira milhões. Grande parte disso aconteceu para Henry porque ele acreditava que, se tentasse, poderia conseguir.

Quando chegou ao fundo do poço naquele dia, vendo-se na cadeira de rodas, é provável que Henry tenha se sentido bloqueado e severamente limitado, e tinha boas razões para isso. Mas ele optou por se libertar e romper os limites, com crenças positivas sobre seu potencial e sua vida. No final de seu livro, Henry diz que muitas vezes lhe perguntam sobre os dias em que ele "deve" se sentir deprimido e perguntar: "Por que eu?". Eis sua bela resposta:

> Eu olho para quem perguntou e lhe digo que acordo todos os dias grato por tudo que tenho em minha vida... Eu acordo todos os dias e faço um trabalho que adoro. Sou desafiado a me impulsionar de muitas maneiras em muitos níveis, e estou sempre aprendendo, sempre indo em frente. São poucas as pessoas que podem dizer isso, e quando vejo a minha vida dessa forma, me considero muito afortunado. Que motivos eu tenho para ficar triste? Eu tenho muitas razões para ser feliz.
>
> Não faz sentido insistir no que poderia ou deveria ter sido. O passado aconteceu e não pode ser mudado; só pode ser aceito. A vida é muito mais simples e muito mais feliz quando você sempre olha para o que pode, e não para o que não pode fazer.
>
> Todo dia é um bom dia.[5]

A postura positiva de Henry frente à vida é uma escolha que ele fez, e sua missão de "sempre olhar para o que pode, e não para o que não pode fazer" é uma ideia que pode ajudar a todos nós.

A postura de Henry de gratidão pelo que tem na vida foi estudada por psicólogos e ligada a uma série de resultados positivos. O psicólogo Robert Emmons é especializado em gratidão e descobriu que ela é essencial para o bem-estar das pessoas.[6] Ele aprendeu que pessoas agradecidas são mais felizes, enérgicas, emocionalmente inteligentes e menos propensas a ficarem deprimidas, solitárias ou ansiosas.[7] É importante ressaltar que as pessoas não são mais gratas porque são mais felizes, mas podem ser treinadas a serem mais gratas e a felicidade advém disso. Quando pesquisadores treinam pessoas para se tornarem mais gratas, essas pessoas ficam mais felizes e mais otimistas.

A escolha de Henry de ser grato pelas "pequenas coisas" teve um profundo impacto em sua vida e no que ele conseguiu realizar, mesmo depois deste enorme obstáculo a superar. A vida de Henry ilustra não apenas o impacto da gratidão, mas, mais genericamente, o poder da autoconfiança para alcançar o que muitos considerariam impossível.

Quando desistimos de algo e decidimos que não podemos fazê-lo, raramente é por causa dos limites reais;[8] em vez disso, é porque decidimos que não podemos fazê-lo. Somos todos suscetíveis a esse pensamento negativo e fixo, mas nos tornamos particularmente suscetíveis a ele quando envelhecemos e começamos a sentir que não somos física ou mentalmente tão fortes como antes. Dayna Touron, da Universidade da Carolina do Norte, conduziu pesquisas com adultos de mais de 60 anos e mostrou que até mesmo o envelhecimento é, em parte, resultado de nossas mentes.[9] Em seu estudo, os adultos tinham que comparar listas de palavras para ver quais palavras eram iguais em duas listas. Os adultos podiam realizar a tarefa de memória (os pesquisadores verificaram), mas muitos não confiaram em suas memórias e em vez disso examinaram laboriosamente as listas, procurando as palavras semelhantes.

Em outro estudo de pessoas mais jovens e mais velhas trabalhando em cálculos,[10] os pesquisadores descobriram que os mais jovens lembraram as respostas anteriores e as usaram, porém os mais velhos optaram por realizar os cálculos desde o início a cada vez. Como no primeiro experimento, os idosos tinham desenvolvido memórias que podiam usar, mas não confiaram nelas, motivo pelo qual não as usaram, o que limitou seu desempenho. Os pesquisadores também descobriram que essa evitação da memória e a falta de confiança limitavam o desempenho dos adultos em suas atividades cotidianas. Quando acreditamos que não podemos fazer algo, nossas ideias limitantes muitas vezes se tornam autorrealizáveis, e quando acreditamos que podemos fazer alguma coisa, geralmente podemos.

O conhecimento de que nossos cérebros estão mudando constantemente e que podemos aprender habilidades complexas em qualquer idade poderia ajudar os mais velhos que acreditam que estão em declínio e que não há nada que possam fazer a respeito. Muitas pessoas, à medida que envelhecem, começam a acreditar que são menos capazes, e isso muda muitas decisões que tomam em suas vidas. Por acreditarem que podem fazer menos, elas de fato fazem menos, o que resulta no declínio cognitivo que temem. Em vez de nos aposentarmos para uma vida de atividade mínima, a pesquisa nos diz que preencher nossos anos de aposentadoria com novos desafios e oportunidades de aprendizagem nos ajudaria. Pesquisas demonstraram que os idosos que buscam mais atividades de lazer têm um risco 38% menor de desenvolver demência.[11]

Denise Park começou a estudar o crescimento do cérebro em idosos e designou grupos de pessoas para diferentes atividades durante 15 horas por semana ao longo de três meses.[12] Os grupos ou aprenderam técnicas, como de *quilting** ou de fotografia, que exigiam seguir instruções detalhadas e usar a memória de longo prazo e atenção, ou participavam de atividades mais passivas, como ouvir música clássica. No final dos três meses, apenas nos cérebros das pessoas que aprenderam *quilting* ou fotografia ocorreram mudanças significativas e duradouras no córtex médio-frontal, temporal lateral e parietal – áreas associadas à atenção e à concentração. Diversos estudos apontaram os benefícios de novos *hobbies* que não são familiares e exigem um envolvimento prolongado para gerar maior crescimento cerebral. Aderir a um novo *hobby* ou aula que envolva concentração e esforço poderia trazer benefícios cerebrais substanciais que se estendem por toda a vida das pessoas.

Algumas das pessoas que entrevistamos falaram sobre o aspecto realmente importante de se tornarem ilimitadas – quando mudaram sua mentalidade, perceberam que podiam fazer qualquer coisa e que outras pessoas não

---

* *Quilting* é uma técnica de artesanato e significa acolchoamento, semelhante à utilizada em *patchwork*.

poderiam mais colocar obstáculos em seu caminho. Quando enfrentaram obstáculos, encontraram uma maneira de contorná-los, desenvolvendo novas estratégias e novas abordagens para testar. Quando deixamos de lado os limites e adotamos a ideia de que qualquer coisa pode ser alcançada, é possível modificar muitos aspectos de nossas vidas.

Beth Powell tem usado seu conhecimento sobre crescimento cerebral, multidimensionalidade e mentalidade para ajudar os jovens com quem trabalha a traçar novos futuros para si. Ela trabalha em uma escola para alunos com necessidades especiais e viu o que ela descreve como "milagres" acontecerem quando professores e alunos acreditam em novas possibilidades e caminhos abertos. Recentemente, porém, Beth descobriu que precisava aplicar sua mentalidade de crescimento à sua própria e delicada situação de saúde.

Beth foi forçada a parar de trabalhar quando desenvolveu sérios problemas de saúde e os médicos não conseguiram descobrir o que estava errado. Como os exames aos quais ela foi submetida não mostraram nenhum problema, os médicos concluíram que ela ficaria bem. Neste ponto, muitas pessoas teriam cedido e aceitado o que os médicos estavam dizendo. Mas Beth percebeu que ela poderia aplicar a mesma abordagem que usa com seus alunos para si. Com frequência, os alunos procuram Beth com sérias preocupações, embora os resultados das provas não revelem nenhuma deficiência ou área carente específica. Contudo, os alunos sabem que algo está errado. A resposta de Beth é considerar cada aluno integralmente, não como uma série de resultados de provas, e levar a sério suas preocupações. Beth aplicou este raciocínio a si mesma e decidiu procurar a ajuda de médicos holísticos. Eles conseguiram descobrir a causa de sua doença e ela recebeu a ajuda de que precisava, o que levou à sua recuperação.

Beth recordou que estava prestes a aceitar a aposentadoria por invalidez e desistir completamente do trabalho quando se lembrou de como os alunos se transformavam quando as pessoas nas suas vidas que sabiam sobre mudança cerebral trabalhavam com eles. Ela percebeu que sua situação era a mesma, e que ela precisava acreditar na mudança de seu corpo e sua situação médica, assim como ela acreditava na mudança para seus alunos. Então Beth conseguiu encontrar uma forma de contornar o obstáculo que estava enfrentando – a incapacidade dos médicos tradicionais de diagnosticar e tratar sua condição. As ações que Beth tomou nesses momentos exemplificam a abordagem de muitos dos entrevistados que se tornaram ilimitados. Eles enfrentaram barreiras, mas tinham desenvolvido uma nova determinação para encontrar maneiras de contorná-las. Eles se recusaram a aceitar um não como resposta, e usaram métodos diferentes e adotaram abordagens diversas para os problemas que enfrentavam, mesmo quando outros lhes diziam para aceitar julgamentos limitadores.

Hoje, Beth está de volta à escola ajudando alunos com necessidades educacionais especiais a se libertarem dos rótulos e limitações com os quais foram diagnosticados. Ela reflete que está ainda mais comprometida em ajudar seus alunos, porque ela própria passou pela experiência de desistir. Beth disse algo em nossa entrevista que me pareceu extremamente importante. Ela me contou que quando os alunos são encaminhados à escola, com frequência lhe dizem que eles "têm problemas comportamentais tão graves que são incapazes de aprender". Mas Beth se recusa a acreditar nisso, sabendo o que pode ser possível aos alunos se tiverem acesso à aprendizagem e a pessoas que acreditem neles.

Muitas vezes os professores me perguntam o que podem fazer com alunos "desmotivados". Tenho a firme convicção de que todos os alunos querem aprender, e que eles só se sentem desmotivados porque alguém, em algum momento de suas vidas, lhes passou a ideia de que eles não podem ser bem-sucedidos. Assim que deixam de lado essas ideias e alguém abre-lhes um caminho de aprendizagem, a falta de motivação desaparece.

A crença de Beth nos alunos se baseia no fato de ter visto mudanças incríveis durante muitos anos. Como ela ensina a partir da perspectiva de uma mentalidade de crescimento e faz uso de estratégias multidimensionais, seus alunos entram em sua escola com diferenças de aprendizagem, mas saem com um novo futuro, livres de rótulos e percepções negativas. Ela refletiu: "Os milagres agora são normais para mim por causa da ciência do cérebro".

Adotar o entendimento de que todos podemos mudar e crescer e que as limitações podem ser rejeitadas é a primeira chave para se destravar e encarar a vida com uma nova mente ilimitada. Isso geralmente permite que as pessoas abandonem a ideia de que não são boas o suficiente – e nunca é demais enfatizar a importância dessa mudança em especial. Muitas pessoas passam a vida sentindo-se inadequadas, frequentemente porque um professor, um chefe ou, infelizmente, um dos pais ou outro membro da família as fez se sentirem assim. Quando as pessoas acham que não são boas o suficiente, cada falha ou erro é mais uma oportunidade de se açoitarem. Quando as pessoas percebem que ideias negativas e limitadoras são falsas, que qualquer mudança pode acontecer e que os momentos de dificuldade e fracasso são positivos para o crescimento cerebral, elas deixam de se sentir envergonhadas e começam a se sentir capazes.

Uma segunda chave importante é saber que os momentos em que temos dificuldade e cometemos erros são bons para os nossos cérebros. Há duas maneiras de encarar os erros que cometemos – negativamente, com pesar, ou positivamente, com a ideia de que eles serão uma oportunidade de aprendizado, crescimento do cérebro e melhores resultados. Eu adoto uma atitude positiva frente aos erros, pensando nos resultados positivos que podem surgir deles todos os dias. Às vezes, os erros são inócuos e podem ser facilmente corrigidos. Outras vezes, eles podem ter consequências reais e negativas – inicialmente –, embora seja frequente o aparecimento de resultados positivos mais tarde. Os erros fazem parte da vida, e quanto mais corajosas forem suas escolhas, mais erros você provavelmente irá cometer. Aceitá-los não fará qualquer diferença no número de erros cometidos, mas você pode optar por encará-los de forma positiva ou negativa. Se escolher a primeira opção, isso o ajudará a se tornar ilimitado.

Martin Samuels é um médico que adota uma postura positiva em relação aos erros, apesar de estar em uma profissão que se empenha muito em proibi-los. O mundo da medicina reconhece que erros podem custar vidas, e as autoridades publicam artigos e diretrizes defendendo a sua prevenção a todo custo, o que deve desafiar os médicos que querem adotar uma postura de tolerância aos erros na vida.

A atitude de acolher os erros é pouco comum entre os médicos, mas Samuels reconhece que é através deles que o conhecimento se desenvolve. Em vez de se punir por causa deles, Samuels mantém um registro cuidadoso de seus erros, categoriza-os e os compartilha em conferências e outros eventos. Em uma postagem em seu *blog* intitulada "Em defesa dos erros", ele afirma que, sem erros "não haveria mais nenhuma evolução do pensamento médico", e se os médicos aceitassem os erros em vez de temê-los, e os vissem como oportunidades para aprender em vez de se envergonhar, poderiam realmente se concentrar no inimigo real, que é a doença.[13] Essa abordagem aberta e positiva frente aos erros ajudou Samuels a aprender com eles, tornar-se um médico melhor e ajudar os outros em seu caminho de aprendizagem e crescimento.

Acolher a dificuldade – e escolher caminhos que são difíceis – é igualmente importante. Se você se fixa em rotinas e faz a mesma coisa todos os dias, é improvável que seu cérebro desenvolva novas rotas e conexões. Mas se você constantemente desafiar a si mesmo e encarar a luta, seguindo novas abordagens e encontrando novas ideias, desenvolverá uma perspicácia que melhorará todos os aspectos de sua vida.

Outra chave fundamental para ser ilimitado é ver a vida através de lentes multidimensionais, o que envolve enxergar as muitas maneiras diferentes pelas quais podemos abordar os problemas – e a vida. Isso pode ajudar a aprender o conteúdo em qualquer matéria e em qualquer nível, da pré-escola à pós-graduação e na vida cotidiana. Se você não consegue avançar em uma tarefa ou em um problema, é altamente provável que, se pensar de outra forma e adotar uma abordagem contrastante – por exemplo, substituindo palavras por tabelas, números por imagens, ou algoritmos por gráficos –, surjam soluções.

Em 2016, um evento notável aconteceu. Um problema de matemática que nunca fora resolvido, apesar dos muitos matemáticos que tentaram, foi abordado por dois jovens cientistas da computação.[14] O problema consistia em dividir um objeto contínuo, quer fosse um bolo ou um terreno, de maneira igualitária, ou seja, de modo que cada parte ficasse satisfeita com o pedaço que recebeu. Os matemáticos haviam construído uma prova que funcionou mas era "interminável", isto é, necessitava operar um milhão ou um bilhão de passos, ou qualquer número grande, dependendo das preferências dos operadores. Alguns matemáticos decidiram que a prova interminável era a melhor que poderiam encontrar.

Todavia, os dois jovens decidiram abordar o problema de maneira diferente. Eles não tinham a riqueza de conhecimento dos matemáticos que haviam tentado, mas essa falta de conhecimento lhes foi útil. Eles não estavam presos pelo que sabiam, como acontece com muitos; eles estavam livres por saberem menos mas serem capazes de abordar o problema com criatividade.

Muitas pessoas falaram sobre a audácia deste evento – a resolução de um problema de matemática difícil não por matemáticos, mas por dois jovens sem amplo conhecimento de matemática. O conhecimento, entretanto, às vezes pode ser inibidor; ele pode sufocar o pensamento criativo[15] e levar as pessoas a usarem métodos de um domínio que deveria ser olhado de fora. Os dois cientistas da computação que fizeram a descoberta acreditavam que seu sucesso devia-se ao fato de que eles tinham menos conhecimento do que os outros, o que lhes permitiu pensar de forma diferente.

Na atualidade, as escolas, os estabelecimentos de ensino e muitas empresas não encorajam suficientemente a diversidade de pensamento, e às vezes o pensamento não rotineiro é visto com desdém ou totalmente rejeitado. As escolas são projetadas para transmitir o conhecimento estabelecido mesmo quando ele está ultrapassado, não é a única maneira de pensar e não é o melhor modo de resolver problemas. Isso é algo que deve mudar.

Antes que o problema que mencionei fosse resolvido, os matemáticos acreditavam que eles não sabiam o suficiente para resolvê-lo. Eles efetivamente desistiram de encontrar uma solução que funcionasse para qualquer caso e planejavam tentar provar que o problema era insolúvel. A nova abordagem do problema pelos cientistas da computação agora abriu o caminho para novos rumos de investigação matemática.

Além de pensar de maneira diferente e criativa e acolher a mudança, outro ingrediente fundamental de tornar-se ilimitado envolve colaborar de forma diferente com as pessoas. Uma maneira produtiva de fazê-lo é interagir com os outros com a disposição de compartilhar ideias mesmo quando você não tem certeza, em vez de fingir ser um especialista. Quando as interações são abordadas com uma receptividade para aprender e expandir, em vez de um desejo de parecer bom, todos se beneficiam.

A colaboração aberta é muito mais propensa a acontecer em empresas e em outras instituições quando modelada por gestores e líderes. Quando são eles que dizem, "eu não sei, mas gostaria de aprender", os outros sentem-se encorajados a aceitar a incerteza e a aprendizagem. Quando eles estão dispostos a ouvir, a expandir seu entendimento e a assumir abertamente quando estão errados, as coisas mudam para quem trabalha com eles. Quando gestores e líderes fazem isso em suas empresas, e professores e pais o fazem com alunos e filhos, estabelece-se uma cultura de abertura e crescimento.

Mark Cassar é diretor de uma escola em Toronto. Ele trabalhou para infundir ideias de mentalidade em todas as escolas que dirige. Em minha visita à escola, eu estava animada para ver matérias sendo ensinadas através de uma abordagem multidimensional. Sentei-me e entrevistei um grupo de jovens alunos, com idades entre 7 e 10 anos, e fiquei emocionada ao ouvi-los falar sobre a abordagem da escola, o ambiente de tolerância aos erros e sua autoconfiança – que eram capazes de aprender qualquer coisa.* As ideias que apresento neste livro, sobre mentalidade, criatividade e multidimensionalidade, influenciaram Mark em seu trabalho para mudar o ensino, bem como em seu trabalho como gerente de pessoas. Em sua entrevista comigo, Mark falou sobre sua reavaliação de erros e como isso o ajudou como gestor:

> Eu diria que, agora, sou muito menos crítico em relação aos erros que cometo. Na verdade, sou um pouco menos duro comigo porque me permito fazer uma pausa para dizer, "Mark, não há problema em cometer erros, contanto que você aprenda com eles". E acho que como diretor eu adoto uma abordagem muito parecida com as crianças. "Tudo bem. Erros são bons desde que você aprenda com eles. O que você aprendeu com eles? E como podemos ser pessoas melhores seguindo adiante?". Acho que isso me transformou pessoalmente, mas também como profissional.
>
> Quando você lida com pessoas o dia inteiro como eu, é fácil errar, e às vezes acho que ter uma mentalidade de crescimento lhe permite ser reflexivo e dizer: "Ok, quer saber? Como lidei com a situação e de que modo posso fazer algo diferente da próxima vez?". Acho que eu não teria sido capaz de fazê-lo tão bem antes de conhecer todo o seu trabalho, mas agora isso me ajudou a melhorar muito na capacidade de ser reflexivo e pensar de maneira crítica, em situações em que antes eu não seria.
>
> Isso me faz lembrar de uma época em que eu estava lidando com um aluno que cometeu um grande erro no modo como estava se comportando na escola. E fui bastante crítico no meu jeito de me aproximar dele, achando que eu estava certo e ele errado, só para descobrir mais tarde, quando os fatos se esclareceram, que na verdade ele estava certo e eu estava errado. E eu percebi: "Tudo bem, mas sabe de uma coisa? Só porque sou o diretor não posso presumir que não tenho o dever para comigo mesmo de melhorar. Porque apesar de você ser o chefe, por assim dizer, isso não significa que você está acima de qualquer repreensão, certo?". Na verdade, procurei o aluno e lhe disse: "Quer saber? Acho que cometi um erro. Você estava certo, eu estava errado, e da próxima vez vou lidar com isso de uma forma um pouco diferente". Penso que nas ações cotidianas de como a gente se conduz, isso fez uma grande diferença para mim.

Mark desenvolveu uma escola na qual todos os professores adotaram uma abordagem de mentalidade e multidimensionalidade, e eles viram o amor

---

* Mais detalhes sobre a abordagem da escola de Mark e um vídeo (em inglês) de seus alunos podem ser vistos aqui: https://www.youcubed.org/resources/an-example-of-a-growth-mindset-k-8-school.

dos alunos pela aprendizagem e seu desempenho aumentar por causa disso. Uma parte relevante da mudança em que trabalharam juntos é transformar a avaliação e as provas. Os professores perceberam algo importante – que é difícil dizer aos alunos que os erros são muito úteis para o aprendizado mas depois penalizá-los nas provas para cada erro que cometem.

Os professores ainda avaliam os alunos, mas em vez de dar uma nota inútil e punir os erros, eles dão o que eu costumo descrever como o maior presente que os professores podem lhes dar: comentários diagnósticos sobre maneiras de melhorar com base em uma rubrica nivelada (um guia de pontuação avaliativo). Mark disse que no início os alunos procuraram por uma nota e isso era tudo com o que se importavam, o que geralmente é o resultado de uma cultura de desempenho (em vez de uma cultura de aprendizagem). Mas agora os alunos veem a rubrica, entendem onde estão no aprendizado e leem os comentários dos professores para saber como melhorar. Essa mudança na avaliação é a melhor forma de compartilhar com os alunos a mensagem de que crescimento e aprendizagem são o que você valoriza e que você pode ajudá-los a melhorar com orientação.[16] Uma das rubricas da escola de Mark pode ser encontrada no Apêndice II, e mais detalhes estão disponíveis no youcubed.org.

Mark e seu corpo docente estão trabalhando para dar aos alunos uma abordagem ilimitada da vida, o que, infelizmente, contrasta com as perspectivas de tantos alunos e adultos que aprenderam a ver a si mesmos e suas situações sob uma ótica de fixidez. Algumas pessoas foram atreladas a um modo negativo de pensar por seus pais, que as fizeram sentir que não eram boas o suficiente. As crianças também podem ficar travadas por causa de interações em sala de aula e de pessoas que não acreditam nelas e pressupor que não podem aprender. Mas elas também são travadas quando o conteúdo é monótono, chato e repetitivo e elas não conseguem ver uma forma de aprender. Existem inúmeras maneiras pelas quais o mundo em que vivemos tenta limitar a confiança em nós mesmos e em nosso potencial. E agora, temos uma melhor compreensão das chaves necessárias para enfrentar esses obstáculos, independentemente da situação em que nos encontramos.

Abandonar a crença de que há limites para a aprendizagem, e para a vida, e passar a acreditar que tudo pode ser aprendido ou alcançado significa mudar de uma mentalidade fixa para uma mentalidade de crescimento. Fazer essa mudança tem um efeito transformador em nossas vidas. Paramos de pensar que não somos bons o suficiente e começamos a correr mais riscos. Quando adicionamos o conhecimento de que as dificuldades e falhas são importantes para nossos cérebros e podem ser consideradas como oportunidades de aprendizagem, uma liberação ainda maior é possível. Começamos a ver nossas mentes como fluidas em vez de fixas e começamos a ver infinitas possibilidades de vida. Quando também aprendemos que podemos usar uma abordagem multidimensional do conteúdo acadêmico e dos problemas da vida e que podemos colaborar com os outros como parceiros em vez de concorrentes, ocorrem mudanças não apenas em nossas ideias a respeito de potencial, mas também em todas as interações que permeiam nosso viver. Percebemos que não podem ser colocados obstáculos em nosso caminho, que podemos sempre desenvolver estratégias para superá-los.

Mudamos nossas mentes, mas também nossos corações e espíritos, à medida que ficamos mais flexíveis, fluidos e adaptáveis. Se enfrentarmos obstáculos, encontraremos maneiras de contorná-los, recusando-nos a aceitar os julgamentos negativos dos outros. Alguns de nós mudarão não apenas as próprias vidas; à medida que começamos a nos ver como líderes e embaixadores, também podemos ajudar os outros a viverem vidas livres de limitações. Mesmo as crianças pequenas que aprendem sobre crescimento e mudança cerebral, erros e multidimensionalidade geralmente assumem a responsabilidade de compartilhar as informações com todas as pessoas ao seu redor.

O livro de Shawn Achor, *The Happiness Advantage*, propõe-se a dissipar um importante mito limitador. Muitas pessoas acreditam que serão mais felizes se trabalharem mais, conseguirem um emprego melhor, encontrarem um parceiro perfeito, perderem cinco quilos, e assim por diante (substituam por qualquer objetivo de sua preferência). Mas uma série de estudos investigativos vêm demonstrando que esse pensamento é regressivo, e que quando as pessoas se tornam positivas, elas ficam mais motivadas, engajadas, criativas e produtivas das mais variadas formas. Como ele diz: "A felicidade alimenta o sucesso, e não o contrário".[17] Achor ilustra a importância do pensamento positivo com uma história pessoal particularmente adorável, mas poderosa, de sua infância, que quero compartilhar com vocês.

Shawn tinha 7 anos na época, brincando com sua irmã de 5 anos na cama de cima de seu beliche. Como irmão mais velho, lhe disseram que ele era responsável pelos dois enquanto brincavam em silêncio e seus pais tiravam uma soneca. Como irmão mais velho, ele também decidia do que iriam brincar, então sugeriu uma batalha militar entre seus Comandos em Ação e os unicórnios e Pequenos Pôneis dela!

Os dois irmãos enfileiraram seus brinquedos, mas depois, em um momento de empolgação, a menininha caiu do beliche. Shawn ouviu um estrondo, e quando olhou, viu que Amy havia caído sobre as mãos e os joelhos, de quatro. Naquele momento, ele ficou preocupado, não só porque ela poderia ter-se machucado, mas porque ele percebeu que ela estava prestes a irromper em um choro alto, o que acordaria seus pais. Então, como ele se recorda:

> Como a crise é a mãe de todas as invenções, fiz a única coisa que meu frenético cérebro de 7 anos de idade poderia pensar em fazer. Eu disse: "Amy, espera aí! Espera. Você viu como você caiu? Nenhum ser humano cai de quatro desse jeito. Você... você é um unicórnio!"[17]

Ele sabia que a coisa que sua irmã mais queria na vida era ser um unicórnio, e nesse momento ela escolheu não chorar, mas sim ficar animada com sua "nova identidade de unicórnio". Um sorriso irrompeu em seu rosto, e ela subiu de volta no beliche para continuar brincando.

Para mim, esta é uma história poderosa, porque ela trata dos tipos de momentos de escolha que preenchem nossas vidas. Podemos escolher ser negativos ou positivos, e o que escolhemos muda nossa perspectiva e futuro. Nem sempre temos um irmão mais velho para nos dar a ideia de que podemos ser um unicórnio; em vez disso, temos o conhecimento – de maneiras de lidar com o fracasso, de desenvolver uma mentalidade positiva, de usar a multidimensionalidade e a criatividade na solução de problemas – e, o mais importante, o conhecimento de que a forma como reagimos moldará os resultados futuros. Uma mudança de mentalidade não modifica apenas o modo como pensamos sobre a realidade; ela altera nossa realidade.

Como educadora há muitos anos, tenho conhecido alunos – crianças e adultos – que foram reprimidos por limites. Felizmente, meu trabalho também permite que eu conheça crianças e jovens adultos que aprenderam que podem fazer qualquer coisa e que nada os limitará, e observo como o pensamento positivo deles afeta tudo ao seu redor. Quando eles caem do beliche metafórico, o que acontece com todos nós de vez em quando, eles não choram; em vez disso, eles decidem "Eu sou um unicórnio!".

Então, meu conselho final para você é aceitar a dificuldade e o fracasso, correr riscos e não permitir que as pessoas obstruam seus caminhos. Se uma barreira ou obstáculo for colocado em seu caminho, encontre uma forma de contorná-lo, adote uma abordagem diferente. Se você está em um emprego e prefiriria assumir uma tarefa pela qual outra pessoa sempre se encarregou, explore essa nova possibilidade. Se o seu emprego não permite que você trabalhe fora dos limites, então talvez você deva procurar outro. Não aceite uma vida de limites. Em vez de rever as coisas que deram errado, olhe para frente e seja positivo quanto às oportunidades de aprendizagem e aprimoramento. Veja os outros como colaboradores, com quem você pode crescer e aprender. Partilhe a incerteza com eles e esteja aberto para diferentes formas de pensar. Se você é educador ou gestor, descubra como seus alunos ou colegas pensam. Valorize várias formas de pensar, ver e trabalhar. O aspecto mais bonito da resolução de problemas é a multidimensionalidade, as múltiplas formas pelas quais qualquer problema pode ser visto ou resolvido. Essa é a diversidade da vida que é tão importante aceitar e valorizar – na matemática, na arte, na história, na administração, nos esportes, em qualquer coisa.

Experimente viver um único dia da sua vida com uma abordagem livre de limitações e você notará a diferença. Desbloqueie os caminhos de outras pessoas e saiba que você mudará suas vidas para melhor, e elas podem prosseguir e mudar a vida de outras pessoas. Não há nada mais importante para a nossa própria vida ou para as vidas de nossos alunos do que saber que sempre podemos sonhar com voos mais altos. Às vezes, não teremos sucesso, e tudo bem, mas sempre será útil iniciar a jornada – especialmente se a perspectiva que assumirmos dessa jornada for de fato ilimitada.

RECURSOS PARA AJUDAR A MUDAR MENTALIDADES E ABORDAGENS

Quatro mensagens de incentivo para estudantes:

https://www.youcubed.org/resources/four-boosting-messages-jo-students/

Aula gratuita na internet (em inglês e espanhol) para melhorar a mentalidade dos estudantes e a abordagem da matemática:

https://www.youcubed.org/online-student-course/

Uma coleção de vídeos sobre mentalidade para estudantes:

https://www.youcubed.org/resource/mindset-boosting-videos/

Filme sobre repensar a superdotação:

https://www.youcubed.org/rethinking-giftedness-film/

Filme sobre diferentes experiências com fatos matemáticos:

https://www.youcubed.org/resources/different-experiences-with-math-facts/

Tarefas matemáticas visuais criativas:

https://www.youcubed.org/tasks/

Cartazes gratuitos para baixar:

https://www.youcubed.org/resource/posters/

Dois cursos *on-line* para pais e professores:

https://www.youcubed.org/online-teacher-courses/

Livros para o ensino fundamental (K-8):
https://www.youcubed.org/resource/k-8-curriculum/

Uma coleção de reportagens curtas e acessíveis sobre as ideias deste livro:
https://www.youcubed.org/resource/in-the-news/

APÊNDICE I

EXEMPLOS DE ABORDAGENS NUMÉRICAS E VISUAIS PARA PROBLEMAS DE MATEMÁTICA

A seguir estão duas questões matemáticas padrão com soluções visuais. Estes são os tipos de questões que podem ter gerado ansiedade e ódio na escola, com boas razões. Já escrevi extensamente sobre os danos de problemas enunciados com palavras e contextos falsos, nos quais os alunos devem acreditar apenas em parte e ignorar tudo o que sabem sobre a situação real. Porém, observe as diferentes maneiras de resolvê-los como uma ilustração do que é possível quando pensamos visualmente.

Este problema foi adaptado de outro usado por uma educadora de matemática maravilhosa, Ruth Parker. Ela propôs esta questão:

> Um homem quer comprar 1/4 de libra de peru. Ele entra em uma loja que lhe dá 3 fatias que pesam 1/3 de libra. Que proporção das 3 fatias ele precisa?

Uma abordagem numérica:

3 fatias = ⅓ de libra

x fatias = ¼ de libra

⅓ x = ¾

x = ¾

Uma abordagem visual:

○○○ = ⅓ de libra

○○○
○○○ = ⅓ de libra
○○○

○○○
○○○ = ¼ de libra
○○○ (ou 2 ¼ fatias)

O segundo é um daqueles problemas terríveis e irrealistas que enchem os livros de matemática:

> Jo e Tesha têm um número de cartas na proporção de 2:3.
> Tesha e Holly têm um número de cartas na proporção de 2:1. Se Tesha tem 4 cartas mais que Jo, quantas cartas Holly tem? Dê uma resposta e explique brevemente seu raciocínio.

Uma abordagem numérica:

Jo e Tesha 2:3

Tesha e Holly 2:1

As cartas de Jo e Tesha são divididas em 5, com uma proporção de 2:3.

Tesha tem $\frac{1}{5}$ mais que Jo.
Tesha tem 4 cartas mais.

$\frac{1}{5} = 4$

$1 = 20$

Então juntas elas têm 20 cartas.

Jo tem $\frac{2}{5} \times 20$ e
Tesha tem $\frac{3}{5} \times 20$

Jo tem 8 e Tesha tem 12.

A relação entre Tesha e Holly é de 2:1, Então, Holly tem 6 cartas.

Uma abordagem visual:

Jo e Tesha 2:3   Tesha e Holly 2:1

Jo   Tesha
☐☐   :   ☐☐☐

(como essas são proporções, ainda não sabemos o valor)

Tesha   Holly
☐☐☐   :   ☐☐

Tesha tem 4 cartas mais que Jo, então elas parecem assim.

Jo   Tesha
☐☐   :   ☐☐☐ 4

Então cada bloco = 4

De Holly

☐ ☐ = 6
4 2

APÊNDICE II

UMA RUBRICA DE AMOSTRA

Aqui está uma rubrica da escola de Mark Cassar. Nesta rubrica, o professor decide se um aluno satisfez a área de aprendizagem descrita nos "critérios" e inclui um *feedback* para o aluno sobre maneiras de melhorar. Nesse caso, a rubrica também reflete uma conversa que o professor teve com o aluno para garantir sua compreensão.

Problema dos palitos (Padronização)
Avaliação para/como aprendizagem

Critérios	1	2	3	4	Feedback
Criar, identificar, estender padrões		✓			"Como você poderia descobrir o número de palitos para o 6º termo?"
Fazer uma tabela de valores para um padrão	✓				Uma tabela de valores (tabela +) vai te ajudar a determinar a regra do padrão
Comunicar o pensamento matemático por escrito e por imagens (comunicação e representação) & oral			✓		Conversa com o aluno "me fale sobre" $\frac{22}{6}$

1 = Expectativa não atendida; **2** = próximo da expectativa;
3 = atende a expectativa; **4** = excede a expectativa.

*Tive uma conversa com o aluno; suas mudanças estão descritas em #2b

"Estou somando para encontrar o total."

NOTAS

AS SEIS CHAVES

1. JOHNSTON-WILDER, S.; BRINDLEY, J.; DENT, P. *A survey of mathematics anxiety and mathematical resilience among existing apprentices*. London: Gatsby Charitable Foundation, 2014.

2. DRAZNIN, S. Math anxiety in fundamentals of algebra students. The Eagle Feather, n. 5, 2008. Disponível em: http://eaglefeather.honors.unt.edu/2008/article/179#.W-idJS2ZNMM; BETZ, N. Prevalence, distribution, and correlates of math anxiety in college students. *Journal of Counseling Psychology*, v. 25, n. 5, p. 441–448, 1978.

3. YOUNG, C. B.; WU, S. S.; MENON, V. The neurodevelopmental basis of math anxiety. *Psychological Science*, v. 23, n. 5, p. 492–501, 2012.

4. COYLE, D. *The talent code:* greatness isn't born - it's grown. here's how. New York: Bantam, 2009.

5. MERZENICH, M. *Soft-wired:* how the new science of brain plasticity can change your life. San Francisco: Parnassus, 2013.

6. ERICSSON, A.; POOL, R. *Peak:* secrets from the new science of expertise. New York: Houghton Mifflin Harcourt, 2016.

7. DWECK, C. S. *Mindset:* the new psychology of success. New York: Ballantine Books, 2006.

8. DWECK, C. S. Is math a gift? Beliefs that put females at risk. *In*: CECI, S.; WILLIAMS, W. M. (ed). *Why aren't more women in science?* Top researchers debate the evidence. Washington: American Psychological Association, 2006.

9. YEAGER, D. S. *et al.* Breaking the cycle of mistrust: wise interventions to provide critical feedback across the racial divide. *Journal of Experimental Psychology*: *General*, v. 143, n. 2, p. 804-824, 2014.

COMO A NEUROPLASTICIDADE MUDA... TUDO

1. MERZENICH, M. *Soft-wired*: how the new science of brain plasticity can change your life. San Francisco: Parnassus, 2013. p. 2.
2. DOIDGE, N. *The brain that changes itself.* New York: Penguin, 2007.
3. DOIDGE, N. *The brain that changes itself.* New York: Penguin, 2007. p. 55.
4. MAGUIRE, E.; WOOLLETT, K.; SPIERS, H. London taxi drivers and bus drivers: a structural MRI and neuropsychological analysis. *Hippocampus*, v. 16, n. 12, p. 1091–1101, 2006.
5. WOOLLETT, K.; MAGUIRE, E. A. Acquiring 'the knowledge' of London's layout drives structural brain changes. *Current Biology,* v. 21, n. 24-2, p. 2109–2114, 2011.
6. MCPHERSON, E. *et al.* Rasmussen's Syndrome and Hemispherectomy: Girl Living with Half Her Brain. Disponível em: https://www.huffpost.com/entry/rasmussens-syndrome-camer_n_513433?guccounter=1&-guce_referrer=aHR0cHM6Ly93d3cuZ29vZ2xlLmNvbS8&guce_referrer_sig=AQAAAJKzmc9zVdmdyCqX3wU6JdskE0fCG_vNmyOTWD-vv_NJQm-dLvbq5b_YhE-PN_m7XPGe46in2uP9ZTxKxVUKfYrvp-C_qd-1vxWkA-s8hJSLErQqQXEP-cPFSSuSsRU3DUuOPo6rp-42XBVGjZ2w7E-dIil5rQTYAyEeN69mdoJv1kz. Acesso em: 16 jul. 2019.
7. DOIDGE, N. *The brain that changes itself.* New York: Penguin, 2007. p. xix.
8. DOIDGE, N. *The brain that changes itself.* New York: Penguin, 2007. p. xx.
9. DIXON, A. Editorial. *FORUM,* v. 44, n. 1, p. 1, 2002.
10. SPARKS, S. D. Are classroom reading groups the best way to teach reading? Maybe not. *Education Week,* 2018. Disponível em: http://www.edweek.org/ew/articles/2018/08/29/are-classroom-reading-groups-the-best-way.html. Acesso em: 16 jul. 2019.
11. BOALER, J. Mentalidades Matemáticas: estimulando o potencial dos estudantes por meio da matemática criativa, das mensagens inspiradoras e do ensino inovador. Porto Alegre: Penso, 2017.

12. BOALER, J. *et al*. How one city got math right. *The Hechinger Report,* 2018. Disponível em: https://hechingerreport.org/opinion-how-one-city-got-math-right/. Acesso em: 15 jul. 2019.
13. LETCHFORD, L. *Reversed*: a memoir. Irvine: Acorn, 2017.
14. DOIDGE, N. *The brain that changes itself.* New York: Penguin, 2007. p. 34.
15. LEWIS, K.; LYNN, D. Against the odds: insights from a statistician with Dyscalculia. *Education Sciences*, v. 8, n. 2, p. 63, 2018.
16. IUCULANO, T. *et al*. Cognitive tutoring induces widespread neuroplasticity and remediates brain function in children with mathematical learning disabilities. *Nature Communications*, v. 6, p. 8453, 2015. Disponível em: https://www.nature.com/articles/ncomms9453. Acesso em: 16 jul. 2019.
17. LESLIE, S. J. *et al*. Expectations of brilliance underlie gender distributions across academic disciplines. *Science*, v. 347, n. 6219, p. 262-265, 2015.
18. STEPHENS-DAVIDOWITZ. S. Google, tell me: Is my son a genius? *New York Times*, 2014. Disponível em: https://www.nytimes.com/2014/01/19/opinion/sunday/google-tell-me-is-my-son-a-genius.html. Acesso em: 15 jul. 2019.
19. STORAGE, D. *et al*. The frequency of 'brilliant' and 'genius' in teaching evaluations predicts the representation of women and african americans across fields. *PLoS ONE*, v. 11, n. 3, p. e0150194, 2016.
20. HARRON, P. Welcome to office hours. *The Liberated Mathematician*, 2015. Disponível em: http://www.theliberatedmathematician.com/. Acesso em: 15 jul. 2019.
21. SAPIR, E. Maryam Mirzakhani as thesis advisor. *Notices of the AMS*, v. 65, n. 10, p. 1229-1230, 2018. Disponível em: http://www.ams.org/journals/notices/201810/rnoti-p1221.pdf. Acesso em: 15 jul. 2019.
22. No momento em que escrevo, o filme, que pode ser assistido em http://www.youcubed.org/rethinking-giftedness-film, já teve 62.000 visualizações.
23. COYLE, D. The talent code: greatness isn't born - it's grown. here's how. New York: Bantam, 2009. p. 178.
24. ERICSSON, A.; POOL, R. *Peak:* secrets from the new science of expertise. New York: Houghton Mifflin Harcourt, 2016.

POR QUE DEVERÍAMOS APRECIAR OS ERROS, AS DIFICULDADES E ATÉ O FRACASSO

1. MOSER, J. S. *et al.* Mind your errors: evidence for a neural mechanism linking growth mind-set to adaptive posterror adjustments. *Psychological Science*, v. 22, n. 12, p. 1484–1489, 2011.
2. COYLE, D. *The talent code:* greatness isn't born - it's grown. here's how. New York: Bantam, 2009.
3. MANGELS, J. A. *et al.* Why do beliefs about intelligence influence learning success? A social cognitive neuroscience model. *Social Cognitive and Affective Neuroscience*, v. 1, n. 2, p. 75–86, 20006. Disponível em: http://academic.oup.com/scan/article/1/2/75/2362769. Acesso em: 16 jul. 2019.
4. COYLE, D. *The talent code:* greatness isn't born - it's grown. here's how. New York: Bantam, 2009. p. 2-3.
5. COYLE, D. *The talent code:* greatness isn't born - it's grown. here's how. New York: Bantam, 2009. p. 3-4.
6. COYLE, D. *The talent code:* greatness isn't born - it's grown. here's how. New York: Bantam, 2009. p. 5.
7. ERICSSON, A.; POOL, R. *Peak:* secrets from the new science of expertise. New York: Houghton Mifflin Harcourt, 2016. p. 75.
8. STIGLER, J. W.; HIEBERT, J. *The teaching gap:* best ideas from the world's teachers for improving education in the classroom. New York: Free Press, 2009.
9. BJORK, E. L.; BJORK, R. Making things hard on yourself, but in a good way: creating desirable difficulties to enhance learning. *In*: GERNSBACHER, M. A.; POMERATZ, J. R. (ed.). *Psychology and the real world.* New York: Worth, 2009. p. 55-64.
10. BOALER, J.; DANCE, K.; WOODBURY, E. From performance to learning: assessing to encourage growth mindsets. *Youcubed,* 2018. Disponível em: tinyurl.com/A4Lyoucubed. Acesso em: 16 jul. 2019.

MUDANDO SUA MENTE, MUDANDO SUA REALIDADE

1. ZAHRT, O. H.; CRUM, A. J. Perceived physical activity and mortality: evidence from three Nationally Representative U.S. Samples. *Health Psychology,* v. 36, n. 11, p. 1017-1025, 2017.

2. LEVY, B. R. *et al.* Longevity increased by positive self-perceptions of aging. *Journal of Personality and Social Psychology,* v. 83, n. 2, p. 261-270, 2002.

3. LEVY, B. R *et al.* Age stereotypes held earlier in life predict cardiovascular events in later life. *Psychological Science,* v. 20, n. 3, p. 296-298, 2009. Disponível em: https://www.ncbi.nlm.nih.gov/pmc/articles/PMC2666386/. Acesso em: 16 jul. 2019.

4. CRUM A. J.; LANGER, E. J. Mind-set matters: exercise and the placebo effect. *Psychological Science,* v. 18, n. 2, p. 165-171, 2007.

5. RANGANATHAN, V. K. *et al.* From mental power to muscle power—gaining strength by using the mind. *Neuropsychologia,* v. 42, n. 7, p. 944-956, 2004.

6. BERNARDI, N. F. *et al.* Mental practice promotes motor anticipation: evidence from skilled music performance. *Frontiers in Human Neuroscience,* v. 7, p. 451, 2013. Disponível em: https://www.ncbi.nlm.nih.gov/pmc/articles/PMC3747442/. Acesso em: 16 jul. 2019.

7. DAVIDSON-KELLY, K. M. Mental imagery rehearsal strategies for expert pianists. *Edinburgh Research Archive,* 2014. Disponível em: https://www.era.lib.ed.ac.uk/handle/1842/14215. Acesso em: 16 jul. 2019.

8. YEAGER, D. S.; TRZESNIEWSKI, K. H.; DWECK, C. S. An implicit theories of personality intervention reduces adolescent aggression in response to victimization and exclusion. *Child Development,* v. 84, n. 3, p. 970-988, 2013.

9. CARR, P. B.; DWECK, C. S.; PAUKER, K. 'Prejudiced' behavior without prejudice? Beliefs about the malleability of prejudice affect interracial interactions. *Journal of Personality and Social Psychology,* v. 103, n. 3, p. 452-471, 2012.

10. BLACKWELL, L. S.; TRZESNIEWSKI, K. H.; DWECK, C. S. Implicit theories of intelligence predict achievement across an adolescent transition: a longitudinal study and an intervention. *Child Development,* v.78, n. 1, p. 246-263, 2007.

11. MOSER, J. S. *et al.* Mind your errors: evidence for a neural mechanism linking growth mind-set to adaptive posterror adjustments. *Psychological Science*, v. 22, n. 12, p. 1484-1489, 2011.

12. GUNDERSON, E. A. *et al.* Parent praise to 1- to 3-year-olds predicts children's motivational frameworks 5 years later. *Child Development*, v. 84, n. 5, p. 1526-1541, 2013.

13. DWECK, C. S. The secret to raising smart kids. *Scientific American Mind*, v. 18, n. 6, p. 36-43, 2007.

14. DWECK, C. S. Is math a gift? Beliefs that put females at risk. *In:* CECI, S.; WILLIAMS, W. M. (ed). *Why aren't more women in science?* Top researchers debate the evidence. Washington: American Psychological Association, 2006.

15. DUCKWORTH, A. *Grit:* the power of passion and perseverance. New York: Scribner, 2016.

16. BOALER, J.; DANCE, K.; WOODBURY, E. From performance to learning: assessing to encourage growth mindsets. *Youcubed,* 2018. Disponível em: tinyurl.com/A4Lyoucubed. Acesso em: 16 jul. 2019.

17. LEE, H. Y. *et al.* An entity theory of intelligence predicts higher cortisol levels when high school grades are declining. *Child Development,* 2018.

18. ERICSSON, A.; POOL, R. *Peak:* secrets from the new science of expertise. New York: Houghton Mifflin Harcourt, 2016.

19. DWECK, C. S. *Mindset:* the new psychology of success. New York: Ballantine Books, 2006.

20. GROSS-LOH, C. How praise became a consolation prize. *The Atlantic*, 2016. Disponível em: https://www.theatlantic.com/education/archive/2016/12/how-praise-became-a-consolation-prize/510845/. Acesso em: 16 jul. 2019.

O CÉREBRO CONECTADO

1. KOHN, A. The 'mindset' mindset: what we miss by focusing on kids' attitudes. 2015. Disponível em: http://www.alfiekohn.org/article/mindset/. Acesso em: 16 jul. 2019.

2. MENON, V. Salience network. *In*: TOGA, A. W. (ed.). *Brain mapping:* an encyclopedic reference. London: Academic, 2015. v. 2. p. 597-611.

3. PARK, J.; BRANNON, E. M. Training the approximate number system improves math proficiency. *Psychological Science*, v. 24, n. 10, p. 2013-2019, 2013. Disponível em: https://www.ncbi.nlm.nih.gov/pmc/articles/PMC3797151/. Acesso em: 16 jul. 2019.
4. BERTELETTI, I.; BOOTH, J. R. Perceiving fingers in single-digit arithmetic problems. *Frontiers in Psychology*, v. 6, p. 226, 2015. Disponível em: https://www.frontiersin.org/articles/10.3389/fpsyg.2015.00226/full. Acesso em: 16 jul. 2019.
5. PENNER-WILGER, M.; ANDERSON, M. L. The relation between finger gnosis and mathematical ability: why redeployment of neural circuits best explains the finding. *Frontiers in Psychology,* v. 4 p. 877, 2013. Disponível em: https://www.ncbi.nlm.nih.gov/pmc/articles/PMC3851991/. Acesso em: 16 jul. 2019.
6. PENNER-WILGER, M. *et al.* Subitizing, finger gnosis, and the representation of number. *In:* ANNUAL COGNITIVE SCIENCE SOCIETY, 31st., 2009. Amsterdam. *Proceedings* […]. Amsterdam: Curran Associates, 2009. p. 520-525, 2009.
7. BEILOCK, S. How the body knows its mind: the surprising power of the physical environment to influence how you think and feel. New York: Simon and Schuster, 2015.
8. ERICSSON, A.; POOL, R. *Peak:* secrets from the new science of expertise. New York: Houghton Mifflin Harcourt, 2016.
9. SAKAKIBARA, A. A longitudinal study of the process of acquiring absolute pitch: a practical report of training with the 'chord identification method. *Psychology of Music*, v. 42, n. 1, p. 86-111, 2014.
10. WEST, T. G. *Thinking like Einstein*: returning to our visual roots with the emerging revolution in computer information visualization. New York: Prometheus Books, 2004.
11. KALB, C. What makes a genius? *National Geographic,* 2017. Disponível em: https://www.nationalgeographic.com/magazine/2017/05/genius-genetics--intelligence-neuroscience-creativity-einstein/. Acesso em: 16 jul. 2019.
12. FERGUSON, M. A.; ANDERSON, J. S.; SPRENG, R. N. Fluid and flexible minds: intelligence reflects synchrony in the brain's intrinsic network architecture. *Network Neuroscience*, v. 1, n. 2, p. 192-207, 2017.

13. GALLOWAY, M.; CONNER, J.; POPE, D. Nonacademic effects of homework in privileged, high-performing high schools. *Journal of Experimental Education*, v. 81, n. 4, p. 490-510, 2013.
14. LIBERTUS, M. E.; FEIGENSON, L.;. HALBERDA, L. Preschool acuity of the approximate number system correlates with school math ability. *Developmental Science*, v. 14, n. 6, 2, p. 1292-1300, 2011.
15. ANDERSON, R.; BOALER, J.; DIECKMANN, J. Achieving elusive teacher change through challenging myths about learning: a blended approach. *Education Sciences*, v. 8, n. 3, p. 98, 2018.
16. BOALER, J.; DANCE, K.; WOODBURY, E. From performance to learning: assessing to encourage growth mindsets. *Youcubed*, 2018. Disponível em: tinyurl.com/A4Lyoucubed. Acesso em: 16 jul. 2019.

POR QUE A RAPIDEZ JÁ ERA E A MODA AGORA É A FLEXIBILIDADE!

1. KALB, C. What makes a genius? *National Geographic*, 2017. Disponível em: https://www.nationalgeographic.com/magazine/2017/05/genius-genetics-intelligence-neuroscience-creativity-einstein/. Acesso em: 16 jul. 2019.
2. BEILOCK, S. *Choke:* what the secrets of the brain reveal about getting it right when you have to. New York: Simon and Schuster, 2010.
3. Um artigo que oferece recomendações sobre diferentes maneiras de ensinar fatos matemáticos conceitualmente e bem – sem medo ou ansiedade – é —is: BOALER, J.; WILLIAMS, C.; CONFER, A. Fluency without fear: research evidence on the best ways to learn math facts. *Youcubed*, 2015. Disponível em: https://www.youcubed.org/evidence/fluency-without-fear.
4. MALONEY, E. A. *et al.* Intergenerational effects of parents' math anxiety on children's math achievement and anxiety. *Psychological Science*, v. 26, n. 9, p. 1480-1488, 2015.
5. BEILOCK, S. L. *et al.* Female teachers' math anxiety affects girls' math achievement. *Proceedings of the National Academy of Sciences*, v. 107, n. 5, p. 1860-1863, 2010.
6. SCHWARTZ, L. A mathematician grappling with his century. Basel: Birkhäuser, 2001.

7. BRYAN, K. Trailblazing maths genius who was first woman to win fields medal dies aged 40. *Independent,* 2017. Disponível em: https://www.independent.co.uk/news/world/maryam-mirzakhani-fields-medal-mathematics-dies-forty-iran-rouhani-a7842971.html. Acesso em: 16 jul. 2019.
8. SCHWARTZ, A Mathematician grappling with his century. Berlin: Birkhäuser, 2001, p. 30-31.
9. DOIDGE, N. *The brain that changes itself.* New York: Penguin, 2007. p. 199.
10. SUPEKAR, K. *et al.* Neural predictors of individual differences in response to math tutoring in primary-grade school children. *PNAS,* v. 110, n. 20, p. 8230-8235, 2013.
11. GRAY, E. M.; TALL, D. O. Duality, ambiguity, and flexibility: a 'proceptual' view of simple arithmetic. *Journal for Research in Mathematics Education,* v. 25, n. 2, p. 116-140, 1994.
12. THURSTON, W. P. Mathematical education. *Notices of the American Mathematical Society,* v. 37, n.7, p. 844-850, 1990.
13. BOALER, J.; ZOIDA, P. Why Math Education in the U.S. Doesn't Add Up. Scientific American, 2016. Disponível em: https://www.scientificamerican.com/article/why-math-education-in-the-u-s-doesn-t-add-up. Acesso em: 16 jul. 2019.
14. GRANT, A. *Originais*: como os inconformistas mudam o mundo. Rio de Janeiro: Sextante, 2017.
15. GRANT, A. *Originais*: como os inconformistas mudam o mundo. Rio de Janeiro: Sextante, 2017. p. 9-10.

UMA ABORDAGEM ILIMITADA DA COLABORAÇÃO

1. TREISMAN, U. Studying students studying calculus: a look at the lives of minority mathematics students in college. *College Mathematics Journal,* v. 23, n. 5, p. 362-372, 1992.
2. TREISMAN, U. Studying students studying calculus: a look at the lives of minority mathematics students in college. *College Mathematics Journal,* v. 23, n. 5, p. 368, 1992.
3. ORGANISATION FOR ECONOMIC CO-OPERATION AND DEVELOPMENT. *The ABC of gender equality in education:* aptitude, behaviour, confidence. Paris: PISA, OECD Publishing, 2015. Disponível em: https://www.

oecd.org/pisa/keyfindings/pisa-2012-results-gender-eng.pdf. Acesso em: 16 jul. 2019.

4. NÚÑEZ-PEÑA, M. I.; SUÁREZ-PELLICIONI, M; BONO, R. Gender differences in test anxiety and their impact on higher education students' academic achievement. *Procedia - Social and Behavioral Sciences*, v. 228, p. 154-160, 2016.

5. ORGANISATION FOR ECONOMIC CO-OPERATION AND DEVELOPMENT. PISA 2015. Results collaborative problem solving. Paris: PISA, OECD Publishing, 2017. v. 5. Disponível em: http://www.oecd.org/education/pisa-2015-results-volume-v-9789264285521-en.htm. Acesso em: 16 jul. 2019.

6. DECETY, J. *et al.* The neural bases of cooperation and competition: an fMRI investigation. *Neuroimage*, v. 23, n. 2, p. 744–751, 2004.

7. GOERTZEL, V. *et al. Cradles of eminence:* childhoods of more than 700 famous men and women. 2nd. ed. Tucson: Gifted Psychology, 2004. p. 133-155.

8. JAY, M. The secrets of resilience. *Wall Street Journal,* 2017. Disponível em: https://www.wsj.com/articles/the-secrets-of-resilience-1510329202.

9. BOALER, J. Open and closed mathematics: student Experiences and Understandings. *Journal for Research in Mathematics Education*, v. 29, n. 1, p. 41-62, 1998.

10. BOALER, J. *Experiencing school mathematics:* traditional and reform approaches to teaching and their impact on student learning. New York: Routledge, 2002.

11. BOALER, J.; SELLING, S. Psychological imprisonment or intellectual freedom? A longitudinal study of contrasting school mathematics approaches and their impact on adults´ lives. *Journal of Research in Mathematics Education,* v. 48, n. 1, p. 78-105, 2017.

12. BOALER, J.; STAPLES, M. Creating mathematical futures through an equitable teaching approach: the case of Railside school. *Teachers' College Record,* v. 110, n. 3, p. 608-645, 2008.

13. BOALER, J. *When academic disagreement becomes harassment and persecution*. Stanford: Stanford University, 2012. Disponível em: http://web.stanford.edu/~joboaler. Acesso em: 16 jul. 2019.

14. FELDMAN, S. *Pain to purpose:* how freshman year changed my life. 2015.

15. BOALER, J. Promoting 'relational equity' and high mathematics achievement through an innovative mixed ability approach. *British Educational Research Journal*, v. 34, n. 2 ,p. 167-194, 2008.

16. COGAN, J. J.; DERRICOTT, R. *Citizenship for the 21st century:* an international perspective on education. London: Kogan Page, 1988. p. 29; STEINER-KHAMSI, G.; TORNEY-PURTA, J.; SCHWILLE, J. (ed.). *New paradigms and recurring paradoxes in education for citizenship:* an international comparison. Bingley: Emerald Group, 2002.

17. MORRILL, J.; YOUMELL, P. *Weaving healing wisdom.* New York: Lexingford, 2017.

VIVENDO UMA VIDA LIVRE DE LIMITAÇÕES

1. WENGER, E. Communities of practice: learning, meaning, and identity. Cambridge: Cambridge University, 1999.

2. DUCKWORTH, A. *Grit:* the power of passion and perseverance. New York: Scribner, 2016.

3. JOSEPH, N. M., em comunicação pessoal, 2019.

4. FRASER, H. *The little big things.* London: Seven Dials, 2018.

5. FRASER, H. *The little big things.* London: Seven Dials, 2018. p. 158–59.

6. EMMONS, R. A.; MCCULLOUGH, M. E. Counting blessings versus burdens: an experimental investigation of gratitude and subjective well-being in daily life. *Journal of Personality and Social Psychology*, v. 84, n. 2, p. 377, 2003.

7. ACHOR, A. The happiness advantage: the seven principles of positive psychology that fuel success and performance at work. New York: Random House, 2011.

8. ERICSSON, A.; POOL, R. *Peak:* secrets from the new science of expertise. New York: Houghton Mifflin Harcourt, 2016.

9. HERTZOG, C.; TOURON, D. R. Age differences in memory retrieval shift: governed by feeling-of-knowing? *Psychology and Aging*, v. 26, n. 3, p. 647-660, 2011.

10. TOURON, D. R.; HERTZOG, C. Age differences in strategic behavior during a computation-based skill acquisition task. *Psychology and Aging*, v. 24, n. 3, p. 574, 2009.

11. SOFI, F. *et al.* Physical Activity and risk of cognitive decline: a meta-analysis of prospective studies. *Journal of Internal Medicine*, v. 269, n. 1, p. 107-117, 2011.

12. PARK, D. C. *et al.* The impact of sustained engagement on cognitive function in older adults: the synapse project. *Psychological Science*, v. 25, n. 1, p. 103-112, 2013.

13. SAMUELS, M. In defense of mistakes. *The Health Care Blog*, 2015. Disponível em: http://thehealthcareblog.com/blog/2015/10/07/in-defense-of-mistakes/. Acesso em: 16 jul. 2019.

14. KLARREICH, E. How to cut cake fairly and finally eat it too. *Quanta Magazine*, 2016. Disponível em: https://www.quantamagazine.org/new-algorithm-solves-cake-cutting-problem-20161006/#. Acesso em: 16 jul. 2019.

15. GRANT, A. *Originais*: como os inconformistas mudam o mundo. Rio de Janeiro: Sextante, 2017.

16. BOALER, J.; DANCE, K.; WOODBURY, E. From performance to learning: assessing to encourage growth mindsets. *Youcubed,* 2018. Disponível em: tinyurl.com/A4Lyoucubed. Acesso em: 16 jul. 2019.

17. ACHOR, A. *The happiness advantage:* the seven principles of positive psychology that fuel success and performance at work. New York: Random House, 2011. p. 62-63.

CRÉDITOS E LICENÇAS

P. 51: "#The Learning Pit", de James Nottingham, *The Learning Challenge: How to Guide Your Students Through the Learning Pit to Achieve Deeper Understanding* (Thousand Oaks, CA: Corwin, 2017).

P. 66: Gráfico: mentalidade de crescimento vs. mentalidade fixa, redesenhado de L. S. Blackwell, K. H. Trzesniewski, e C. S. Dweck, "Implicit Theories of Intelligence Predict Achievement Across an Adolescent Transition: A Longitudinal Study and an Intervention", *Child Development* 78/1 (2007): 246–63.

P. 68: Gráfico: alunos que fizeram oficina sobre mentalidade vs. alunos que não fizeram oficina, redesenhado de L. S. Blackwell, K. H. Trzesniewski, and C. S. Dweck, "Implicit Theories of Intelligence Predict Achievement Across an Adolescent Transition: A Longitudinal Study and an Intervention", *Child Development* 78/1 (2007): 246–63.

P. 81: "Brain Networks for Mental Arithmetic", de V. Menon, "Salience Network", in Arthur W. Toga, ed., *Brain Mapping: An Encyclopedic Reference*, vol. 2 (London: Academic, 2015), 597–611.

P. 117: Conceitos e métodos esquemáticos, redesenhado de E. M. Gray e D. O. Tall, "Duality, Ambiguity, and Flexibility: A 'Proceptual' View of Simple Arithmetic", *Journal for Research in Mathematics Education* 25/2 (1994): 116–40.

ÍNDICE

A

A história de Clarissa, 39-41
A história de David, 70-71
A história de Dex, 44-46
A história de Ellie, 47-49
A história de Gisele, 45-46
A história de Jim, 92-93
A história de Jodi, 124-126
A história de Jodie, 69-70
A história de Kelly, 52-53
A história de Miguel, 93-94
A história de Milly, 111-114
A história de Shane, 143-146
A história de Shannon, 23
A história de Susannah, 32-33
A história do dever de casa de
   matemática da filha, 89-91
A história do unicórnio de Shawn,
   172-173
A história do unicórnio,
   172-173
"A menina que fez em seis minutos
   o equivalente a um mês de treino",
   vídeo, 41
Abordagem conceitual da
   aprendizagem

a história de Carl Friedrich Gauss
   sobre como resolver problemas
   de matemática, 121-122
abordagem de "tomar um caso
   menor" para problemas de
   matemática, 121
benefícios do ensino de
   matemática usando a, 116-118
"conversas numéricas" usando
   flexibilidade numérica, 118-121
ensinando flexibilidade na,
   118-129
exercício 18 × 5, 118-121
exercício 20 × 5, 120-121
no problema do granizo, 123-127
Abordagem da aprendizagem por
memorização, 127-128
   Memorização, estudo da, 5-6
   Menon, Vinod, 80
   Merzenich, Michael, 12
Abordagem multidimensional
   aplicações para todas as matérias,
   87-88
   aprendizagem de ideias
      matemáticas a partir da, 81-82,
      89-91, 94-100

benefícios quando os professores aprendem e usam, 91-103
ensino visual da matemática, 99-100, 112-116
estratégia de "papel diamante" para incentivar a, 85-88
exemplos de aplicações à ciência, 88-89
exercício de sete pontos, 90-92
otimizando as rotas neurais e a aprendizagem, 79-103
para encorajar a comunicação e o desenvolvimento cerebral, 85-92
tarefas criativas e visuais usadas na, 113-115

Abrindo mentes, 146-150

Abrindo o conteúdo, 149-151

Achor, Shawn, 172

Acolhendo a incerteza, 151-154, 156, 173-174

Adair, George, 9

Afro-americanos, colaboração entre estudantes, 132-133, 135

Alunos "desmotivados", 165-167

Alunos com deficiência
a história de Dex sobre a descoberta da comutatividade, 44-46
a história de Nicholas Letchford, 21
o estudo de ressonância magnética de Stanford sobre matemática e cérebro de, 25-26
o sucesso das escolas Arrowsmith com, 22-24
sucesso da abordagem do crescimento cerebral com, 21-26

Alunos de alto desempenho. *Ver também* Ideia de superdotação; Alunos
abordagem relacional assumida por, 127-128
aula "Como aprender matemática" de Stanford, assistida por, 9, 26-27, 92
desenvolvendo um senso de responsabilidade para com os outros, 147-148
estratégias do problema de matemática 16 – 13 e alunos de baixo desempenho e, 115-116
estratégias do problema de matemática 7 + 9 e alunos de baixo desempenho, 115-116
o ideal do movimento em prol dos superdotados para, 38-39

Alunos de baixo desempenho. *Ver também* Alunos
abordagem "treinar e praticar" usada com, 116
abordagem de memorização adotada por, 127-128
estratégias de problema de matemática 16 – 13 de alunos de alto desempenho e, 115-116
estratégias de problema de matemática 7 + 9 de alunos de alto desempenho e, 115-116

Alunos. *Ver também* Alunos de alto desempenho; Aprendizagem; Alunos de baixo desempenho

a mensagem "matemática não é seu negócio" enviada às mulheres, 16-19
ansiedade frente à matemática dos, 3-4, 14-15
aumentando a autoestima e a confiança dos, 48-53
como os professores podem ajudá--los a adotar o esforço, 41-54
"desmotivados", 165-167
estudo sobre aprendizagem matemática no ensino médio, 14-15, 23-24
impacto na aprendizagem por manterem crenças diferentes, 65-67
prática escolar prejudicial do agrupamento por níveis de habilidade (*tracking*), 19-21
promover a igualdade relacional entre, 146-150

Ansiedade frente à matemática
como preditora do desempenho dos alunos na escola, 108-109
das professoras prevê desempenho das alunas, 108-109
efeitos no cérebro por estresse e, 107-110
impacto na capacidade de aprender matemática, 3-4, 14-15
testes de fatos matemáticos como desencadeantes, 107-109

Ansiedade
efeitos no cérebro por estresse e, 3-4, 107-110
matemática, 3-4, 107-110, 14-15

aprendendo pela prática e cometendo, 37-41, 166-167
ensinando o valor dos, 43-54
estudo de "viveiros de talentos" sobre as rotas cerebrais com mielina, 38-41
exame de ressonância magnética do cérebro ao cometer, 38-39

Aprendizagem acelerada
a história de Clarissa sobre aprendizado do clarinete, 39-41, 48
lenta, achados de pesquisa sobre o valor da, comparada a, 111-115
prejuízos causados pelo foco das escolas dos EUA na, 111-112
"zona de", de Coyle, 48

Aprendizagem. *Ver também* Pesquisa científica do cérebro; Alunos
abordagem de ensino multidimensional otimiza as rotas neurais e, 79, 80-82
abordagem ilimitada da, 4
acelerada, prática para, 41, 48
apreciando nossos diferentes modos de mudar e, 159-161
cometer erros faz parte da, 37-41, 166-167
como crenças negativas a nosso próprio respeito impactam na, 1-4, 14-15
como diferentes crenças impactam o aluno, 65-67
conceitual, 116-129

"dificuldades desejáveis" e esforço para, 43, 166-168, 173-174
experiência de "dissipação de nevoeiro" pela, 23
mentalidade de crescimento vs. mentalidade fixa e, 7-8
obtendo evidências de pesquisa sobre o crescimento cerebral e, 19-26
treino deliberado para, 6-7, 41
Arrowsmith-Young, Barbara, 22-23
Aula "Como Aprender Matemática" (Universidade de Stanford), 9, 26-27, 92
Avaliações do PISA, 134-135

B

Beilock, Sian, 107-109
Bjork, Robert e Elizabeth, 43
Black, Paul, 54, 139
Blackwell, Lisa, 65-67
Bolsa de estudos Marie Curie, 139
Brannon, Elizabeth, 81
Brich, Jennifer, 17-18
Bullying, experiência acadêmica de, 137-144
"Buraco de aprendizagem", 50-52

C

Cameron Mott, 13-15
Campinelli, Jodi, 107-110
Capacidades
  estudo de Ericsson sobre memorização, 5,6
  fixas, o mito das, 1-5, 9, 11
Casos de "meio cérebro" (cirurgia de remoção de metade do cérebro)
Cassar, Mark, 169-171
"Cérebro matemático"
  a história de Susannah sobre o dano da ideia de, 32-33
  entendendo os prejuízos da crença, 66-67
  tal coisa não existe, 33-34
  trabalhando para dissipar a noção de gênero, 28-31
Cérebro. *Ver também* Pesquisa científica do cérebro; Rotas neurais; Neuroplasticidade
  de pioneiros, 83-85, 89
  efeitos do estresse e da ansiedade no, 3-4, 107-110
  estudo de Crum e Zahrt sobre impacto das crenças no, 61-63
  estudo de Merzenich sobre mapas mentais, 12
  hipocampo, 13-14
  mito do cérebro fixo, 1-4, 7-9, 16-19
  SNA (sistema numérico aproximado), 91-92
Chaves de aprendizagem. *Ver também* *Chave de aprendizagem específica*; Desbloqueio
  # 1 plasticidade e crescimento do cérebro, 17-18, 101-103, 131
  # 2 impacto positivo dos desafios e erros em nossos cérebros, 37, 101-103, 131
  # 3 mudar nossas crenças e mentalidades, 61, 101-103, 131
  # 4 abordagem multidimensional para aumentar a conectividade do cérebro, 79, 102-103, 131

5 pensamento flexível, 106
6 conectando-se com pessoas e ideias, 132
aprendendo sobre as, 3
Chen, Lang, 80
Christina Santhouse, 14
Ciência. *Ver também* Matérias de STEM
   abordagem multidimensional da, 88-89
   cérebros "pioneiros" fazendo avanços em, 83-85, 89
   neurociências, 109-115, 135-136
Cimpian, Andrei, 26-27
Colaboração e conexões. *Ver também* Trabalho em grupo
   avaliação do PISA da, 134-135
   como uma das chaves de aprendizagem, 132
   conectando-se a novas ideias por meio de, 133-134
   contribuindo para a resiliência, 135-136
   estudo de Treisman sobre benefícios para estudantes negros, 132-133
   estudo no Reino Unido sobre abordagens de instrução das escolas tradicionais *versus* baseadas em projetos, 136-138
   movimento "Conte comigo" de Shane, 143-146
   neurociências sobre a importância da aprendizagem de, 136
   por que é importante para a aprendizagem, 132-136
   superação do *bullying* acadêmico masculino, 137-144
   uma abordagem ilimitada da, 145-158, 168-169, 173-174
Colaboração ilimitada
   abrindo conteúdo para criar, 149-151
   abrindo mentes para criar, 146-150
   acolhendo a incerteza para criar, 151-156, 173-174
   aprendendo a colaborar de maneira diferente com as pessoas para, 168-169
   estratégias para incentivar, 153-158
   importância de entender como promover, 145-147
   movimento "Conte comigo" de Shane como exemplo de criar, 143-146
   recebida durante a experiência de *bullying* acadêmico masculino, 137-144
Compton, Holly, 95-98, 148-149
Comutatividade, 44-46
Conectividade cerebral. *Ver também* Rotas neurais
   estratégias multidimensionais de incentivo à, 79, 80-103, 131
   estudos sobre pioneiros, 83-85
Conflito
   mentalidade de cérebro fixo e tendência à agressão e, 63-65
   uma mentalidade de crescimento melhora a resposta ao, 65

Conjectura de Collatz (problema do granizo), 123-127
Constantinou, Sophie, 31-32
"Conversas numéricas", 118-41
Coyle, Daniel, 33-34, 38-39, 48, 83
Crenças
    conexões entre saúde e, 61-64
    estudo sobre aprendizagem dos alunos e impacto de diferentes, 65-67
    estudo sobre desempenho de pianistas profissionais e, 64
    mudando de uma mentalidade fixa para uma mentalidade de crescimento, 66-78
    negativas em relação a si mesmo, 1-4, 14-15, 101-102
    positivas, a história do "fazendeiro balançando a escada" sobre o poder das, 75-76
Crenças negativas em relação a si mesmo, 1-4, 14-15, 101-102
Crenças sobre "inteligência". *Ver também* Mito do cérebro fixo
    aula "Como aprender matemática" (Universidade de Stanford) e mudar as, 9, 26-27, 92
    crenças negativas sobre nossas, 1-4
    descobertas da pesquisa sobre como a comunicação/avaliação positiva impacta as nossas, 7-8
    entender o crescimento do cérebro nos libera, 35-36
    negativas, como o aprendizado é impactado pelas, 1-4, 14-15
    o elogio prejudicial dos pais incutindo, 67-68
Crescimento cerebral. *Ver também* Mentalidade de crescimento; Neuroplasticidade
    apoiando e comemorando o conceito de, 33-36
    como o esforço estimula o, 37, 41-54
    contrariando o mito do cérebro fixo, 17-18
    estudo de Coyle sobre "viveiros de talentos", 38-41
    obtendo evidências de pesquisa sobre aprendizagem e, 19-26
    pesquisa de neuroplasticidade e evidências sobre, 1, 12-16
Crum, Alia, 61-64
Curie, Marie, 83, 135-136
Curso de Educação da Landmark, 57-58

D

Dario (estudo de memorização de Ericsson), 6-7
Deficiências de aprendizagem. *Ver* Alunos com deficiência
Demência, 164
Desbloqueio. *Ver também* Chaves de aprendizagem
    a história de Holly Compton sobre seu processo de, 95-98
    capacidade dos pais de ajudar a mentalidade das crianças, 77

capacidade dos professores de ajudar o dos alunos, 77
ficar à vontade e compartilhar incerteza para, 151-156, 173-174
reação de abertura e de incerteza ao, 96-98
tornando-se ilimitado por, 56-58

Desempenho dos alunos
achados de pesquisa sobre o impacto positivo do *workshop* de mentalidade no, 68-69
"ainda" usado para focar no processo de aprendizagem e, 71
ansiedade matemática como preditor do, 108-109
como a ansiedade matemática das professoras prediz o desempenho das alunas, 108-109
mensagens de pais e professores sobre impacto na matemática, 108-109
mentalidade fixa comum entre mulheres de alto desempenho, 67-68
o estudo de "viveiros de talentos" de Coyle sobre pessoas de alto desempenho, 38-41

Desempenho. *Ver* Desempenho dos alunos

Diferenças de gênero
mentalidade fixa comum entre mulheres de alto desempenho, 67-68

na avaliação do PISA sobre resolução colaborativa de problemas, 135
sobre como a ansiedade matemática das professoras impacta as alunas, 108-109

"Dificuldades desejáveis", 43, 167-168, 173-174
Discalculia, 24-25
Doidge, Norman, 19-20, 111
Duckworth, Angela, 70, 160-161
Dweck, Carol
promovendo a palavra "ainda" como parte da aprendizagem, 71
seus achados de pesquisa sobre "mentalidade de crescimento", 6-8
seus achados de pesquisa sobre impacto das crenças na aprendizagem, 63-67
sobre a "falsa mentalidade de crescimento", 76-77
sobre crescimento cerebral por meio dos erros, 38
sobre o impacto prejudicial do rótulo "inteligente", 67-68
sobre os benefícios de usar diferentes estratégias de ensino, 79-80

E

Einstein, Albert, 33-34, 83-85
Emmons, Robert, 162-163
Ensino visual da matemática. *Ver também* Matemática

a história de Millie sobre
aprender com o, 112-115
aplicação por Marc Petrie, 100
aprendizagem conceitual a partir
do, 116-129
as aplicações de Nancy Qushair
do, 111-116
avaliação do aluno sobre
aprendizagem por meio do,
99-100
conjectura de Collatz (problema
do granizo), 123-127
problema 7 + 9, 114-116
seis maneiras de calcular o
problema de matemática
18 × 5, 118-120
Ensino
abordagem multidimensional do,
79, 80-103, 169-171
aumentando a autoestima das
crianças como parte do, 48-53
mudando a perspectiva do
fracasso para melhorar o,
54-57
Envelhecimento, pesquisas sobre,
163-164
Equidade. *Ver também* Estereótipos de
gênero; Estereótipos raciais
bullying acadêmico masculino
como ataque contra, 137-144
Ericsson, Anders, 5, 33-34, 41,
73-74, 83
Estudo de memorização de
Ericsson, 5-6
relacional, colaboração ilimitada
por meio da, 146-150
"Equidade relacional", 146-150

Erros. *Ver também* Fracasso; Esforço
Escola de Medicina de Stanford,
25-26
Escolas Arrowsmith, 22-24
comparando as salas de aula do
Japão, China e EUA, 41-43
divulgando a pesquisa do
crescimento cerebral nas,
19-26
do Vale Central, 91-95
foco na aprendizagem acelerada
pelos EUA, 111-112
promovendo a equidade
relacional entre os alunos,
146-150
regime de práticas de cérebro fixo
usado nas, 19-21
Esforço. *Ver também* Erros
a história de Marc Petrie sobre
crescimento pessoal a partir do,
99-101
abordagem de educação asiática
vs. americana do, 41-43
analogia do "buraco de
aprendizagem", 50-52
analogia dos degraus, 49-51
benefícios da colaboração para a
aprendizagem, 132-146
benefícios das "dificuldades
desejáveis" na aprendizagem e,
43, 166-168, 173-174
chave de aprendizagem # 2 sobre
crescimento cerebral por meio
do, 37
como os professores podem
ajudar o aluno a adotar o,
41-54

estudo do envelhecimento sobre os benefícios da aprendizagem, 164
Estereótipos de gênero. *Ver também* Equidade
   a história do exame "simulado", 34-35
   bullying acadêmico masculino reforçando, 137-144
   ideia de superdotação e relação com, 26-31
   mulheres jovens desistindo de disciplinas STEM devido a, 7-8, 35, 68
   persistência de questões raciais e, 26-27
   prejuízos causados pela ideia de superdotação e, 31-36
   relacionados a habilidades matemáticas, 7-8
   trabalhando para dissipar a noção de desempenho matemático, 28-31
Estereótipos raciais. *Ver também* Equidade; Estudantes negros
   dissipando a noção de desempenho matemático e, 28-31
   persistência dos estereótipos de gênero em matérias de STEM e, 26-27
   prejuízos causados pela ideia de superdotação e, 26-36
Estratégia do "papel diamante", 85-87
Estresse
   efeitos no cérebro pela ansiedade e, 3-4, 107-110
   impacto na capacidade de aprender matemática pela ansiedade e, 3-4, 14-15
Estudantes latinos. *Ver* Estudantes negros
Estudantes negros. *Ver também* Estereótipos raciais
   estudo de Treisman sobre benefícios de colaboração para, 132-133, 135
   resultados do estudo de comunicação/avaliação positiva, 8
estudo de Ericsson sobre memorização, 5-6
Estudos de alunos do ensino médio
   estudo da aprendizagem da matemática no acampamento de verão de Stanford, 14-15, 101-102
   impacto na aprendizagem de diferentes crenças do aluno, 65-67
Exemplos de elogios de crescimento, 9
Exemplos de elogios fixos, 9
Exercício de matemática 18 × 5, 82-121
Exercício de matemática 20 × 5, 120-121

F

"Falsa mentalidade de crescimento", 76-77
Fatos matemáticos, testes de, 107-109

Feedback
  elogio prejudicial incutindo ideia de capacidade fixa, 67-68
  exemplos de elogios fixos e elogios de crescimento, 9
  impacto da comunicação positiva pelos professores, 7-8
Fracasso. *Ver também* Erros
  Karen Gauthier sobre mudar sua perspectiva em relação ao, 54-57
  mentalidade de cérebro fixo e medo do, 97-98
  o exemplo de Kate Rizzi de ver a oportunidade no, 57-59
  por omissão, 30-31
  rótulo de cérebro fixo e superdotado reforçando o medo do, 31-36, 70-72
  ser ilimitado pelo desbloqueio e manejo do, 56-58

G

Gagne, Mariève, 69, 71-72
Garra, 160-161
Gauss, Carl Friedrich, 121-122
Gauthier, Karen, 54-57
"Gênios". *Ver* "Pioneiros"
Goertzel, Mildred e Victor, 135-136
Grant, Adam, 128-129
Gratidão, 161-163
Gray, Eddie, 114-115
Grit (Duckworth), 70

H

Harris, Suzanne, 44-46

Harry Potter, série (Rowling), 30-31
Haworth, Leah, 52-53, 101-102
Hipocampo, 13-14

I

Ideia de superdotação. *Ver também* Alunos de alto desempenho
  como preconceito de gênero e de raça, 26-31
  filme do Youcubed sobre os prejuízos da, 69-70
  o prejuízo causado pelo cérebro fixo, 31-36, 70-72, 78
  preconceitos de pais e professores relacionados com, 27-28, 67-68, 71-72, 78
  preconceitos dentro de disciplinas de STEM, 28
  resultados de estudos em campos específicos, 26-27*fig*
Ilimitado(a)
  a história de Beth Powell sobre o poder de ser, 165-167
  abordando a vida com lente multidimensional, 168-172
  acolhendo os erros e as dificuldades como ser, 37-41, 166-167
  desbloqueio e manejo de falhas, 56-58
  diferenciando ter garra de ser, 160-161
  ficar à vontade com a incerteza para se tornar, 151-156, 173-174
  viver uma vida que é, 173-174

Incerteza
    conectando pelo compartilhamento, 153-154, 173-174
    ficar à vontade com, 151-156
Iuculano, Teresa, 25

J

Jay, Meg, 135-136

K

Kaufman, Scott Barry, 84-85
King's College London, 136-138

L

Lente multidimensional, 168-172
Leoni, Téa, 73-74
Leslie, Sarah-Jane, 26-27
Letchford, Lois e Nicholas, 21
Lewis, Katherine, 25
Londres, motoristas de táxis pretos de, 19-20
Luria, Alexander, 22-23
Lynn, Dylan, 24-25

M

Maddox, Jean, 94
Mapas mentais, estudo dos, 12
Matemática baseada na rapidez
    as neurociências da, 109-115
    mito de que ser bom em matemática significa ser rápido, 106
    resultados de pesquisas sobre valor de lenta comparada a, 111-115
    testes cronometrados de fatos matemáticos como desencadeadores de ansiedade frente à matemática, 107-109
Matemática. *Ver também* Matérias de STEM; Ensino visual da matemática
    a história de Holly Compton sobre como desbloquear seu aprendizado, 95-98
    a história de Susannah sobre mentalidade de capacidade fixa em, 32-33
    abordagem multidimensional usada para ensinar e aprender, 81-82, 89-91, 94-101
    aula "Como aprender matemática" (Universidade de Stanford), 9, 26-27, 92
    como disciplina construída sobre ideias compartilhadas e conectadas, 157
    ensino conceitual e aprendizagem de, 116-129
    esforços para desenvolver criatividade e mentalidade de flexibilidade para, 123-129
    Estratégia de Saber a Reversibilidade aplicada à, 44-46
    estudo de Treisman sobre os benefícios da colaboração em, 132-133
    impacto da ansiedade frente à matemática na capacidade de aprender, 3-4, 14-15
    o desafio da discalculia ao aprendizado de Dylan Lynn, 24-25

proficiência SNA como preditora de proficiência em, 91-92
rota visual dorsal usada quando se trabalha com, 81
sistema de agrupamento por níveis de habilidade (*tracking*) usado para dividir os alunos em turmas, 19-21
superando a mensagem de que a "matemática não é é seu negócio" enviada às meninas, 16-19
trabalhando para dissipar os estereótipos de quem pode realizar em, 28-31

Matérias de STEM. *Ver também* Matemática; Ciências
discriminação contra as mulheres em, 140-144
estereótipos de gênero e cor das, 26-27
mulheres jovens desistindo de, 7-8, 35, 68
prejuízo do pensamento de capacidade fixa nas, 32-33
problema da ideia de superdotação nas, 28

Medalha Fields, 29, 109-110, 117

Medo
do fracasso, 31-36, 70-72
George Adair sobre autolimitar-se por nosso, 9
ansiedade frente à matemática, 3-4, 14-15, 107-110
mito do cérebro fixo conduzindo aprendizagem, 1-4, 7-9

Melgares, Jesse, 72-74

Memória operacional, 5-6, 107

Mentalidade de crescimento. *Ver também* Crescimento cerebral
a história de Marc Petrie sobre esforço e desenvolvimento de uma, 99-101
descrição da, 7-8
evidência da pesquisa de neuroplasticidade sobre a capacidade de mudar para, 68
melhora da resposta ao conflito por aqueles com, 64-65
mudando de uma mentalidade fixa para uma, 66-78
perigo do pensamento de "falsa mentalidade de crescimento", 76-77

Mentalidade fixa
a missão do Youcubed de mudar percepções sobre a, 19-20
medo do fracasso como característica de, 97-98
mudando para uma mentalidade de crescimento a partir da, 66-78
tendências agressivas associadas a ter, 63-65

Mentalidade, oficinas de, 68-69

Mentalidades matemáticas (Boaler), 114

Milgram, James, 137-142

Mirzakhani, Maryam, 29-31, 109-110

Mito do cérebro fixo. *Ver também* Crenças sobre "inteligência"

prejuízos causados pela ideia de superdotação e, 31-36, 70-72, 78
superando a mensagem do, 16-19
sistema de agrupamento por níveis de habilidade (*tracking*) usado pelas escolas que aderem ao, 19-21
impacto negativo na aprendizagem pelo, 1-4, 7-9
Mito sobre limites da inteligência, 3-4
Mitos da matemática
   o "cérebro matemático", 28-31, 32-34, 66-67
   ser bom em matemática significa ser rápido, 106
Morrill, Jenny, 151-152
Moser, Jason, 38-39, 66-67
Mott, Cameron, 13-15
Mozart, Wolfgang Amadeus, 33-34, 83-84
Mudança
   a história do unicórnio de Shawn sobre, 172-173
   adotando uma lente multidimensional para criar, 168-169
   aprendendo a colaborar de maneira diferente com as pessoas, 168-169
   de mentalidade fixa para mentalidade de crescimento, 66-78
   pela adoção de uma abordagem multidimensional do ensino, 169-171

   ser ilimitado traz a confiança para, 165-167

N

Neurociências. *Ver também* Pesquisa científica do cérebro
   de matemática baseada em rapidez, 109-115
   sobre a importância da colaboração, 135-136
Neuroplasticidade.
   Ver também Cérebro; Crescimento cerebral
   cerebral, descoberta científica sobre aprendizagem e, 1, 12, 15-16
   como uma das chaves de aprendizagem, 17-18, 101-103, 131
   evidência de pesquisa sobre a capacidade de mudar a mentalidade e, 68
   motoristas de táxis pretos de Londres como exemplo de, 12-14
   o caso médico de Cameron Mott, 13-15
   o caso médico de Christina Santhouse, 14
   obtendo evidências de pesquisa sobre crescimento cerebral e, 19-26
Nottingham, James, 50-52

O

O que a matemática tem a ver com isso? (Boaler), 123

"O que faz um gênio?" (*National Geographic*), 84-85
Obama, Barack, 141-142
OCDE (Organização para a Cooperação e Desenvolvimento Econômico), 125-127
Originals: How non-conformists move the world (Grant), 128-129

P

Pais
  capacidade de desbloquear a mentalidade de seus filhos, 77
  desempenho do aluno impactado por mensagens sobre matemática, 108-109
  elogio prejudicial incutindo ideia de capacidade fixa, 67-68
  ideias prejudiciais relacionadas à ideia de superdotação mantidas pelos, 27-28, 71-72
Park, Denise, 164
Park, Joonkoo, 81
Parker, Ruth, 118-119
Parrish, Sherry, 118-119
Pensamento criativo
  abordagem de aprendizagem conceitual para desenvolver no aluno, 118-129
  ensinar e aprender matemática usando flexibilidade e, 123-129
Pensamento flexível
  a história de Gauss sobre tomar um conjunto menor de números, 121-122
  como uma das chaves de aprendizagem, 106, 131
  "conversas numéricas" usando números, 118-121
  ensinar e aprender matemática usando criatividade e, 123-129
  ser ensinado a brincar com números, 122-123
Pensamento visual, valorização do, 90-92
"Percepção dos dedos", 81-83
Pesquisa científica do cérebro. *Ver também* Cérebro; Aprendizagem; Neurociências
  achados sobre a relação dos dedos com o aprendizado de matemática, 81-83
  descoberta de que o envelhecimento é resultado de nossas mentes, 163-164
  descobertas das neurociências sobre matemática baseada na rapidez, 109-115
  descobertas sobre conexões entre crenças e saúde, 61-64
  estudo de Crum e Zahrt ligando crenças ao corpo e ao cérebro, 61-63
  estudo de Ericsson sobre memorização, 5-6
  estudo de ressonância magnética de deficiências de aprendizagem, 25-26
  estudo dos "viveiros de talentos", 49-41
  estudo sobre aulas de matemática na Universidade de Columbia, 7-8

na abordagem de ensino multidimensional, otimizando a aprendizagem, 79, 80-82
ressonância magnética da resposta do cérebro aos erros, 38-39
sobre a ciência dos erros, 38-41
sobre comunicação/avaliação positiva dos professores e aprendizagem, 7-8
sobre efeitos do estresse e da ansiedade no cérebro, 3-4, 107-110

Pesquisa em aprendizagem matemática
achados sobre a relação dos dedos com o aprendizado de matemática, 81-83
acompanhando 700 estudantes dos EUA durante quatro anos, 138-139
comparando as abordagens de instrução das escolas tradicionais do Reino Unido vs. baseadas em projetos, 136-138
estudo da Universidade de Columbia sobre estereótipos e, 7-8
estudo de ressonância magnética de Stanford sobre deficiências de aprendizagem na, 25-26
estudo sobre crenças dos alunos do ensino médio, 14-15, 101-102

Petrie, Marc, 99-101, 128
Pianistas profissionais, estudo de, 63-64

"Pioneiros"
estudar descobertas sobre os cérebros de, 83-85, 89, 95
hipóteses populares sobre "gênese" e, 83
pensamento criativo e flexível empregado pelos, 111-112

Powell, Beth, 165-167
Problema do granizo, 123-127
Problemas matemáticos "não favoritos", 100

Problemas matemáticos
a história de Gauss de tomar um conjunto menor de números, 121-122
abordagem por meio de "conversas numéricas", 118-119
adotando a abordagem de "tomar um caso menor", 121
conjectura de Collatz (problema do granizo), 123-127
divisão de um objeto contínuo, 168-169
exercício 16 – 13, 115-116
exercício 18 × 5, 118-121
exercício 20 × 5, 120-121
folha de exercícios de multiplicação por 12, 106
memorização *versus* abordagem relacional para resolução de, 127-128
"não favorito", 100
problema do pi, 125-127

Professores
abrindo mentes para criar colaboração ilimitada, 146-150

abrindo o conteúdo para criar colaboração ilimitada, 149-151
ajudar os alunos a adotar o esforço, 41-54
alunas são impactadas pela ansiedade frente à matemática por professoras, 108-109
apresentando pesquisas de crescimento cerebral aos, 19-26
benefícios do uso da abordagem multidimensional, 91-103
capacidade de desbloquear a mentalidade do aluno, 77
ideias prejudiciais relacionadas à ideia de superdotação por, 27-28, 67-68, 71-72, 78
impacto da comunicação positiva por, 7-8
realização do aluno impactada por mensagens sobre matemática, 108-109
Programa Internacional de Avaliação de Alunos (PISA), 125-127, 134-135
Prova "O Conhecimento" (motoristas de táxis pretos de Londres), 13-14

Q

Qushair, Nancy, 111-114

R

Raciocínio
importância de desenvolver habilidades de, 154-155
matemática envolve comunicação e, 157-158
RateMyProfessors.com, 28
Resiliência, 135-136
Ressonância magnética, estudos de
nas respostas do cérebro ao cometer erros, 38-39
sobre dificuldades de aprendizagem e crescimento cerebral, 25-26
Reversed (Letchford), 21
Revista *Science*, 26-27
Rizzi, Kate, 57-59
Rocha, Daniel, 74-76
Rota visual dorsal, 81
Rotas neurais. *Ver também* Cérebro; Conectividade cerebral
abordagem de ensino multidimensional otimiza a aprendizagem e, 79, 80-103, 131
conexão com pessoas e ideias aumentando, 132
conexões que se formam e se desfazem com facilidade, 111
estudo dos "viveiros de talentos" sobre revestimento de mielina, 38-41
neuroplasticidade das, 1, 12-16, 19-26
rota visual dorsal, 81
Rowling, J. K., 30-31, 161

S

Sakakibara, Ayako, 84
Samuels, Martin, 167

San Francisco Unified, 20-21
Sanders, Tami, 45-46
Santhouse, Christina, 14
Sapir, Jenya, 30-31
Saúde
    estudo de Crum e Zahrt sobre impacto das crenças na, 61-63
    Grandes realizadores mentalidade fixa comum entre as mulheres, 67-68
    mudar nossas crenças pode mudar nossa, 61
    o estudo de Coyle sobre "viveiros de talentos", 38-41
    reportagem da revista *Science* sobre superdotação em campos específicos, 26-28
Schaefer, Jennifer, 48-52
Schultz, Howard, 135-136
Schwartz, Laurent, 109-110
Senhora Secretária (programa de televisão), 73-75
Sistema de agrupamento por níveis de habilidade (*tracking*)
    esforços para mudar, 20-21
    estudo sobre os efeitos prejudiciais do, 19-21
Site The Liberated Mathematician, 28
SNA (sistema numérico aproximado), 91-92
Steele, Claude, 140
Stephens-Davidowitz, Seth, 27-28
Storage, Daniel, 27–28
Sudnick, Nina, 123-128
"Superação rápida", 135-136

T

Tall, David, 114-115
Táxis pretos (Londres), 12-14
The Brain That Changes Itself: Stories of Personal Triumph from the Frontiers of Brain Science (Doidge), 19-20
The Happiness Advantage (Achor), 172
The Laws Guide to Nature Drawing and Journaling (Laws), 88
The little big things (Fraser), 161-163
Thrun, Sebastian, 119-120
Thurston, William, 117-118
TIMSS (Trends in International Mathematics and Science Study), 41-42
Touron, Dayna, 163
Trabalho em grupo. *Ver também* Colaboração e conexões
    conectar-se a novas ideias por meio de, 133-134
    estudo de Treisman sobre benefícios para estudantes negros, 132-133
    resistência dos alunos ao, 155-156
"Treinar e praticar", 116
Treino deliberado, 6-7, 41
Treino
    aprendizagem acelerada pelo, 39-41, 48
    "deliberado", 6-7, 41
    imaginário, estudo de pianistas profissionais e os benefícios do, 63-64

"treinar e praticar", 116
Treisman, Uri, 132-133
Trzesniewski, Kali, 65-67
Twitter
    abordagem de ensino multidimensional postada no, 95
    informações de ensino disponíveis no, 72
    padrões da conjectura de Collatz (problema de matemática não resolvido) postados no, 124-125
    postagens sobre *bullying* acadêmico, 140

U

Udacity, 119-120
Universidade de Stanford
    alunos de alto desempenho na, 25-31
    aula "Como aprender matemática" na, 9, 26-27, 92
    estudo de ressonância magnética de deficiências de aprendizagem na Faculdade de Medicina da, 25-26
    experiência da autora com *bullying* masculino na, 138-144

V

Vale Central, distritos escolares do, 91-95

W

Wall Street Journal, 135-136
Weaving Healing Wisdom (Morrill e Youmell), 151-152
Wenger, Etienne, 165
Williams, Cathy, 19, 47, 69
Winfrey, Oprah, 135-136
Wolfram Alpha, 119-120
Wolfram, Conrad, 157-158

Y

Yeager, David, 64-65
Youcubed
    filme sobre danos do rótulo "inteligente" produzido pelo, 69-70
    origens e missão do, 19-20
    página do Facebook do, 153-154
    "Semana da Matemática Inspiradora" sobre, 123-124
Youmell, Paula, 151

Z

Zahrt, Octavia, 61-64
Zona de aprendizagem acelerada, 39-41, 48